作物种业前沿科技战略研究

邓小明　杨维才　张松梅　葛毅强　郑筱光　田志喜　主编

科学出版社

北京

内 容 简 介

本书共五部分内容，包括总论和原始创新篇、集成创新篇、持续巩固篇及重点突破篇等四个篇章。各篇章围绕作物种业前沿技术创新，分别从背景与需求分析、发展态势分析、瓶颈对策分析及未来战略构想四个方面，系统梳理了作物种业前沿科技创新现状与发展态势，分析了我国作物种业前沿科技创新未来发展方向与战略重点，提出了作物种业前沿技术理论创新和科学发展的保障措施与政策建议。

本书可作为从事种业科技相关工作的科研人员的参考用书，也可为相关管理部门、科研院校、科技企业、咨询机构及关注种业科技发展的人员提供参考。

图书在版编目（CIP）数据

作物种业前沿科技战略研究/邓小明等主编. --北京：科学出版社，2024.11
ISBN 978-7-03-078157-4

Ⅰ.①作… Ⅱ.①邓… Ⅲ.①作物–种子–农业产业–产业发展–研究–中国 Ⅳ.①F326.1

中国国家版本馆 CIP 数据核字（2024）第 041394 号

责任编辑：李秀伟　白　雪／责任校对：刘　芳
责任印制：赵　博／封面设计：无极书装

科 学 出 版 社 出版
北京东黄城根北街 16 号
邮政编码：100717
http://www.sciencep.com

北京华宇信诺印刷有限公司印刷
科学出版社发行　各地新华书店经销
*

2024 年 11 月第 一 版　开本：720×1000　1/16
2025 年 5 月第三次印刷　印张：15 1/2
字数：312 000

定价：158.00 元
（如有印装质量问题，我社负责调换）

《作物种业前沿科技战略研究》
编委会

顾　　问：李家洋　林鸿宣　朱健康　曹晓风　种　康　刘耀光
　　　　　赵春江　钱　前

主　　编：邓小明　杨维才　张松梅　葛毅强　郑筱光　田志喜

副 主 编：王文月　李　明　瞿庆哲　孙康泰　戴翊超

执行主编：于　洋　张沙秋　李欣岳

编　　委（按姓氏汉语拼音排序）：

白　洋	陈绍江	陈学伟	程　旭	迟培娟	邓　娴
方　军	冯献忠	高彩霞	谷晓峰	关春梅	郭新宇
何　勇	贺　飞	黄学辉	姜丹华	蒋　立	蒋　霓
焦雨铃	赖锦盛	李　响	李　寅	李转见	李红菊
梁承志	林　敏	刘　军	刘晨旭	刘启昆	陆　平
满建国	任　勃	任　涛	尚　轶	石吉勇	宋庆鑫
宋显伟	孙　晶	孙传清	童红宁	王　冰	王　雷
王春英	王佳伟	王建康	王开义	王克剑	王学路
王延鹏	吴　昆	肖　军	肖永贵	谢传晓	谢华玲
辛秀芳	许　操	鄢文豪	严建兵	杨万能	杨艳萍
姚志鹏	余　泓	袁　静	袁晓辉	张　漫	张　涛
张　臻	张保才	张春芝	张宪省	张学勇	赵　丽
赵宇慧	赵玉胜	朱新广			

前　言

　　"农为国本，种铸基石"。作物种业是国家战略性、基础性核心产业，对促进农业长期稳定发展、保障国家粮食安全和国民营养健康及绿色发展意义重大。

　　目前，我国农作物良种覆盖率超过 96%，其中自主选育品种占 95%，基本实现了"中国粮"主要用"中国种"。但是一些农作物在质量、生产性能等方面与国际先进水平还存在明显差距。例如，大豆、玉米缺乏突破性品种和高效制种技术，单产仅为美国的 60%左右；水稻、小麦虽基本实现自给自足，但部分优质和特用产品仍需进口，其中近五年水稻年均进口量在 300 万吨以上，小麦年均进口量在 800 万吨以上。园艺作物种质，有些需要国外补充，如番茄、甜椒；有些则主要依赖进口，如甜菜。总之，我国种业创新在育种共性核心技术研发上还存在一定的原始专利缺位、核心技术受制等短板，严重限制了优异种质资源创制。在当前中美贸易摩擦和科技竞争加剧的大背景下，种业"卡脖子"问题日益凸显，种业对科技创新的需求日益迫切。

　　针对这一态势，急需开展作物种业前沿科技战略研究，系统梳理作物种业前沿技术，摸清作物育种技术发展现状，提出前瞻性育种技术方向和理论，探讨其未来发展趋势。在当前研究资源和研究水平的基础上，不断寻找更大发展和突破空间，为国家在种业科技项目布局等资源配置决策方面提供重要参考，对促进我国作物种业科技创新能力提升和作物种业前沿科技持续快速发展具有重要意义。

　　作物种业前沿科技发展迅速，新技术、新理论不断更新和涌现，鉴于本书篇幅有限，编写时间紧迫，同时编者的经验和水平有限，难免有疏漏和不妥之处，敬请同行专家和广大读者批评指正。

《作物种业前沿科技战略研究》编委会

2023 年 12 月

目　　录

一、原始创新篇

二、集成创新篇

三、持续巩固篇

四、重点突破篇

总　　论

张保才[1]　李　明[1]　瞿庆哲[1]　田志喜[1]　李欣岳[1]　白　洋[1]　邓　娴[1]

姜丹华[1]　蒋　霓[1]　李红菊[1]　李　响[1]　梁承志[1]　任　勃[1]　王　冰[1]

王延鹏[1]　肖　军[1]　余　泓[1]　张春芝[2]　赵玉胜[1]　李家洋[1*]　杨维才[1*]

1. 中国科学院遗传与发育生物学研究所，北京，100101
2. 中国农业科学院农业基因组研究所，广东，518120
*联系人 E-mail：wcyang@genetics.ac.cn，jyli@genetics.ac.cn

1　作物种业前沿科技研究的战略需求

习近平总书记指出，"农业出路在现代化，农业现代化关键在科技进步。我们必须比以往任何时候都更加重视和依靠农业科技进步，走内涵式发展道路。"当今，随着不同学科的快速发展、交叉和融入，作物种业科技正处于一个快速发展的变革期。在此态势下，如何看齐并赶超国际育种科技前沿是摆在我国种业发展面前的重要命题。准确把握国际种业前沿科技新态势，系统梳理新时代下影响作物种业发展的原始创新、持续巩固、集成创新、重点突破的核心技术，对我国作物种业发展具有重要意义。

1.1　作物种业科技战略需求

1.1.1　我国粮食供需仍将长期处于紧平衡

粮食安全是"国之大者"。粮食是关系国计民生的重要战略物资，粮食安全也成为世界各国高度关注的问题。我国以占世界 9%的耕地、6%的淡水资源养育了世界近 1/5 的人口，粮食安全保障难度大。党中央把粮食安全作为治国理政的头等大事，提出了"确保谷物基本自给、口粮绝对安全"的新粮食安全观，确立了"以我为主、立足国内、确保产能、适度进口、科技支撑"的国家粮食安全战略，走出了一条中国特色粮食安全之路。2022 年，我国全年粮食总产量 13 731 亿斤[①]，比上年增加 74 亿斤，增长 0.5%。这是我国粮食产量连续 8 年稳定在 1.3 万亿斤以

---

① 1 斤=500g

上，也是连续 19 年获得丰收。但我国同时也是一个粮食进口大国，2021 年我国粮食进口 1.6 亿吨，占我国当年粮食产量的 24%，远未达到联合国粮食及农业组织提出的国内粮食自给率达到 95% 以上的粮食安全标准。而且，国际环境近年来发生深刻变化，地缘政治动荡成为新的造成粮食供应不稳定的因素。2022 年俄乌冲突造成了粮食、能源、化肥等国际大宗商品供应链断裂，特别是以小麦为代表的大宗粮食作物供给短缺，造成需求强劲，导致世界小麦价格创历史新高，中国粮食进口的稳定性遭遇挑战。

虽然当前我国粮食安全有保障，但是基础仍不稳固，粮食供需仍将长期处于紧平衡状态，粮食安全形势依然严峻。2023 年中央一号文件明确提出实施新一轮千亿斤粮食产能提升行动，要求进一步提升粮食生产能力，保障粮食安全。由此可见，保障粮食绝对安全对中国来说是永恒的课题，任何时候都不能放松，中国必须能够自主解决吃饭问题。

人民群众对美好生活的需求，对粮食供给提出了更高要求。随着社会的发展和人民生活水平的提高，城乡居民消费向绿色、健康、安全方向升级的速度加快，农产品需求从"吃得饱"向"吃得好""吃得营养健康"转变。我国农业生产的主要矛盾已由总量不足转变为结构性矛盾，对品种开发要求超出了标准化大面积推广的传统路径，提出了更多的个性化需求。习近平总书记在 2022 年中央农村工作会议和党的二十大报告中强调树立大食物观、构建多元化食物供给体系、多途径开发食物来源。顺应"解决温饱"转向"营养多元"的新趋势，发展面向农业现代化的生物农业，满足人民群众对食品消费更高层次的新期待。**粮食安全保障需要在保证粮食供给量增长的同时，更加注重粮食质量，基本形成高质量发展的新格局。**

1.1.2 保障粮食安全需要种业科技创新

粮安天下，种铸基石，种业是农业的"芯片"。中国是世界上最大的粮食生产国和消费国，但我国农业资源禀赋不足，因而种业是藏粮于技战略的要害，是解决国家粮食安全最基本、最核心的基础，也是最具有能动性的基础。**种子是中国饭碗的底座，是农业大国的基石，关乎一个国家的核心利益。**只有种业科技的不断创新方能筑牢粮食安全根基。在 2011 年国务院发布的《关于加快推进现代农作物种业发展的意见》中，首次将农作物种业明确为国家战略性、基础性核心产业，开启了我国现代种业发展的新征程。近年来中央一号文件都高度重视加快发展现代种业，提升自主创新能力。

种业科技创新是我国粮食安全战略的重要支点。我国粮食产量在种植面积增幅不明显的条件下取得十九连丰，正是依靠种业科技创新提高作物单产水平。目前，我国小麦、水稻、玉米的单产水平分别是单产前十位国家平均水平的 60%、

71%和 67%，仍有巨大增产潜力可挖。而且当前正值育种技术更新换代时期，加强种业科技创新，抢占新一代育种技术红利，有望再现我国作物育种在遗传育种和分子育种时代取得的辉煌成绩。此外，"唤醒"可利用的 5 亿亩①盐碱地资源，"改种适地"，实现作物产能提升，离不开种业科技创新。推进农业机械化，缓解人口老龄化的劳动力短缺，同样离不开种业科技创新。作物种业科技创新是开辟新赛道、培育新动能及促进我国农业高质量发展的核心战略支撑。

纵观国内外种业科技发展状况与态势，我国仍存在需要重视的诸多规划与布局问题。一方面，我国在种业技术相关领域研发起步时间晚于欧美等国，导致该领域研究总体发展滞后。近年来虽然支持力度不断增加，但真实的研发投入和基础研究的水平与世界前沿水平仍具有一定差距。另一方面，目前我国还有很大一部分科学技术研究停留在实验室阶段，尚未实现大规模开发和商业化应用，这严重限制了种质创新和遗传改良的速度。

习近平总书记在 2023 年中共中央政治局第三次集体学习时强调，要强化基础研究前瞻性、战略性、系统性布局。基础研究处于从研究到应用、再到生产的科研链条起始端，地基打得牢，科技事业大厦才能建得高。因此，在种业创新中，作物种业关键技术、核心科技要加强前瞻性、战略性、系统性布局，下好"先手棋"，支持更多原创性基础理论的深入研究和新技术的开发利用，加速与育种直接相关的核心基因的挖掘，加快获取和抢先拥有育种核心基因的知识产权，推进我国种业创新技术向领域前沿发展，为保障未来种业、粮食和生态安全提供有力手段。

1.2　作物种业前沿技术创新需求

1.2.1　育种科技的演进推动种业发展迭代升级

作物育种技术演化升级，多次推动种业实现跨越式发展。经典遗传学理论的建立催生了遗传育种技术（育种 2.0 时代）。20 世纪初，通过玉米遗传杂交技术创制的杂交种使玉米单产增加 70%，世界第一家杂交玉米种子公司"先锋良种"于1926 年诞生，开启了种子商品化时代。20 世纪 60 年代，农业绿色革命正是诞生于矮秆基因品种的遗传选育。分子生物学理论和技术促成了现代生物技术爆发式发展，使得现代生物育种进入分子育种时代（育种 3.0 时代），转基因等育种技术已经改变了棉花、大豆等作物种业格局。经过长期发展，育种技术已经经历了传统的农家育种 1.0 时代、遗传育种 2.0 时代、分子育种 3.0 时代，正在向设计育种4.0 时代迈进（图 1）。

---

① 1 亩≈666.67m²

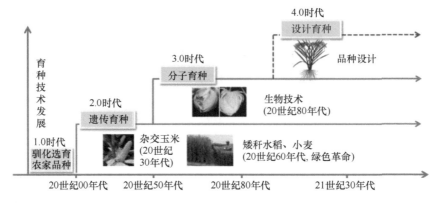

图 1　育种技术发展历程（彩图请扫封底二维码）

全球种业已进入现代生物育种（分子育种）占主导地位的新时期。育种技术升级换代深刻影响了全球种子市场，通过现代生物育种技术创制的转基因种子产品的市场份额逐年升高，2020 年已经超过了传统种子，在全球种子市场占比过半（图 2）。作物转基因技术已成为目前全球商业化应用非常成功的生物育种技术。根据 Kynetec 公司统计的市场规模及各公司公报数据，2020 年国际种业市场份额的 43.7%由掌控先进育种技术的拜耳、科迪华、先正达三家全球种业巨头占据。因此，育种技术升级换代已经颠覆了全球种子市场，全球种业已经处于现代生物育种占主导地位的新时期。

图 2　全球商品化种子 2020 年市场价值份额（彩图请扫封底二维码）

数据来源：AgbioInvestor 公司 2020 年数据

前沿技术融合促使育种从"试验选优"向"计算选优"发生根本转变，育种技术正迈入设计育种（育种 4.0）新时代。2018 年庞大的栽培小麦基因组（14.5Gb，人类基因组的 5 倍）测序完成，填补了最后的主粮作物基因组，标志着作物育种全面进入基因组学时代。基因编辑技术使得分子遗传操控的准度、精度、效率达到了前所未有的新高度，使作物设计创制达到新高潮，而表型组大型设施的火热建设预示着表型组学时代即将到来。近年来，随着科学技术的飞速发展，一些前沿科学技术，因具有精准、高效和安全等特点，被广泛应用于作物种业领域，在作物育种中的不可替代性日益凸显。例如，通过对从基因型到表型的精准预测和设计，可以实现具有重大育种价值的新基因高通量挖掘和育种目标定向改良，从而推动作物种质快速创新，这为作物种业发展提供了一种全新的思路和策略。

1.2.2　育种技术变革引领作物种业产业链与创新链重塑

"十三五"时期全球种业市场格局巨变，发生了史上第三次并购重组浪潮。在育种主导技术发生颠覆性变革的同时，种业市场再现全球性并购重组浪潮。2018年前后拜耳并购孟山都（2018年），杜邦与陶氏合并重组又拆分出科迪华（2017～2019年），中国化工并购先正达（2017年），巴斯夫收购拜耳部分种子业务（2018年）。至此，全球种业市场呈现德国、美国、中国种业公司三足鼎立的局面，其中拜耳和科迪华依靠在育种3.0技术（转基因作物与现代生物技术）领域的绝对优势遥遥领先，两家公司销售额共占全球排名前20家种业集团总和的60%。我国先正达和隆平高科等种业公司跻身全球种业第一梯队或第二梯队。

新一代育种技术变革势将再次重塑全球作物种业格局。分子育种技术的变革力量现已充分显现，深刻影响了种业市场格局。孟山都（现拜耳）抓住分子育种技术变革机遇超越原种业领头羊先锋良种（现科迪华）就是典型案例。在分子育种（育种3.0）技术广泛应用之前，孟山都在政府放开转基因种植前，提前布局转基因育种技术，在转基因育种赛道抢得巨大的先发优势，成长为世界种业巨头：获得6782个美国农业部批准的转基因田间测试品种，高居全球第一，拥有全球90%转基因种子专利权。在算力爆发的新时代，生物技术正与人工智能、大数据信息技术等前沿科技深度交叉。跨学科、跨领域、跨尺度科技与生物育种的交叉集成极大地提高了育种科技含量，提升了育种效率与精准度，同时育种复杂度和规模已经超越了作坊式育种可掌握的范畴，需要成建制的专业研究集团或研发中心及育种公司集团才能建立较完整的育种创新链。即将到来的设计育种（育种4.0）新时代，势将再次对育种领域和全球种业产生变革性冲击。

先进育种技术是现代种业创新链的"顶梁柱"，是种业振兴的关键核心。种业创新链包括从基础性前育种研究、育种技术、品种培育、生产和市场等多个环节，而育种技术创新的重要性在新世纪愈加凸显。自分子育种时代以来，种子技术的科技含量和复杂度日趋增长，创新链特征愈加明显。育种技术作为集成组学、性状解析理论成果与优异种质创制的关键环节，正成为种业创新链乃至产业链的制高点。国际种业巨头在育种研发上的投入占销售额的10%以上，同时利用种业联盟等形式与上游专注于基础性前育种研究的公共部门构建分工明确、紧密互补的高效创新链，形成行业优势地位和现有技术壁垒。目前我国育种技术研发聚集在科研机构，而企业育种技术研发力量非常薄弱，应充分利用育种技术升级换代的历史性机遇，强化顶层设计和前瞻引领，依据国情构建中国特色的种业创新链体系，打好种业"翻身仗"。

作物种业前沿科技战略研究助力我国种业顶层设计。目前，我国种业科技主体处于遗传育种（育种2.0）时代到分子育种（育种3.0）时代的过渡时期，而美国等发达国家已经进入设计育种（育种4.0）时代，我国与国外先进水平存在明显"代差"。在全球种业科技迈向设计育种新时代之际，开展作物种业前沿科技战略研究，复盘作物育种技术发展历程，系统梳理国际种业前沿科技新态势，准确把握育种新时代内涵，分析我国与国外的差距，汇聚前瞻性战略思考，对我国作物种业科技发展规划的顶层设计和前瞻布局具有重要意义。

2 全球作物种业前沿技术发展与态势分析

2.1 全球作物种业技术创新的总体发展现状与态势

本研究首先面向一线科研工作者开展问卷调查，凝练提出若干育种前沿新兴技术，进而邀请全国育种领域创新链上下游的资深专家进行研讨，并结合文献计量等手段，共梳理出作物种业涉及的12项重要前沿技术，包括性状组学、表型组学、微生物组育种、表观遗传技术、基因编辑、递送与再生技术、智能育种、育种工业技术、无融合生殖与杂种优势、合成生物学、从头驯化及倍性育种（图3）。本研究对凝练的前沿技术开展专题研究，明确了其发展现状和态势，提出了发展重点及需求，并针对我国具有领先优势的从头驯化、基因编辑应用研发等领域和发展滞后的表型组学、合成生物学、智能育种等新兴技术，针对性地提出了相应的发展思路和建议。

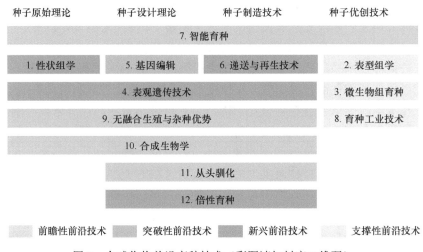

图3 全球作物前沿育种技术（彩图请扫封底二维码）

2.1.1　基础研究进展

本研究以论文发表数量作为主要衡量指标,对作物种业涉及的 12 种前沿育种技术的基础研究水平进行统计分析。结果显示,中国在作物种业前沿技术领域发表论文数量位居第一,占论文发表数量的 25.58%;其次是美国和印度,论文发表数量占比分别为 21.30% 和 8.19%(图 4)。但对核心论文发表数量统计的结果显示,美国在作物种业前沿技术领域核心论文发表数量位居全球第一,占比为 34.70%,接近中国的 1.5 倍;中国和德国分别位居第二、第三位,占比分别为 23.82%、10.74%(图 5)。从研究规模和质量两个维度来看,美国是作物种业基础研究的引领者,

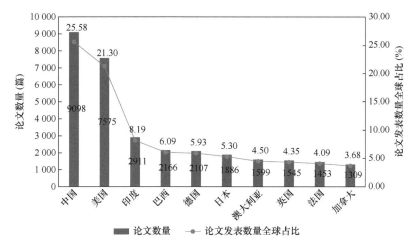

图 4　作物种业前沿技术论文发表数量前十位国家(2002~2022 年)(彩图请扫封底二维码)

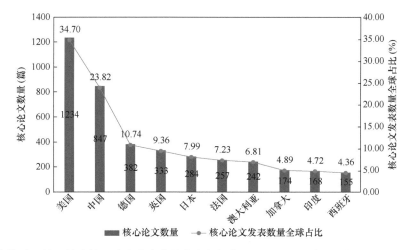

图 5　作物种业前沿技术核心论文发表数量前十位国家(2002~2022 年)(彩图请扫封底二维码)

具有雄厚的科研实力和战略眼光。**总之，我国在作物种业前沿技术领域论文发表数量及核心论文发表数量均位居全球前列，但是"论文强国"并未造就"种业强国"，未来仍需政策导向加强科企深度合作。**

2.1.2 知识产权分布

近 20 年来，在作物种业前沿技术领域，世界范围内共申请专利 10 697 件，其中核心专利 1954 件，占比为 18.27%。在专利申请数量排名前十位的国家中，中国专利申请数量最多，为 5379 件，是美国的 1.98 倍；美国、日本分别以 25.38% 和 4.42% 的占比，位居全球第二位和第三位（图 6）。在核心专利方面，美国以 53.17% 的占比位居全球第一位，是第二位日本的 6.37 倍、第三位中国的 6.66 倍（图 7）。

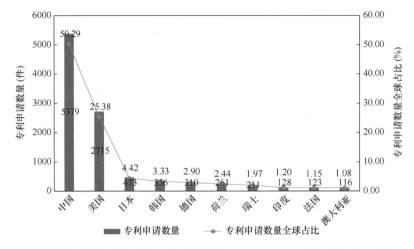

图 6　作物种业前沿技术专利申请数量前十位国家（2002～2022 年）（彩图请扫封底二维码）

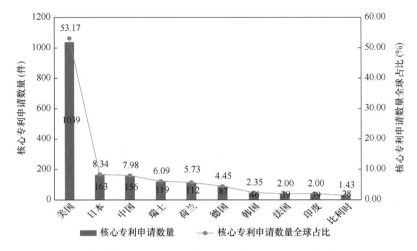

图 7　作物种业前沿技术核心专利申请数量前十位国家（2002～2022 年）（彩图请扫封底二维码）

从专利规模和质量两个维度来看，美国属于典型的技术领导者，拥有很强的技术研发能力，专利申请量远高于大多数国家，且专利质量很高，处于绝对领先地位；我国属于技术活跃者，研发活动频繁，在专利数量上占据优势，超过了美国，但专利整体质量不高，是技术追随者。**总之，我国在知识产权创造方面，虽然专利申请数量全球居首，但并未形成高贡献率专利池，核心专利和底层驱动技术仍被欧美等国家垄断，我国在高价值核心专利方面尚有较大提升空间。**

2.1.3　项目布局

国家科技项目对于种业发展起到关键支撑作用。近 10 年来，国家先后启动了一系列种业育种技术相关的重大项目，如国家和地方自然科学基金、国家重点基础研究发展计划（973 计划）、国家高技术研究发展计划（863 计划）、国家重点研发计划"七大农作物育种"重点专项，以及中国科学院战略性先导科技专项（A类）"分子模块设计育种创新体系""种子精准设计与创造"等，有力地推动了种业技术领域**性状组学、微生物组育种、表观遗传技术、智能育种、无融合生殖与杂种优势、合成生物学及倍性育种**技术的发展。自 2022 年起，国家重点研发计划启动基因编辑、作物杂种优势和从头驯化方向的研究。

但与国外相比，我国在**性状组学、表型组学**领域，尚无针对此方向单独立项的项目；国家重点研发计划尚无针对**表观遗传育种**方向立项的项目；**微生物组**领域仍欠缺能够引领学科发展的大科学计划；**育种工业技术**领域，可促进育种工业技术发展的资助体系有待进一步完善；在**合成生物学、倍性育种**领域，则需要进一步加大投入力度。

2.1.4　主要研发力量

研发能力是种业发展的核心驱动力，核心技术竞争是种业竞争的关键。**从总体上看，种业科技相关领域基础研究的研发力量主要集中在科研院所和高校，企业相对较少。**国外的研发力量中，美国、英国、俄罗斯等欧美国家及澳大利亚、日本、韩国等国家研究团队在育种技术方面做出了很多开创性工作。**我国的种业技术研发力量同样以科研院校为主。**中国科学院、中国农业科学院、中国农业大学、南京农业大学、华中农业大学及地方类农业科学院等科研单位，成为推动育种技术发展的重要力量。国外的研发力量中，国际种业巨头，如拜耳、科迪华、先正达等，依然是种业技术领域的领军企业。但我国企业尚未形成种业技术的研发主体，其中隆平高科、大北农等企业在种业科技方面有了一定发展。

2.2 全球作物种业前沿技术的发展现状与态势

2.2.1 种子原始理论创新领域发展态势

2.2.1.1 性状组学为种子设计与创制提供高精度"导航图"

性状组学是对作物农艺性状进行全方位综合评价和量化研究，阐释内在基因网络和外在环境信号对作物多种农艺性状的协同调控机制，关注重要农艺性状在生产实际应用上的平衡。阐明作物产量、品质、耐逆性、养分高效等重要农艺性状的分子调控机制，是建立精准高效的育种技术体系、培育未来作物的重要保障。目前作物性状研究多数聚焦单一目标性状，人们对多性状形成的基因网络及调控规律的认识十分匮乏，无法满足综合评价和改良多种农艺性状的育种实践的要求。

针对多个复杂农艺性状开展的性状组学研究是全球作物种业科技领域的前沿和热点。可检索到的文献数量随着共同分析表型的增加而急剧降低。相比于大量的单个性状研究，涉及两个性状的文献数量约为单个性状文献数量的19.6%，涉及3个性状、4个性状的文献数量仅为单个性状文献数量的0.4%和0.04%，这表明目前研究集中在对作物单个性状的研究，对多性状的综合研究严重匮乏。对涉及不同性状的文献中高被引论文的比例进行分析发现，在包含1个、2个、3个、4个、5个、6个性状的文献中，高被引论文的比例分别为0.78%、1.05%、2.23%、3.01%、16.67%和20.00%，占比升高趋势明显（图8）。因此，涉及多个性状的论文虽在数量上呈现急剧降低趋势，但在论文质量上反而显著提升。

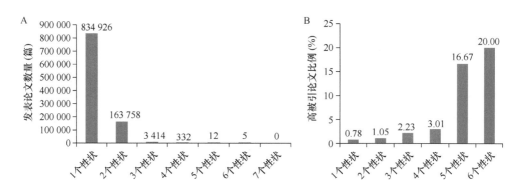

图 8 单个及多个性状相关文献检索结果分析

A. 涉及单个和多个性状论文的数量；B. 涉及单个和多个性状文献中高被引论文的比例

在性状组学领域我国总体处于第一梯队。总体来看，世界范围内涉及多个性状的文献数量少，但是近 10 年来展现出迅速增长的趋势。我国发表论文数量在单个性状或多个性状方面均位居第一；美国在单个性状论文总量方面与中国非常接近，在两个性状论文总量上与中国的差距逐渐拉大，在三个及以上性状论文数量上仅为中国的 54%。其他数个农业强国在单个性状和两个性状论文总量方面处于第二梯队，仅印度在三个及以上性状论文数量上有显著提升，超过美国处于第二位。

开展性状组学研究，兼顾多性状指标的综合评价，培育未来作物超级品种及适应特定环境的植物新品种，已成为我国当前种业发展的内在客观需求。我国农业发展面临粮食产量增长缓慢、高产严重依赖农药化肥高消耗、耕地面积有限、极端天气频发等客观现实，迫切需要通过性状组学的系统研究，解析作物产量、品质、养分高效、耐逆性等重要农艺性状之间制约和平衡的复杂分子网络，结合计算生物学和机器学习等大数据手段，智能设计高产稳产优质的最佳基因型组合，根据育种需求定向改良目标性状，从而大大加速培育我国自主种源的未来作物超级品种（图 9）。

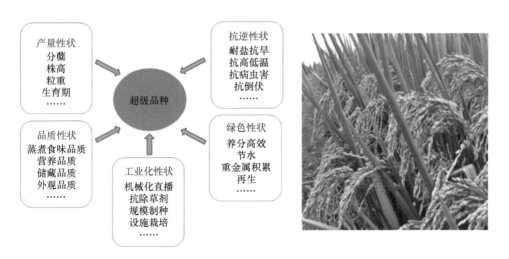

图 9　培育未来作物超级品种需要性状组学研究的支持（彩图请扫封底二维码）

2.2.1.2　表观遗传技术为生物育种赋予序列外的表观力量与精度

我国表观遗传育种研究领域论文总量近年来呈现逐年递增的态势，目前已跃居全球首位。近 10 年来，全球表观遗传领域论文数量呈现上升趋势，主要集中在美国、中国、英国、法国、德国和日本等国家。在 2012～2018 年，美国一直是植物表观遗传领域研究论文的主要产出国。我国表观遗传领域发表论文占比自 2012 年开始呈现迅猛上升态势，到 2018 年与美国持平，随后超越美国跃居全球首位，到 2021 年是美国的 1.3 倍。同年中国表观遗传领域核心论文占比为 38.4%，排名第一，已超过美国。

美国表观遗传育种领域研发总体处于领先地位，我国和欧盟紧随其后。尽管我国专利总体数量占比较大，但质量方面与欧美差距较大。植物表观遗传领域的核心专利共 15 件，其中欧盟拥有 10 件，排名第一；美国拥有 5 件，排名第二；我国暂无核心专利。

在创新主体方面，高校发表的论文数量最多，其次是科研机构，而企业发表论文数量较少。其中，中国科学院、美国加州大学和法国国家科学研究中心的发文量位居全球前三位。技术研发方面，高校和企业的专利申请占比较多，而科研机构相对较少。其中，加州大学申请专利最多，其次是拜耳农业科学公司和 Sound Agriculture 公司，中国的南京农业大学和河南多麦稼农业科技有限公司居于中国植物表观遗传专利申请前列。

在产业化应用方面，目前全球领先的农业生物技术公司也将表观遗传育种技术列为重点发展项目，旨在利用表观遗传技术调控基因的表达水平从而实现优良品种的开发。例如，美国农业公司 Sound Agriculture 2021 年 C 轮融资后扩大了按需植物育种平台（on-demand breeding），通过表观遗传精细调控目标基因的表达，从而改善食品风味、提高营养成分、优化植物株型、改善抗病性等。这些技术和平台的开发与利用将为表观遗传育种提供市场前景。

2.2.1.3 合成生物学为作物育种提供潜在颠覆性力量

我国在植物合成生物学领域的研究严重滞后，处于追赶阶段。植物"合成生物学"的研究论文在 2000 年后开始较多地出现，在 2010 年后爆发式增长。1970 年至 2022 年 3 月，美国发表相关论文 2079 篇，占全球总量的 32%，英国次之（占比为 22%），而我国发表文章仅 56 篇，占比为 1%，甚至落后于印度。其中，美国发表核心论文 269 篇，占比高达 41%，而我国没有，表明我国在合成生物学领域的影响力非常薄弱。然而，近年来我国在人工合成淀粉等全新领域也取得了原创性的成果，正在逐渐缩短与西方国家的差距。

植物合成生物学正处于起步阶段，中国目前的核心专利占比非常少。以"植物+合成生物学"为主题检索到的专利 186 件，仅占所有物种总量的 12%，说明该领域还处于起步阶段。然而，各国间的竞争已提前进入白热化：中国获专利 68 件，占比最高，达 37%；美国获专利 61 件，占 33%。但我国仅有 3 件核心专利，远低于美国（31 件，占 55%）、英国（11 件）、德国（8 件）。我国在合成生物学研究上与发达国家存在不小的差距。

英美等国对合成生物学研究的大力投入早于我国 10 多年，且已进入公司资本投入阶段。合成生物学是颠覆性的应用技术，发展早期由国家机构拨款刺激，建立足够大的规模后，应由医药、农业、工业应用产业公司投资主导合成生物学的发展。美国、英国政府都于 2006 年开始支持合成生物学研究，截至 2020 年，英美两国各在合成生物学领域投入了折合人民币 46 亿元的科研经费。我国的大力投入始于 2018 年启动的国家重点研发计划，晚于英美等国约 10 年。而且，美英等国的大型公司（如 Ginkgo Bioworks、Pivot Bio 和 Constructive Bio 等）已开始加入合成生物学的投资和研究行列，表明全球趋势正由国家主导转向公司主导。

合成生物学目前以实验室阶段为主。植物合成生物学研究主要涉及作物高产、高生物量、耐逆表型的引入和新性状的合成，其成果直接与国家未来的粮食、经济、产业链安全息息相关。然而，目前研究占比最高的是模式植物拟南芥（占比为 31%）而非作物，这表明当前研究仍以实验室阶段为主，还未大规模走向大田试验。因此，我国加大投入、前瞻布局，有望在该领域实现超越与引领。

2.2.1.4　无融合生殖技术有望开启杂种利用的"无性育种"革命

无融合生殖技术有可能改变目前利用杂种优势的杂交育种的产业模式。杂种优势现象的发现和应用已经长达一个多世纪，但依然存在许多理论和技术上的瓶颈，特别是杂交制种过程烦琐且费时费力。无融合生殖即通过无性繁殖产生种子，若成功应用于作物杂交种生产，可避免烦琐的杂交制种过程，极大地节约成本，大大推动杂种优势利用。无融合生殖研究虽有上百年历史，进展缓慢，但近年迎来突破性小高潮。解析无融合生殖的分子调控机理，在不同作物中建立无融合生殖技术体系，并应用于繁殖具有杂种优势的杂交种，将成为未来 10 年内国际上的研究热点。该技术有着巨大的应用潜力，被誉为农业研究领域的"圣杯"，预计将在不远的未来开启全新的"无性育种"革命。

我国在无融合生殖领域研究起步虽晚，但近年来在论文发表数量上已经超过美国，居世界首位。从论文发表数量和专利数量来看，我国在水稻杂种优势利用的基础研究方面处于全球领先地位；美国在玉米杂种优势利用的基础研究领域占绝对优势，该领域研究我国起步较晚，但发展势头强劲。最近 10 年，我国在无融合生殖领域的论文发表数量从全球排名第四，迅速增长超越美国，跃居全球第一（图 10）。近 5 年内中美两国在该领域的研究都有较强劲的势头，而我国在无融合生殖领域已经具备了并跑甚至领跑的潜力。

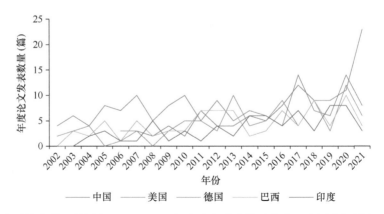

图 10　全球排名前五的国家 2002～2021 年度论文发表数量变化（彩图请扫封底二维码）

无融合生殖的基础研究和技术开发需要加快，以充分利用杂种优势并进一步挖掘其潜力。为促进未来杂种优势利用，需要提高对杂种优势形成的分子基础的研究，拓展遗传资源的利用范围。在此基础上，通过分子设计育种打破遗传累赘，创制符合制种需求的材料，从整个农业链条去布局，既要有长期、稳定的人员和经费投入基础研究，又要有稳定参与下游生产的一线育种人员，协同解决生产实际问题。

2.2.2　种子设计与创制领域发展态势

2.2.2.1　基因编辑技术为种子设计创制提供高精度基因组"剪刀"

基因编辑可对遗传物质进行高效的精准修饰，是当前生命科学领域最受瞩目的颠覆性技术，也是新时代育种技术的核心技术。在性状组学和基因组学的定位导向下，基因编辑技术可以快速定向聚合高产、优质、抗病虫等优异性状，大大缩短育种进程，提供传统遗传手段无可比拟的巨大优势，为保障粮食安全带来了前所未有的发展机遇。

美国是基因编辑核心技术的研发国家，也是全球基因编辑高水平论文产出最多的国家，而我国与其具有一定的差距。基因编辑技术的许多原创性、重大突破性成果及核心专利掌握在美国手中，如锌指核酸酶（ZFN）技术、转录激活因子样效应物核酸酶（TALEN）技术、成簇规律间隔短回文重复及其相关核酸酶9（CRISPR/Cas9）技术、碱基编辑（base editing）技术、先导编辑（prime editing）技术等。过去 10 多年（2010～2021 年），美国在基因编辑领域发表文章 11 478 篇，中国为 7724 篇，具有一定的差距，而美国高被引文章为 110 篇，中国仅为 22 篇。过去 30 多年（1991～2021 年），美国授权的基因编辑专利总数为 1628 件，而我国仅 757 件，具有一定的差距，其中授权的核心专利 77 件，仅为美国（949 件）

的 8.1%，差距较大。此外，主要跨国种业企业均已与专利持有者签署了授权许可协议，以合法利用基因编辑技术，开发有重要应用价值的基因编辑产品，占领产业竞争制高点。而我国企业在现有基因编辑底层技术的国际授权方面普遍滞后，在未来的产业竞争中已处于不利地位。

我国在农业基因编辑技术领域的研发应用处于国际领先水平，但急需补上自主知识产权短板。 从论文数量上来看，2010～2019 年我国农业基因编辑技术研究论文数量与美国相当。我国在农业基因编辑研究方面的论文数量快速增长，自2017 年起已超过美国，排名全球第一，而且做出了许多引领性和突破性的工作。但我国缺乏具有自主知识产权的源头编辑技术，迫切需要加强基础研究，系统、有效地开发和建立具有源头创新的基因编辑新工具，形成我国的原创性、具有自主知识产权的基因编辑核心技术，推动作物品种的迭代升级，摆脱国外核心专利的制约。我国长期以来相关基础研究薄弱，未形成稳定的基因编辑技术研发团队，缺乏可编程核酸识别元件、核酸修饰功能元件等核心专利，导致我国相关技术的研发应用优势没有底层知识产权支撑，未来产业化应用仍需源头技术专利持有者授权，一旦基因编辑产品进入产业广泛应用，我国将面临美国等专利持有国的"卡脖子"制约，这对产业安全存在严峻挑战。

2.2.2.2　新一代递送与高效再生技术助推作物育种技术革新

遗传物质的递送与植株的再生是生物育种技术的底层支撑技术，是实现前沿育种技术革新的基石。 作物育种技术的革新需要对遗传物质进行精准、定向操作，这依赖于高效的遗传操作元件递送与植物细胞的再生技术。以农杆菌和基因枪为主的传统递送技术发展进入瓶颈，如何提升作物的再生效率和革新遗传物质的递送方式是作物遗传改良的"卡脖子"技术。新一代纳米材料及作物特异性病毒介导的递送呈现出简便、高效、广适的特征，具有助推作物育种技术革新的潜力。再生机理的持续研究为植物细胞全能性特征在作物遗传转化上的应用奠定基础。

中美在新一代递送技术研究与应用领域差距缩小。 尽管在以农杆菌或基因枪为主的传统递送技术领域，美国在核心论文和核心专利数量与质量上均处于领先位置，而我国仅在农杆菌递送领域论文发表数量超过美国，但传统递送技术发展已进入瓶颈。然而，在新一代纳米材料递送技术的基础研究领域，发文总量和高被引论文数量美国、中国分列前两位，且差距不是很大。而纳米递送技术在植物研究和农业中的应用尚处于初始阶段，世界范围内的专利数都只有少数几件，对于我国来说是一个追赶、超越的良机。植物病毒介导的递送和遗传转化的相关研究也刚刚起步，我国科学家在双生病毒及 RNA 病毒递送基因编辑元件的研究领域也取得了一些原创性成果，为后续应用奠定了基础。

再生机制研究是生命科学的持续热点，我国具有体量的优势而美国占据核心

理论和技术优势,我国在作物再生基础研究领域也具有亮点工作。中国和美国位居植物再生研究论文发表量的前两位,我国论文发表量显著多于美国,占论文总量的 21.4%。但在农业植物再生机制领域高被引论文数量上,美国占据绝对优势,是中国的 6 倍多。在专利申请数量上中国远远领先于美国,为世界之首,然而我国核心专利数量只有美国的 1/6。但我国在一些特定领域,如小麦和水稻的再生效率提升等领域有原创性的亮点工作。因此,我国新一代递送和高效再生技术的研究将推动其他前沿育种技术如基因编辑育种、快速驯化育种、合成生物学育种等的蓬勃发展,是未来作物生物技术育种不可或缺的重要环节。

2.2.2.3 从头驯化技术突破资源限制建立生物育种新路径

从头驯化是筛选具有特定优异性状的野生或半野生植物,依据驯化规律高效精准改良野生(半野生)植物的未驯化性状,培育出适用于现代农业生产的全新作物的一种全新育种策略。 从头驯化策略可利用较现有作物品种更为广泛的自然资源来培育全新类型的智能作物,在几十年甚至几年的时间里,快速将优异野生植物驯化成具有经济价值的新型农作物,突破作物种质同质化严重、遗传基础狭窄等难题,有望引领新一轮的农业革命。

我国在作物从头驯化领域处于国际领先地位。 我国科学家 2013 年就对从头驯化有了雏形的概念,而世界范围内,"从头驯化"概念在 2017 年最早被提出,并且相关研究工作正式被报道。2021 年从头驯化研究进入了第一个高峰期,至今已有三项里程碑式的研究工作被发表,分别是栽培番茄野生祖先的从头驯化(背靠背的两项工作)与异源四倍体水稻快速从头驯化,其中两项是我国的研究成果,标志着我国在这一领域处于国际领先地位。从头驯化的研究工作虽然刚刚起步,但已受到了科学家的广泛关注,从头驯化领域论文中的高被引论文比例很高,远远高出了驯化相关论文。

真正实现对作物的从头驯化,仍需多方面的努力。 如何完全建立从头驯化体系,并开发新的优势性状明显的野生资源,突破不同野生植物从头驯化的技术瓶颈,真正培育出新型农作物,并建立完整的新型农作物培育、审定、推广体系,仍有大量的工作亟待展开。从头驯化从上游到下游串联了多个学科,需要系统开展广泛而深入的合作研究,急需顶层设计与前瞻布局。

2.2.2.4 倍性育种技术基于染色体组规模的变动发掘种质潜力

倍性育种是根据育种目标研究和利用植物成套染色体组倍性变异的规律,来选育新品种。 近年来,倍性育种集成基因型改造和基因组学等前沿生物学技术,育种效率大幅度提高,在商业化育种中已发挥了重要作用。根据染色体数目变异的方向,倍性育种包括染色体数目减半的单倍体育种和染色体数目增加的多倍体化育种。

单倍体育种已成为新时代杂交作物培育的核心技术之一。单倍体育种技术只需单倍体诱导和加倍两个环节即可获得纯系，因此与传统杂交育种相比能够大大缩短育种进程，提高育种效率，是作物育种跨入 4.0 时代的核心技术之一。近年来，单倍体育种技术发展迅速，多个具有单倍体诱导能力的基因相继被克隆，而且该技术已在玉米中实现商业化应用，尽管在其他作物中尚停留在试验阶段。基于单倍体诱导技术的新型育种技术也不断涌现，如诱导编辑、无融合生殖等。单倍体诱导技术已经成为当前作物育种的关键共性核心底盘技术之一。

倍性操作是多倍体作物改良的新趋势。多倍体作物的遗传操作非常复杂、挑战巨大，当前多数多倍体作物育种仍以传统杂交育种或诱变育种为主，品种更新换代的速度很慢。近年来，除了基因编辑技术在多倍体育种中逐渐得到应用，实现性状的精准改良外，在多倍体作物的二倍体水平上开展基础研究和遗传改良，为解决多倍体育种困难提供了新策略。例如，利用二倍体马铃薯开展杂交育种可以解决目前四倍体育种周期长和种植成本高的问题。根据具体的育种目标，改良后的二倍体也可以通过染色体加倍再回到多倍体的状态。倍性操作将为多倍体作物育种提供新的借鉴和思路。

我国在倍性育种领域具有较好的基础，但与领先国家仍有差距。总体而言，我国科学家已经在单倍体育种领域及多倍体育种研究上奠定了很好的研究基础，在专利布局方面有一定优势，但在核心知识产权和商业化应用方面与欧美农业强国尚有一定差距。因此，需进一步加强在玉米、小麦、马铃薯等重要作物中开发倍性育种关键共性技术，实现倍性育种在主要农作物中的商业化应用。

2.2.3　种子优创技术领域发展态势

2.2.3.1　表型组学技术支持经验育种向精准量化育种的转变

表型组学技术是精准量化育种的技术基石，正在推动对作物生长株型及生理参数的多尺度全景式测定的量化与模型化。高通量、多生境、多维度、精准表型组大数据的获取和解析已成为育种领域竞争的焦点。欧美及以色列等农业强国高度重视作物表型组学基础设施建设，如欧洲于 2016 年投入 1.35 亿欧元支持多尺度植物表型组学和模拟基础设施（EMPHASIS）项目，建立一体化多尺度的欧洲植物表型分析基础大设施。目前收录的全球植物表型设施已达 113 个，其中 69%建在欧洲，我国仅有 1 处设施被收录，尚在起步和建设阶段，还缺乏引领性基础理论、自主性关键技术和核心装备，存在明显的"卡脖子"现象。

表型组学研究论文数量保持快速增长。美国发表论文数量最多，占发表论文总数的 29%；我国发表论文数量位居第二，占比为 11%。核心论文发表量仍是美国居首，但我国被澳大利亚超越居第三。我国在表型组领域相关专利总量上占绝对优势（为全球总量的68%），是美国的6倍，但美国拥有全球最多的相关核心专利数量，是我国的十多倍。表型组学的研究对象主要集中在粮食作物，四大作物（小麦、玉米、水稻、大豆）的相关研究论文占比近半（48%），其中以小麦的最多（19%）。

表型组学研究热点集中在高通量作物采集平台技术和智能解析工具的研发。随着新一代成像技术、机器人技术、人工智能等信息技术的快速发展，数字化、高通量、智能化表型组技术的应用成为领域发展的主要趋势。应用多模态高光谱传感器技术可获取植物多维数据，使性状表征进一步深入光合作用和水分利用等作物生理功能表型性状。基于无人机等飞行设备上装载多种类传感器成像仪可获取大规模田间作物冠层性状信息，形成高通量精准指标，使表型组学研究开始从温室研究走向大田作物观测。但高通量作物表型采集平台和智能解析工具的开发是表型组技术广泛应用的"卡脖子"问题，其中利用计算机视觉、机器学习等交叉学科技术将原始采集数据转化为具有明确生物学意义的遗传性状指标与模型，是当前表型组研究的重点与难点。此外，表型组学结合基因组学、转录组学、蛋白质组学等形成多组学或全景组学研究，为精准设计育种提供理论依据，也是未来的重要发展方向。

2.2.3.2 微生物组育种助力作物与环境生物的可持续互作

植物微生物组作为伴随植物整个生长发育周期，并在营养吸收、胁迫应答等方面影响植物的环境生物，在育种上尚未得到充分考量。筛选具有优良微生物组（微生物物种、基因及活性代谢物）的品种，以达到优质高产育种需求是新一代育种的重要发展方向。但是，现阶段还需要深入研究微生物组和植物的互作机制，进一步建立植物的表型（尤其是重要农艺性状）与微生物组结构、物种分布、功能基因丰度等的关联，将农艺性状的筛选与栽培环境中的微生物因子有机结合，促进品种栽培与环境微生物的良性匹配。微生物组育种充分协调作物和其复杂生长环境，可以更进一步地提高粮食产量、助力解决化学农药和肥料滥用等问题，推动农业可持续发展。

植物微生物组领域进入快速发展期，我国距离世界农业强国还有一定差距。在植物微生物组领域论文发表方面，我国发表论文755篇（6.3%），落后于领先的美国（1467篇，12.3%）和印度（821篇，6.9%）。近40年全球共计发表的714篇高被引论文中，中国发表36篇（5.0%），落后于美国（107篇，15.0%）、法国（50篇，7.0%）和澳大利亚（43篇，6.0%）。在被广泛认可的研究工作上，美国依然显示出领先地位，其发文量是中国的2.97倍。从论文发表年度趋势看，微生物组领域在1980~2013年发展平缓，随着二代测序技术和培养组学技术的普及进入快速发展期，在 2013 年后年度论文发表量呈上升态势。在专利数量上，我国拥有专利 708 件（35.4%），超过美国（272 件，13.6%），位居世界首位。然而，在核心专利数量上，我国仅有 11 件（4.3%），远落后于德国（83 件，32.5%）、美国（60 件，23.5%）及日本（36 件，14.1%），与韩国持平，表明我国微生物组领域成果转化不足，与世界一流水平具有一定差距。综合来看，在微生物组领域研究进展方面，美国在质量和数量层面都占据绝对优势；在成果转化方面，虽然我国专利数量多，但核心专利数量不多，在核心技术上依然落后于美国。当前微生物组领域正进入功能研究和功能成果转化的转型时期，应大力发展我国微生物组育种研究，以抢占先机，掌握技术发展的主动权。

2.2.3.3　育种工业技术使作物育种具备工业化与加速度优势

育种工业技术是支持人工可控环境条件下的作物品种培育的相关现代化工业技术的统称。作物生长环境的精准人工控制是未来作物种业突破自然限制，实现种子精准高效优选的核心支持技术。植物工厂育种技术和快速育种技术因其具备的工业化和加速度优势，成为代表性前沿育种工业技术。受益于发光二极管（LED）人工照明技术的颠覆性发展，育种工业技术在过去十年明显加速发展，在培育精准设计作物品种和适应未来气候变化与极端气象的新品种方面优势逐渐凸显。

植物工厂研究及其在作物育种中的应用在过去十年明显快速增长。研究主题从传统的蔬菜作物及其光质响应与品质性状向经济作物和药用作物等高附加值品种开发扩展，但研究论文发表量与专利申请量均很低，技术成熟度仍有待提高。我国于 2022 年在国际上首次在空间站培育出水稻种子，实现从种子种植到种子收获，有望开启空间作物元年。

新兴快速育种技术策略于 2018 年推出，开启了育种加速度新时期。快速育种利用人工设计环境条件主动全面干预、加速作物从种子（萌发）到种子（收获）的各个生长期，可达到一年 5~6 代种植，因其应用范围广泛、兼容性强，已在 20 余个国家得到关注与应用。我国育种工业技术虽然历史上起步较晚，但近年来取得了长足进展，与领先国家的差距逐渐缩小，而且正在形成适合我国国情的特色发展路线。

2.2.4　智能育种技术驱动育种 4.0 时代

全球智能育种领域论文数量呈现持续增长趋势。我国智能育种领域论文数量虽居全球首位，但与美国相比，存在三个问题：①核心论文数量相差太多；②以拟南芥为研究对象的论文偏多；③在基因克隆和组学研究领域论文多，但在分子育种、表型分析、生物信息等技术研发领域的论文偏少。这就造成了基础研究支撑实际应用的能力不足、研究技术的创新性不高等问题。全球智能育种领域论文发表数据呈现持续增长趋势，我国在近 10 年论文数量增长显著，论文总量远超美国、日本、德国、法国和英国。但核心论文数量与国外还有很大差距（图 11）。从核心论文全球占比来看，美国、日本、德国、法国、英国核心论文数量的本国占比都超过 15%，而我国的核心论文本国占比仅 4.5%。美国的核心论文数量更是占到了全球核心论文的 31.4%，是我国占比的数倍。

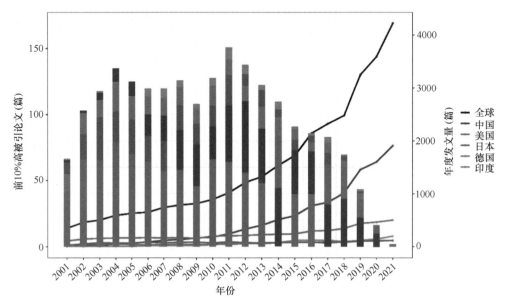

图 11　全球和前五国家智能育种相关论文年度趋势（彩图请扫封底二维码）
柱状图对应左侧纵坐标，折线图对应右侧纵坐标

　　我国原始创新技术开发落后于美国。中国专利总数的全球占比最高，达到 58.8%，但核心专利总数仅占 11.5%。相比之下，美国专利总数全球占比仅为 19.5%，但核心专利总数占比为 48.1%。我国智能育种领域专利数量居全球首位，但是在核心专利数量上美国远超我国。**在创新主体方面，我国与农业强国存在明显差别**。美国等发达国家技术研发实施主体是以商业公司为主、以科研院校为辅，如拜耳、科迪华等，都各自通过大规模研发投入，构建了私有的现代化育种流程和育种信息管理与决策系统，为实现高效育种决策能力提供了强有力的技术支撑。我国技术研发优势机构仍以科研院校为主，育种市场的成熟度低，商业育种项目投资规模较小，缺少研发人员，商业公司在前沿育种技术的开发应用方面有心无力。例如，在水稻、小麦、大豆、玉米、棉花等主要作物重要农艺性状的全基因组关联分析、泛基因组研究方面取得的一系列重要成果主要来自中国科学院、中国农业科学院、南京农业大学和华中农业大学等公共研发机构，这对育种应用的支撑能力尚显不足。

在产业化应用方面，以美国为首的发达国家在育种中已经普遍应用基因组选择和育种信息决策系统等多种智能育种相关技术。例如，孟山都（现拜耳）70%的玉米品种由基因组选择技术选育而成，产量显著提高。加拿大开发的AGROBASE 软件实现了商业化育种全流程管理。我国在智能育种涉及的基础理论、基因定位及功能解析等方面取得了一系列成果，并通过分子设计育种技术成功培育出一部分高产、优质、高抗的水稻、小麦、大豆等作物优异新品种。但在支撑智能育种大规模开展的生物信息技术、育种大数据技术及表型组分析方面的技术开发还需要大力加强，方能抢占育种 4.0 时代制高点。

3　我国作物种业前沿科技发展的机遇与问题挑战

3.1　我国作物种业前沿科技发展的机遇

3.1.1　世界科技创新中心"东移"，显现中国机遇

据麦肯锡全球研究院（McKinsey Global Institute）报道，全球科学研究中心在 16 世纪始于英国，随后向西移动到美国；进入 20 世纪，国际科学与技术一体化程度越来越高，迎来全球大科学时代，世界科技中心仍然主要集中在欧美发达国家，但呈现出加速向亚洲和太平洋地区转移的趋势。中国基础研究投入快速增长，技术创新能力明显增强，成为科技创新的高度活跃地区，为种业科技发展提供了良好的创新环境。

3.1.2　我国高度重视并加强生物育种研发投入

我国多次在中央一号文件中强调要大力推动现代种业发展，并在"十四五"规划中将生物育种列入需要强化国家战略科技力量的八大前沿领域，重视原创性、引领性科技攻关，力保种源安全。2021 年 7 月，我国出台的《种业振兴行动方案》把种源安全提升到关系国家安全的战略高度。同时，我国持续投入大量资金支持生物育种相关研究。2008 年以来，国家层面投入约 300 亿元支持生物育种项目。其中，转基因生物新品种培育重大专项投入约 240 亿元，"七大农作物育种"重点专项投入超过 24 亿元，国家自然科学基金项目投入约 35 亿元。相关项目成果在一定程度上支持了我国生物育种产业发展的需求。

3.1.3　生物育种产业前景广阔

美国 Coherent Market Insights 公司的研究数据表明，2018 年全球转基因作物市场规模为 181.5 亿美元，预计到 2027 年市场规模将达到 374.6 亿美元，年复合增长率为 8.7%。麦肯锡咨询公司预测分子标记辅助选择育种技术可以在未来 10～

20 年普及，通过改善农艺性状实现每年约 3000 亿美元直接经济成本的降低；基因工程植物生产系统在未来 10～20 年可以通过提高生产力、改善口感和提高营养含量的方式，每年产生 1300 亿～3500 亿美元的直接经济影响。我国是世界上最大的粮食生产国和消费国，是仅次于美国的第二大种子市场，未来极具发展前景。

3.1.4 新兴技术将引领种业实现跨越式发展

世界知名咨询公司麦肯锡发布的 *The Bio Revolution: Innovations Transforming Economies, Societies and Our Lives*（《生物革命：创新改变经济、社会和人们的生活》）指出，计算机、数据分析、机器学习、人工智能和生物工程的发展促进了生命科学的进步，并掀起了生物创新浪潮。日本经济产业省生物小组委员会的报道指出，生物技术与信息技术/人工智能（IT/AI）技术的紧密结合将引发第五次经济革命。当前，以基因编辑、合成生物学、人工智能、大数据等技术融合发展为标志的现代生物育种科技革命深入发展，将促使育种从"试验选优"向"计算选优"发生根本转变，这必将引领新一轮育种技术革命，从而对世界农业发展格局产生深刻影响。如果我国能够抓住机遇、加快创新，将有望实现种业的跨越式发展，生物育种技术的更新迭代必将大幅提高种业生产效率。

3.1.5 国内种子企业不断发展壮大

为了提高我国种业的竞争力，国家频繁出台政策鼓励种业企业兼并重组，培育具有国际竞争力的种业龙头。其中，中国化工集团有限公司斥资约 430 亿美元收购先正达，并通过一系列资产重组，最终打造出一艘"国家队"种业航母，对于我国在全球种业的布局发展具有战略意义。目前，先正达在全球种子行业市场占有率排名第三，仅次于拜耳、科迪华。我国还有隆平高科、北大荒垦丰种业进入全球种业 20 强。同时，农业农村部推出了支持种业企业做强做优做大的举措，加快构建"破难题、补短板、强优势"的企业阵型，遴选隆平高科等 69 家企业为国家农作物种业阵型企业，采取有针对性的政策措施，予以精准扶持，加快培育航母领军企业、隐形冠军企业、专业化平台企业。

3.1.6 我国生物育种监管政策逐步完善，产业化发展正稳步推进

我国正在有序推进转基因作物商业化应用。2020 年，农业农村部科技教育司发布 2019 年农业转基因生物安全证书批准清单，批准 192 个转基因植物品种安全证书，其中包括两种转基因玉米和一种转基因大豆。同时我国针对已获得生产应用安全证书的耐除草剂转基因大豆和抗虫耐除草剂转基因玉米开展了产业化试点，标志着我国转基因大豆、玉米的产业化试种迈开历史性的一步。我国开始启动基因编辑植物监管法规的制定。2022 年 1 月，农业农村部印发的《农业用基因

编辑植物安全评价指南（试行）》为基因编辑作物的批准与推广提供了依据。根据该指南，基因编辑植物完成中间试验后即可申请生产证书，无须申请冗长的环境释放和生产性试验等田间试验。随着我国对转基因技术和基因编辑技术监管的日益完善，生物育种产业将实现有序和快速发展。

3.2　我国作物种业前沿科技发展的问题与挑战

3.2.1　科技"无人区"难题和外部科技封锁，为我国种业科技创新发展带来严峻挑战

在当前百年未有之大变局的情况下，科技创新已经成为国家竞争的主战场，国际种业科技基础研究竞争异常激烈。我国种业科技实力正处于从数量积累向质量提高跃升的关键时期，科技创新由以跟跑为主转向更多领域并跑、领跑，正迈入科技创新"无人区"，急需种业科技的颠覆性原始创新。更为严峻的是，目前科技创新的外部环境日趋恶化。截至 2023 年 3 月，美国商务部工业和安全局陆续将包括华大基因在内的 600 余家中国实体列入管制"实体清单"。长期的封锁限制，必将严重影响国际种子贸易活动和技术合作交流。如何破解当下的科技"卡脖子"和"无人区"难题，是实现种业科技创新自立自强所面临的严峻挑战。

3.2.2　作物种业科技领域基础研究薄弱

近年来，我国论文发表数量和专利申请数量居全球首位，在作物育种技术研究领域活跃，但论文和专利质量整体不高，缺少核心论文和高价值专利。作物种业前沿技术多侧重设计定制，这就要求阐明作物复杂性状背后的遗传和表观遗传机制。但我国在相关的基础研究方面，分子遗传机制多局限在单个基因、单个性状的功能解析上，针对多性状形成的基因网络及调控关系研究尚显薄弱；作物表观遗传育种的理论基础研究仍然较少，缺乏作物表观基因组的系统研究。这就限制了性状组学、表观遗传学、合成生物学、从头驯化、智能育种、无融合生殖与杂种优势及倍性育种等前沿理论在育种中的应用。微生物组的研究也处于起步阶段，主要以描述性研究为主，功能性与机制性研究才刚刚开始，微生物组育种中可供筛选的优良根系微生物组成员或成员组合数量极少，这一现状极大地限制了微生物组育种基础工作的展开。

3.2.3　我国对作物种业领域核心技术的掌握水平较低

科技部第六次技术预测专家判断结果表明，我国生物技术各子领域技术水平与领先国家的差距大部分为 8 年左右，其中生物农业领域与领先国家差距 5.61 年。我国在基因编辑、递送与再生、合成生物学、全基因组选择、分子设计和智能育

种等新兴交叉领域的技术研发方面短板明显,包括原始创新能力不足、缺少重大突破性的理论和方法、关键技术与战略性产品研发水平相对较低。长期以来对原始创新和核心技术研发的投入不足,导致具有自主知识产权的产品不多,我国农业生物技术产业整体落后于发达国家。例如,我国在关键核酸酶底盘工具的挖掘方面缺乏原始技术,基因编辑核心专利被欧美发达国家控制,成为我国未来基因编辑技术产业化应用的制约因素。我国新材料和新介质的基础研究不足,新一代递送技术开发具有一定的技术瓶颈限制。公共育种大数据管理和共享平台及技术人才的缺乏,限制了智能育种技术的发展。我国表型组学研究起步较晚,且在核心科技领域受制于人,缺乏引领性基础理论、自主性关键技术和核心装备。

针对这些现状,我们应不断促进跨学科交叉融合,凝聚国内优势团队对原创性技术开发进行攻关研究,优先在少量种业迫切需求的关键核心性状上形成突破,形成良好的技术示范和引领带动效应。优化公共数据集和共享系统,开发具有我国独立知识产权的技术平台,为我国未来生物育种提供重要的核心竞争力和技术保障。

3.2.4 市场主体集中度不高,企业尚未成为研发投入主体

当前,全球种业市场份额的竞争日益激烈,种业跨国企业也纷纷加大研发投入力度以保持竞争优势。截至 2020 年底,全国有 6000 多家注册种子企业,有能力从事科研的企业不足 100 家。2018 年,我国隆平高科以 0.68 亿美元的研发投入排在全球第八位,研发投入占销售额的比例为12.5%,与拜耳的研发投入占比基本相当,但其研发投入仅占拜耳研发投入的 5.2%,而我国全国作物种业企业研发总投入也不到拜耳的一半。在人员投入方面,与美国等主要发达国家不同,我国国内育种资源、人才的大部分仍集中在科研院所,企业创新投入明显不足,创新能力亟待提升。急需制定相应政策,加强对企业的宣传,推动理念转变,引导大型企业参与研究,推动可持续的转型增长;并且维持小微企业的发展活力,通过建立与大公司的合作来实现共同发展。

3.2.5 产品监管及产业化政策滞后

随着技术本身和应用研究的不断推进,一些变革性育种技术的产业化前景越来越广阔。以基因编辑技术为例,截至 2020 年,美国等发达国家已批准包括水稻、小麦、玉米、棉花、油菜等在内的 70 多种基因编辑农作物商业化生产。我国虽然已经培育了部分基因编辑作物品系,但我国基因编辑技术应用及产品的监管体系不够明确,政策谨慎,目前暂无进入市场的基因编辑产品。另外,全球基因编辑技术产业已逐渐形成,多个专注于基因编辑的公司成功上市。我国基因编辑技术的相关基础研究与应用研究水平均位于世界第一梯队,但产业链条不完整,大多

数企业处于产业链的中游，还未进入商业化进程。在育种工业技术方面，育种研究团队大多难以负担育种工业技术依赖的设施建造与运行成本，急需完善我国作物育种工业技术发展规划，配套相应支持政策和项目资助体系，支持建设一批支撑育种工业技术发展的大型开放式人工设施，带动跨越式发展与种业创新。

4　作物种业前沿科技发展的战略构想

作物种业前沿科技的全面发展和提前布局，对于我国占领农业制高点、保障粮食安全生产、实现农业可持续发展具有重要战略意义。立足"十四五"、面向"十五五"，作物种业前沿科技的战略布局必须结合我国农业发展的实际国情和切实需求，围绕农业科技创新中急需解决的关键问题，明确我国农业科技发展的主攻方向。

4.1　发展目标

4.1.1　取得作物种业前沿基础研究原创性突破

揭示作物重要农艺性状协同调控的基本规律，加强农作物复杂性状形成的表观遗传基础研究，实现性状组学、表观遗传学关键共性技术的突破；建立植物与微生物组共生功能体的理论框架，实现作物与微生物协同改良；解析优良性状的驯化规律，建立野生植物快速驯化育种范式；取得前沿生物技术"0到1"的原创性突破，引领种业前沿技术领域向"无人区"的开拓探索，实现种业科技的"弯道超车"。

4.1.2　实现作物种业底层技术重大突破

加强学科交叉融合，推动基因编辑、高效递送和再生、从头驯化、合成生物学、无融合生殖育种、倍性育种等新兴育种技术的升级迭代，成为我国作物种业科技创新的底层驱动力，我国种业科技占据原创理论突破和核心技术专利引领地位；按照"加速度（Speed+）"原则，研发适合我国主要作物和潜力先锋植物的快速育种技术；创制育种工业技术与生物技术育种交叉融合的新模式，使我国成为新一代种业前沿技术中心。

4.2　发展思路

习近平总书记在党的二十大报告中指出，全方位夯实粮食安全根基，深入实施种业振兴行动，强化农业科技和装备支撑，确保中国人的饭碗牢牢端在自己手中。在作物种业前沿科技领域，要坚持以习近平新时代中国特色社会主义思想为指导，遵循习近平总书记"要下决心把民族种业搞上去，抓紧培育具有自主知识产权的优良品种，从源头上保障国家粮食安全"的重要指示，突破作物种业前沿关键共性技术，促进性状组学、微生物组学、合成生物学、基因编辑、倍性育种等前沿育种技术的交叉融合，实现前沿育种技术在主要农作物中的商业化应用，为确保国家粮食安全、打好种业"翻身仗"提供科技支撑和引领。

4.3 发展重点

4.3.1 持续加强作物种业前沿基础研究，增强作物种业创新源头供给能力

聚焦作物种业前沿基础研究和源头创新，在国家重点研发计划和科技创新2030 重大专项等国家科技计划中，加大开展多维度、多学科交叉育种关键底层技术研究，以加快掌握农业"芯片"，推进我国作物种业前沿技术自主可控、自立自强，为我国抢占未来生物技术制高点提供核心竞争力。针对我国粮食安全挑战、饲料作物大量进口、高端种子进口等主要问题，优化育种前沿技术领域顶层设计与前瞻布局，解析作物产量、品质、养分高效、耐逆性等多种性状相互间制约和平衡的复杂分子网络；构建高通量自动化表型评价系统，结合计算生物学和机器学习等大数据手段，建立基于多组学信息的性状预测和智能化育种技术体系；深入挖掘优异野生种质资源，解析驯化规律与分子机制，突破快速驯化核心技术，创制新型种质资源应对农业挑战。从关键理论基础解析、核心技术突破及重要农作物创制等方面开展研究，建立粮食作物、饲料作物与经济作物育种新范式并创制新型种质，为我国现代农业生产结构优化与全新作物培育提供坚实的理论基础和原始创新驱动力。同时加大前瞻性布局，开展无融合生殖与杂种优势固定、表观遗传育种、微生物组育种等技术的前沿基础研究和技术体系构建，并推动 C_3 作物 C_4 化改造、人工合成蛋白质等合成生物学技术研究。

4.3.2 大力推进作物种业关键核心技术攻关和前瞻布局

针对作物种业创新中的关键技术瓶颈，实施种业"卡脖子"问题研究和育种技术体系化联合攻关，聚焦基因编辑源头创新，开发我国的原创性、具有自主知识产权的基因编辑底层技术和新工具，设计高效、高通量、高载量、突破物种限制的新型递送载体与再生技术，开展突破性基因编辑种质创新和利用；加快推进国家作物表型组学研究设施建设，构建开放共享的表型组学研究网络及标准化技术体系，推动表型组学在种业科技创新中的应用，加速我国育种技术走向精准设计育种。同时针对育种周期长的瓶颈，研发重要作物品种的快速育种技术方案，研发主要作物的植物工厂化育种技术，突破和优化作物倍性育种的核心共性关键

技术，加速倍性育种等高成熟度技术在主要农作物中的商业化应用。

4.3.3 加速推动新型种业创新主体建设

我国应加快推动种子企业兼并重组，加快培育航母型领军企业、隐形冠军企业、专业化平台企业，支持企业建立规模化、商业化研发平台和创新联合体，推动资源、人才、资本向企业聚集，推动品种研发、产品开发、产业化应用的全链条现代化水平的提升。种子企业应加大研发投入，担当投入主体责任，全面提升自主创新能力，逐步占据商业化育种的主体地位。创新建制化研究队伍建设，应对新一代育种复杂度和规模急剧上升的全方位挑战，探索成建制的专业研究集团或研发中心及育种公司集团等形式，构建引领性育种创新链。

4.4 政策保障和建议

4.4.1 加强种业科技交叉复合型人才培养，完善评价机制

针对复合型、多学科交叉型育种人才短缺的现状，创新育种科技人才培养机制，加强交叉学科人才培养，完善以育种技术革新为导向的人才考核评价体系。以人才团队建设带动重大项目实施，深入推动性状组学、微生物组学、合成生物学、基因编辑等理论基础研究，以人才政策创新牵引育种前沿领域高速发展，赶超国际领先研究水平。

4.4.2 加强作物种业核心技术知识产权保护，完善产品市场化应用监管体系

作物种业前沿技术在农业领域的应用及其相关产品的开发需要及时建立全新的安全评价措施和监管政策。科学的安全评价及监管应该兼顾我国生物安全及粮食安全的保障问题，从我国国情出发，制定适合我国并具有国际竞争力和引领性的政策，为我国抢占未来生物技术制高点提供保障和竞争力。充分梳理育种技术国际专利战略和布局，寻找专利壁垒的空白点和突破点，通过核心技术的专利许可、转让等方式，推动我国相关产业化发展。完善基因编辑等生物育种产品的保护制度，加快明确相关作物品种的审定要求，出台完善的政策或标准，让基因编辑相关产品尽快通过审定进入市场。建议监管部门加强研究，尽快将无外源基因引入的基因编辑方法视同诱变育种进行监管。

4.4.3 改善作物育种工业技术创新环境，发挥公益类研究机构战略力量作用，引导三产融合发展

目前，我国作物种业研究仍存在各方向之间条块分割、科研布局分散、重复科研机构太多、资金投入分散等问题，常常出现重复立项、多足鼎立的状况。对

于重大科研课题应进一步加强顶层设计、分工协作、统一安排。建议以国家重大需求为导向、以国家重点实验重组为契机，加强引导各创新主体明确自身的定位和优势，统筹全国优势力量，统一思想，面向种源安全和种业自立自强国家战略需求，建立一批突破型、引领型、平台型一体化的种业国家重点实验室，建立分工明确、高效、协作与竞争并存的成建制协同创新模式，从根本上避免低水平重复、同质化竞争、碎片化扩张等诸多不利现象，进而提升我国种业原始创新能力，实现产业的高质量可持续发展，保障我国粮食安全。

一、原始创新篇

专题一　性状组学

王　冰[1*]　王　雷[2]　种　康[2]　李家洋[1]

1. 中国科学院遗传与发育生物学研究所，北京，100101
2. 中国科学院植物生物学研究所，北京，100093
*联系人 E-mail：bingwang@genetics.ac.cn

摘　　要

　　阐明作物产量、品质、耐逆性、养分高效等重要农艺性状的分子调控机制，是建立精准高效的育种技术体系、培育未来作物的重要保障。随着功能基因组学的发展，一系列控制作物优良农艺性状的关键调控基因得到鉴定。但是目前的研究多数聚焦单一目标性状，针对多性状形成的基因网络及调控规律的认识十分匮乏，而在育种实践中要求综合评价和改良多种农艺性状，培育未来作物的超级品种。因此亟须开展性状组学研究，对重要农作物的多种农艺性状进行全方位、多角度的综合评价和量化研究。性状组学是一门新兴学科，本专题旨在系统分析性状组学发展现状与趋势、科技创新水平及发展瓶颈，以期为推动相关领域发展、高效培育未来作物提出相关建议。

1　背景与需求分析

1.1　性状组学的定义

　　高产、稳产、优质和高效等重要农艺性状是由多基因控制的复杂性状，是基因与基因、基因与环境互作的产物，不同性状的主效和微效控制基因之间存在着复杂的分子和遗传调控网络，不同农艺性状之间及同一性状的不同表型指标之间存在着复杂的协同或拮抗关系。深入研究内在基因网络和外在环境信号对作物多个复杂性状的调控机制，挖掘育种目标中多个农艺性状的最佳基因型组合，揭示多个农艺性状调控网络之间的耦合关系，是开展多性状定向改良和聚合育种的重要理论基础，也是未来高效设计培育作物新品种的关键技术保障。在此背景下，性状组学研究应运而生。

性状组学（traits omics）主要是指对重要农作物的多种农艺性状进行全方位、多角度的综合评价和量化研究，重点关注内在基因网络和外在环境信号对作物多种农艺性状的协同调控，关注重要农艺性状在生产实际应用上的平衡。例如，综合评价株型与产量、品质与营养、非生物逆境抗性、生物逆境抗性、生育期与育性、养分高效、重金属污染等重要农艺性状。近年来针对多个复杂农艺性状开展的性状组学研究成为全球作物种业科技领域的前沿和热点。

1.2 性状组学研究的战略需求

针对我国目前粮食产量增长缓慢、高产严重依赖农药化肥高消耗、耕地面积有限、极端天气频发的客观现实，为适应供给侧结构性改革及消费需求高端化，迫切需要通过性状组学的系统研究，解析作物产量、品质、养分高效、耐逆性等重要农艺性状之间制约和平衡的复杂分子网络，结合计算生物学和机器学习等大数据手段，智能设计高产、稳产、优质的遗传组合，提高作物特殊营养成分和营养品质，从而大大加速培育我国自主种源的未来作物超级品种。**开展性状组学研究，兼顾多性状指标的综合评价，培养未来作物超级品种及适应植物工厂等特定环境的植物新品种，已经成为我国当前种业发展的内在客观需求，也是开展作物生物学基础研究和种业创新、确保我国粮食安全的关键科技保障。**

1.2.1 在组学水平上系统解析作物多个重要农艺性状调控的主效基因及遗传网络

近年来，依托高通量测序技术和大规模表型分析技术的飞速进展，不同作物中多个重要农艺性状的主效控制基因及其演化规律得到解析，不同性状之间的复杂调控网络逐渐清晰。全基因组关联分析通过研究核苷酸变异与表型变异之间的关联程度，对群体中所有个体在全基因组范围内的遗传变异进行分析，发现某个变异位点与目标性状的相关性。美国康奈尔大学 Ed Buckler 实验室在玉米关联分析研究中做出很多开创性工作，公布了第一个玉米关联分析作物群体，构建了巢式关联作图群体（NAM），对调控开花期、维生素合成等性状的基因进行了系统研究（Buckler et al.，2009）。我国科学家利用基因关联分析方法率先揭示了稻米食用和蒸煮品质不同性状之间的精细调控网络，发现淀粉的合成及结构通过一个复杂的网络系统调控稻米的蒸煮品质，解析了调控直链淀粉含量、胶稠度和糊化温度的主效及微效基因，阐明了稻米品质三个蒸煮理化指标之间的相关性与调控网络的复杂性（Tian et al.，2009）。研究者进一步根据水稻栽培品种中参与淀粉合成基因的遗传变异开发了分子标记，该分子标记目前已广泛用于稻米品质改良的育种实践。针对多种水稻复杂农艺性状，我国科学家首创了全基因组关联分析方法，针对水稻群体遗传学和基因组特征，筛选千余份遗传多样性丰富的代表性水稻种质资源和地方品种材料，首次构建出高密度的水稻单倍体型图谱，并对抽穗期和产量等 14 个重要农艺性状进行了全基因组关联分析，鉴定到多个农艺性状相关基因的候选位点（Huang et al.，2010）。Huang 等（2011）进一步开发了基于单倍体型分析的"局部基因组序列组装"算法，通过整合水稻基因注释信息、基因表达谱信息和序列变异信息，直接鉴定了 18 个位点的候选基因。他们还通过对代表性杂交水稻品系的上万份 F_2 代材料进行基因型和表型性状分析，系统鉴定了与水稻杂种优势相关的遗传位点，揭示了水稻杂种优势的分子基础，这对进一步优化水稻品种的杂交改良及常规稻双亲的创制和改良具有重要的指导意义（Huang et al.，2016）。在玉米杂种优势研究中，我国科学家以常用的 24 个骨干材料构建了玉米人工合成群体，对超过四万份 F_1 杂交种中有代表性的样本进行表型调查，获得 23 个农艺性状的约 250 万个表型数据，结合基因组大数据、机器学习和全基因组关联分析方法，系统解析了玉米杂种优势和特殊配合力形成的遗传基础，发现了一个"显性-互作"共调控模型，对杂种优势的形成具有重要贡献。上述研究表明，开展性状组学研究，对高效准确鉴定作物复杂性状相关基因、解析杂种优势的分子基础具有重要意义，有望精准实现育种材料的千里选一、万里选一，这将极大地降低育种成本、加速育种进程（Xiao et al.，2021）。

　　水稻、小麦、大豆、棉花、燕麦等重要作物的基因组测序、重测序及泛基因组测序取得重要进展，这极大地推动了对作物遗传信息和个体间遗传变异信息的获取，在组学层面上加深了对作物性状调控机理的认识。我国科学家与国外科学家合作完成了 3000 份亚洲水稻基因组的重测序工作，揭示了水稻核心种质资源的遗传多样性和亚洲栽培稻的群体基因组变异结构，建立了基于水稻基因组信息的数据库和应用平台（Wang et al.，2018b）；Shang 等（2022）组装了 251 份高质量的水稻基因组，构建了目前植物中群体规模最大的、基因组充分注释的、稻属中最为系统的超级泛基因组。上述研究将极大地促进水稻功能基因的挖掘和水稻种质资源的利用，对提升全球水稻基因组研究和分子育种水平，加快优质、广适、绿色、高产水稻新品种培育具有重要意义。在小麦基因组测序领域，由我国科学家领衔的合作团队在国际上率先完成了小麦 A 基因组的测序和草图绘制，以及小麦 D 基因组供体种——节节麦（*Aegilops tauschii*）基因组草图的绘制，结束了小麦没有组装基因组序列的历史，进一步完成了小麦 A 基因组精细图谱的绘制，为小麦生长发育、遗传改良的基础研究及性状组学研究奠定了重要基础（Jia et al.，2013；Ling et al.，2013，2018）。在大豆基因组研究领域，Liu 等（2020）构建了高质量的基于图形结构的泛基因组，挖掘出大量利用传统基因组不能鉴定到的大片段结构变异，并且突破传统线性基因组的存储形式，在植物中首次实现了基于图形结构的基因组的构建。有学者通过对多个棉花基因组的组装、优化及比较分析，解析了陆地棉 TM-1 的基因组演化规律，解决了围绕棉花基因组起源的争议，找到了丰富的棉花农艺性状改良遗传位点和靶标，这将加快推进棉花遗传育种改良的进程（Li et al., 2015；Huang et al., 2020）。栽培六倍体裸燕麦及其二倍体和四倍体祖先的高质量参考基因组的构建，以及六倍体燕麦的起源与亚基因组演化规律的研究，为揭示其耐逆和特殊营养品质奠定了重要基础（Peng et al., 2022）。上述研究为作物的遗传改良和进化研究提供了全面的基因组信息，为深入开展作物的性状组学研究提供了极为重要的资源和平台。

1.2.2 揭示作物重要农艺性状之间的平衡机制，打破产量、抗性、品质、养分高效的拮抗关系

作物的不同农艺性状之间存在一种此消彼长的权衡效应，表现为产量三要素之间、高产与抗病、高产与高品质的负相关性，使得这些优异性状难以兼得。打破优异性状之间的负相关，对于高产稳产优质高效作物的培育、维护粮食安全具有重要意义。IPA1 是控制水稻理想株型的主效基因，研究发现该基因调控水稻多个重要的农艺性状，其通过精细动态的调控机制实现水稻产量与抗病性的协同调控（Jiao et al., 2010；Wang et al., 2018a）。IPA1 基因杂合时表现出很强的杂种优势，在杂交稻育种中具有重要意义，目前已广泛应用于优良水稻品种的培育。但 IPA1 是一个典型的多效性基因，在增大穗部的同时会降低分蘖数目（穗数），限制了其增加水稻产量的潜力。最新研究通过基因编辑手段创制大量 IPA1 顺式调控区平铺删除的材料，从中发掘出可同时提高穗重和穗数的全新材料，显著提升了水稻产量（Song et al., 2022），为突破作物产量瓶颈提供了重要遗传资源和研究策略。

稻瘟病、白叶枯病、纹枯病、白粉病等病害严重危害农业生产。植物在抵抗疾病时，持续激活的免疫反应常会影响它们的生长发育和产量，出现高产与抗病的矛盾。Xu 等（2017）利用上游开放阅读框（uORF）在翻译水平上精准调控 NPR1 的表达，能够在不影响作物产量的前提下，大大增强免疫系统，对抗多种病原体；Deng 等（2017）通过对水稻广谱和持久抗稻瘟病位点 Pigm 的深度解析，发现其编码两个序列相似但功能拮抗的受体，通过蛋白质互作和表观遗传机制调控作物广谱持久抗病与产量的平衡；水稻 rod1 单个基因发生突变能显著提高其对纹枯病、稻瘟病和白叶枯病三大病害的抗性，ROD1 蛋白在协调免疫稳态和生长发育中发挥核心作用（Gao et al., 2021）；在高产抗病小麦培育方面，Li 等（2022）通过基因编辑技术筛选获得了一个既抗白粉病又高产的小麦突变体 mlo，通过多重基因编辑技术，在主栽小麦品种中快速获得了广谱抗白粉病且产量不受影响的创新种质。

综上所述，研究作物重要农艺性状之间的平衡机制，能有效解决高产抗病育种中的瓶颈，为培育抗病高产作物品种提供创新思路和技术路线。

1.3 性状组学育种对未来农业的潜在影响

从粮食需求增长的几个关键驱动因素来看，我国的消费结构、城镇化水平等仍未达到峰值。在全面建设社会主义现代化国家的进程中，我国仍处在食物消费结构持续转变升级的过程中，需要以高产稳产保证粮食供给，以优质保证营养健康和个性化需求，以高效保证环境安全和可持续发展。

1.3.1 性状组学研究加速高产稳产优质高效作物新品种的培育

在有效耕地面积难以增加的情况下，大幅度提高单位面积上的作物产量是保障我国粮食自给自足的必由之路。新品种改良的首要目标一直是高产和稳产。随着生活水平的提升和供给侧结构性改革的推进，作物品质和营养性状改良的重要性日益突出。基于在作物重要农艺性状形成机制的研究中取得的重要成果，我国在设计育种品种培育方面走在了国际前沿：培育出高产、优质、高抗的"中科发"系列和"嘉优中科"系列水稻新品种；育成高产优质"广两优"系列品种，实现了"籼稻产量，粳稻品质"的创新型育种目标；选育出携带籼稻基因组片段的大粒粳稻材料及"中禾优""嘉禾优"等系列水稻新品种，培育出"川育25""科麦138""中科糯麦1号"等优质高产抗病小麦新品种及四粒荚比例和产量都明显增加的"科豆17"等系列大豆新品种。这些品种的培育和推广，对我国水稻、小麦、大豆品种的升级换代起到了引领作用。

1.3.2 性状组学研究助力作物品种的定制化开发与利用

随着经济发展水平的提升及消费需求的多样化，作物品种培育呈现多元化目标。在作物的品质和营养方面，为满足不同蒸煮品质、食味品质、消化品质和加工品质等要求，对胚乳淀粉的组成与结构的需求呈现多样化。基于对水稻品质不同性状的系统研究，定向培育高抗性淀粉含量的水稻品种，能够在不改变饮食习惯的情况下稳定餐后血糖，适合糖尿病患者食用；高、中、低筋小麦品种具有不同的蛋白质含量，在一定程度上满足了面筋、面包、面点、饼干、蛋糕等产品对加工原料的要求。

适宜全程机械化是作物培育的重要目标之一。随着我国农业机械化、集约化与自动化水平的提高及人口老龄化的加剧，迫切需要培育与之相适应的新品种。近年来，研究人员通过耦合控制矮秆、抗条锈病、无芒等性状的调控网络，育成了抗倒、抗病、优质、无芒、适宜机械化收割的小麦新品种"川育25"；通过耦合控制理想株型、淀粉合成、抗病性等性状的调控网络，培育出高产、优质、高抗、适宜机械化直播的"嘉优中科"系列水稻新品种。

综上所述，在解析高产、优质、耐逆、抗病虫、养分高效等性状的关键控制基因及分子调控网络的基础上，综合利用分子设计育种、人工智能、基因编辑等技术对不同的优异基因进行设计组合，快速精准地培育适应土壤状况、气候变化、病虫害情况，且产量高、品质好，更能满足特殊营养需求或加工要求的理想品种，将为农业及经济社会发展提供重要支撑。

2 发展态势分析

2.1 基础研究进展

本节将利用文献计量等方法，从性状、时间、空间等维度对研究现状进行分析。

2.1.1 性状维度发展态势分析

本研究以作物的"产量（yield）""品质（grain-quality OR starch-synthesis OR amino-acid OR fatty-aicd）""抗逆性（abiotic-stress OR drought OR salinity OR cold OR chilling OR heat）""抗病虫（disease* OR pest* OR insect-resistance）""生育期和育性（heading-date OR fertility）""养分高效（nutrient-use-efficiency OR nitrate OR phosphate OR potassium）""重金属污染（heavy-metal OR cadmium OR arsenate OR aluminum）"等为关键词对相关文章进行检索，共获得 834 926 篇涉及至少 1 个性状的文献，其中涉及任意 2 个性状的文献有 163 758 篇，涉及任意 3 个性状的文献有 3414 篇，涉及任意 4 个性状的文献有 332 篇，涉及任意 5 个性状的文献有 12 篇，涉及任意 6 个性状的文献仅有 5 篇，没有检索到包含 7 个性状的文献（总论图 8A）。文献检索数量表现出随着表型数目的增加急剧降低的趋势，涉及 2 个性状的文献数据约为单个性状文献数目的 19.6%，涉及 3 个性状、4 个性状的文献数目仅为单个性状文献数目的 0.4% 和 0.04%，说明目前研究集中在对作物单个性状的研究，对多性状的综合研究严重匮乏。对涉及不同性状的文献中高被引论文的比例进行分析，发现在包含 1 个、2 个、3 个、4 个、5 个、6 个性状的文献中，高被引论文的比例分别为 0.78%、1.05%、2.23%、3.01%、16.67% 和 20.00%，其中涉及 5 个或 6 个性状的文献中综述所占比例偏高（总论图 8B）。以上统计分析表明，**涉及多个性状的论文数目与单个性状研究文献相比急剧降低，但是论文质量有显著提升**。

进一步以文献数目最多的产量为例进行文献分析，仅涉及产量的文献为 285 258 篇，涉及产量和品质的文献有 9152 篇，涉及产量、品质和抗逆性（非生物胁迫）的文献有 1644 篇，涉及产量、品质、抗逆性和抗病虫的文献仅有 112 篇，涉及产量、品质、抗逆性、抗病虫和生育期的文献仅有 4 篇，涉及产量、品质、抗逆性、抗病虫、生育期和养分高效的文献仅有 1 篇，没有检索到包含 7 个性状的文献（图 1A）。文献检索数量同样表现出随着表型数目的增加急剧降低的趋势，如同时研究产量和品质的文献仅为产量研究文献的 3.2%，而涉及产量、品质、抗逆性的文献仅为产量研究文献的 0.58%。

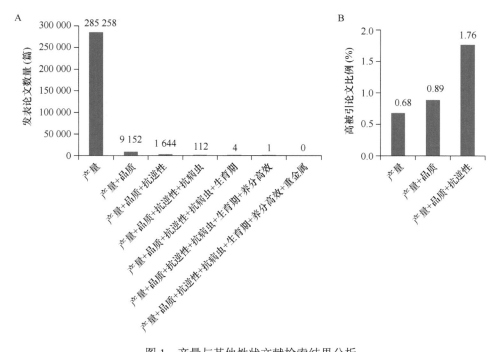

图 1　产量与其他性状文献检索结果分析
A. 产量相关论文的发表数量；B. 产量相关论文中高被引论文的比例

　　对涉及不同性状的文献中高被引论文的比例进行分析，发现仅涉及产量的论文中高被引论文的比例为 0.68%，同时涉及产量和品质的论文中高被引论文的比例为 0.89%，而同时包含产量、品质和抗逆性的论文中高被引论文的比例为 1.76%（图 1B）。以上统计分析表明，**科研人员在追求产量调控机制的前提下，严重忽视了对产量与其他重要农艺性状协同关系的研究。文献调研结果凸显了加强性状组学研究的紧迫性。**

2.1.2　时间维度发展态势分析

　　本研究对近 20 年来涉及单个性状、2 个性状、3 个及以上性状的论文在不同年份的发表数量进行分析，结果发现论文数量整体呈现逐年上升的趋势（图 2）。

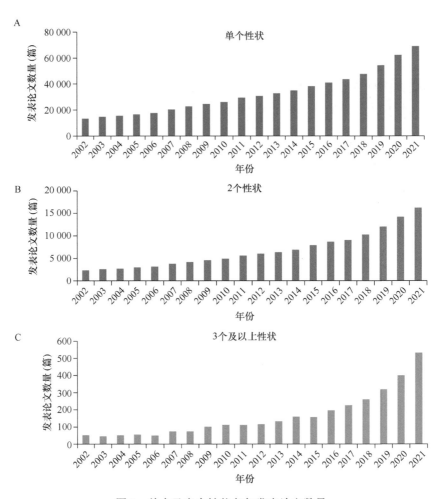

图 2　单个及多个性状各年发表论文数量

通过比较论文增长速度，发现 2002 年涉及单个性状的论文发表数量为 13 421 篇，2011 年和 2021 年论文数量分别为 29 408 篇和 69 143 篇，是 2002 年论文数量的 2.19 倍和 5.15 倍（图 2A）。涉及 2 个性状的论文在 2002 年发表 2385 篇，2011 年和 2021 年论文数量分别为 5598 篇和 16 212 篇，是 2002 年论文数量的 2.35 倍和 6.80 倍（图 2B）。而涉及 3 个及以上性状的论文在 2002 年发表 51 篇，2011 年和 2021 年论文数量分别为 110 篇和 531 篇，达到 2002 年论文数量的 2.16 倍和 10.41 倍（图 2C）。以上统计分析表明，**涉及多个性状的文献总体数量少，但是近 10 年来展现出迅速增长的趋势**。

2.1.3　空间维度发展态势分析

本研究对近 20 年来涉及单个性状、2 个性状、3 个及以上性状的论文在不同国家和地区的发表数量进行统计，发现我国发表论文数量均位居第一；美国在单个性状论文总量方面与中国非常接近，在 2 个性状论文总量方面与中国差距逐渐拉大，在 3 个及以上性状论文总量方面仅为中国的 54%；印度、巴西、德国、西班牙、澳大利亚、加拿大、意大利、日本、巴基斯坦等国家在单个性状和 2 个性状论文总量方面处于第二梯队，印度在 3 个及以上性状论文总量方面有显著提升，超过美国处于第二位（图 3）。以上统计分析表明，**在性状组学领域我国总体处于第一梯队**。

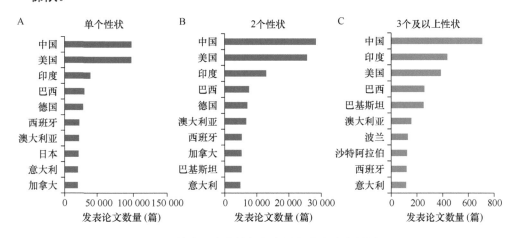

图 3 单个及多个性状各个国家发表论文数量

2.2 知识产权分布

由于性状组学是一个新兴领域，用 traits omics 等性状组学相关关键词检索，并未检索到相关的知识产权。用不同性状作为关键词搜索，检索到大量知识产权，但不能代表性状组学的进展。随着研究的深入，涉及作物多个性状的知识产权会逐渐涌现。

2.3 项目布局

多个发达国家在不断深化已有基础学科布局的同时，大力拓宽基础研究的领域和方向，出现了植物基因组、功能元件解析、基因环境互作、微生物组、自动化表型采集、计算系统生物学等领域协调发展的局面。美国农业部认为在农业研究上每投入 1 美元可以产生约 20 美元的经济影响，其针对植物基础研究领域进行了系统性、前瞻性布局，在作物功能基因组学、植物光合作用、表型组学、合成与系统生物学等研究领域布局了一系列项目；德国依托马普学会及其附属研究所已布局并形成了以大数据和计算生物学、作物组学及系统进化为特色的作物基础研究学科集群;澳大利亚推出了 ARC 植物卓越中心计划(ARC Centre of Excellence for Plant Success),重点资助提升植物产量及环境适应性的研究。

我国在作物重要农艺性状的形成机理及设计育种方面也布局了一系列项目,推动了性状组学领域的研究。性状组学作为一个新兴领域,尚未检索到已立项的科技项目宏观布局状况。根据对近 20 年来涉及 3 个及以上性状论文的主要资助进行分析,排名前五位的资助分别来自我国的国家自然科学基金、巴西的 Conselho Nacional de Desenvolvimento Cientifico e Tecnologico(CNPq)、欧盟的欧盟委员会(European Commission)、巴西的巴西高等教育人员促进会(Coordenacao de Aperfeicoamento de Pessoal de Nivel Superior,CAPES)及我国的国家重点研发计划,受资助论文发表数量分别为 343 篇、101 篇、77 篇、72 篇和 68 篇。

2.4 主要研发力量

对近 20 年来涉及 3 个及以上性状论文的主要研发力量进行分析,排名前五位的机构分别是中国科学院、费萨拉巴德农业大学(University of Agriculture, Faisalabad,UAF)、埃及知识库(Egyptian Knowledge Bank,EKB)、中国农业科学院及美国农业部(United States Department of Agriculture,USDA),分别发表论文 119 篇、100 篇、97 篇、85 篇和 79 篇。

3 瓶颈对策分析

尽管我国作物科学和生物技术研究取得了长足发展,但**多局限在单个基因、单个性状的功能解析上**,针对多性状形成的基因网络及调控关系研究有待进一步加强。目前理论研究与育种实践的结合尚不够紧密,理论研究成果向应用推广成果的转移转化能力仍很薄弱。急需探明控制多个复杂农艺性状形成的分子网络,并在其基础上建立新型农业生物分子设计育种理论和技术体系。综观我国性状组学研究的现状,许多技术创新能力亟待进一步加强,这主要体现在以下几个方面。

3.1 重要农艺性状之间协同调控的机制尚不明确

目前,作物遗传和分子生物学研究大多聚焦在单个基因对于单个农艺性状的影响,而缺乏对多性状间的复杂关系、基因与基因之间的协同和拮抗关系的系统研究。此外,多数重要农艺性状都是多基因控制的复杂性状,遗传水平对性状贡献率约占三分之一,其余来自环境及遗传与环境的互作,目前对基因与环境间的互作模式研究不足。

对策分析:复杂农艺性状的形成是多个基因互作的结果,涉及基因间功能的累加和拮抗等，优异性状品种的培育是一个基于目标性状选择与优质基因耦合的复杂遗传选育过程。因此，开展高效、定向的分子育种迫切需要有更多理论的创新和方法的突破。需要加强遗传与环境的研究并探索它们之间的作用机制，进一步精准定位可以用于目标性状改良的具有广适性或特殊适应性的重要分子靶点，发掘在调控产量、品质、抗性等多种性状协调改良方面具有重大应用前景的新基因，使遗传研究与性状改良实践紧密结合、互相促进，推动我国作物育种研究的自主创新和健康发展。

3.2　急需发展大规模低成本的表型评价体系

随着测序和基因型鉴定技术的飞速发展，植物表型采集成为遗传研究的瓶颈，高通量自动化表型采集技术的应用成为未来作物科学发展的必然趋势。自动化表型采集技术主要依赖影像学及遥感技术从田间或温室采集数字化图像，经过人工智能技术翻译成人类所能理解的植物表型信息。图像数据的采集、传输、存储、管理、翻译是实现这一技术的关键。目前作物表型的原位、快速、高通量测定仍存在较大困难，表型采集和数据分析的成本也成为其在育种中应用的障碍。

对策分析：未来需要建立高效的自动化表型采集系统，自主研发自动化、半自动化表型采集装置的组装制造，建立自动化表型采集装置的表型翻译技术，集合人工智能技术建立表型组数据和重要农艺性状的精准翻译对接，实现水稻、小麦等作物地上、地下形态生理性状表型的自动化、高效采集和翻译，获得关键技术和设备的核心发明专利，建立具有自主知识产权的多性状协同改良分子设计育种新技术。

3.3　基于多组学信息的性状预测和智能化选择技术有待突破

目前，我国作物育种方式还是以传统的表型选择为主，育种效率低、成本高。随着数据科学技术、基因组、环境微生物组及基因编辑等技术的快速发展，传统的以经验为指导、以遗传物质重组和被动响应环境变化为主的育种方式将会演变为以智能决策、基因高效优化组合、主动塑造生长环境为特征的全新育种方式。在基因型-表型预测模型方面，国际研究呈现出单基因模型向多基因模型、线性模型向非线性模型、低维数据向高维数据转变的特点。

对策分析：在育种过程中实现基于多组学信息的表型预测和智能化选择，将显著提高育种选择效率。整合数据信息的存储管理、可视化、共享是实现智能高效遗传研究和育种决策的基础。应加快建立作物全基因组选择训练群体并开展田间试验，全面采集多种农艺性状数据；进一步收集、产生并整合作物多组学信息，建立数据库；在此基础上利用机器学习建立基于多组学数据的人工智能性状预测模型，结合不同训练群体在不同环境中的基因型和表型数据，对模型进行评价和优化，建立基于多组学信息的性状预测和智能化选择技术。

3.4 精准培育智能化作物新品种迫在眉睫

不断变化的气候环境也给我国农业生产带来了三个突出问题：一是农业生产的不稳定性增加，产量波动加大；二是农业生产布局和结构发生变动；三是引起农业生产条件的改变，使生产成本和投资大幅度增加。气候变化对农作物生长发育及病虫害防治也会产生直接影响，随着全球气温的升高，我国主要作物品种的布局也将发生变化。

对策分析：针对全球气候变化导致的极端环境及病虫害频发等问题，急需挖掘利用遗传信息更丰富的作物材料，充分利用农家种、野生种和半野生种资源，综合多学科手段解析耐盐碱、抗高低温、抗病虫、耐旱涝等抗逆性状与作物生长发育的平衡机制及分子调控网络，研究遗传变异和表观变异的规律，评估和改良生物智能响应性状，通过精准设计培育能够智能响应环境的作物品种。

4 未来战略构想

4.1 发展思路

突破性状组学关键共性技术，促进性状组学与基因组学、表型组学、智能育种等其他前沿育种技术的交叉融合，建立具有自主知识产权的多性状协同精准改良分子设计育种技术体系，实现性状组学技术在主要农作物中的商业化应用，为确保国家粮食安全、打好种业"翻身仗"提供科技支撑。

建议重点加强以下三个方面：①深度解析重要农艺性状之间协同调控机制，挖掘在多性状协调改良中具有重大应用前景的新基因及重要分子靶点，阐明遗传与环境的互作机制及其对作物表型的调控规律。②积极研发自动化、半自动化表型采集装置，建立表型翻译技术，实现主要农作物地上、地下农艺性状的自动化、高效采集和翻译，创新基于多组学信息的性状预测和智能化选择技术，获得关键技术、软件和设备的核心发明专利。③创新智能化作物新品种的培育技术，在全基因组水平上对产量、品质、环境响应、抗病虫、养分高效等关键性状进行设计和高通量选择，精准培育能够智能响应环境、兼具高产优质性状的作物新品种，保障国家粮食安全。

4.2　发展目标

开展性状组学的研究，兼顾多性状指标的综合评价，实现多性状有效聚合，培养未来作物超级品种，加速我国种业的迭代更新，是我国当前种业发展的内在客观需求，也是解决作物生物学基础研究和种业创新、确保我国粮食安全的关键科技保障。**性状组学研究领域的发展目标主要包括**：①解析作物产量、品质、养分高效、耐逆性等重要农艺性状之间的制约和平衡的复杂分子网络；②建立完善的大规模、低成本、自动化表型评价系统，结合计算生物学和机器学习等大数据手段，建立基于多组学信息的性状预测和智能化选择技术体系；③建立多性状协同定向改良的分子设计育种新技术，显著加速我国自主种源的未来作物超级品种的培育。

五年发展目标：实现性状组学关键共性技术的突破，揭示作物重要农艺性状协同调控的基本规律，建立和完善基于多组学信息的性状预测和智能化选择技术，精准高效地培育智能化作物品种。

十年发展目标：继续加强性状组学关键共性技术的研发和优化，实现大规模、低成本的表型采集和评价系统在作物育种研发中的广泛应用，持续推动基于多组学信息的性状预测和智能化选择技术，全面突破作物性状组学调控关键分子机制，为培育突破性重大品种提供技术支撑。

4.3　政策保障和建议

4.3.1　持续加强前育种基础研究，增强性状组学创新的源头供给能力

目前复杂性状分子调控机理尚未取得全面突破，我国种质资源开发利用仍不充分，应用于育种创新的农业种质资源不足十分之一，导致主要作物重大突破性品种较少，缺乏兼顾产量、品质、环境适应性等多重优良性状的品种。未来，我国仍需大力开展对优异性状协同调控机制的解析，挖掘协调改良多种性状、具有重大应用前景的新基因或分子靶点，产出重大原创性成果；急需开展对种质资源的基因组、表型组的研究，将资源和研发优势转化为产业优势。

4.3.2　加强性状组学核心技术的攻关和前瞻布局，重视知识产权保护

目前，我国仍缺少具有广泛应用前景、自主知识产权的自动化表型采集系统及作物表型的智能预测系统。我国应加强在多组学信息高效采集与数字化、自动化表型组、多维组学数据耦合及统计建模、人工智能表型预测、最优育种组配预测、基因编辑靶点设计筛选等方面的技术攻关和前瞻布局，推进大数据、人工智能等前沿技术在作物育种中的应用。

4.3.3 加快种业国家实验室和国家重点实验室的组建

目前，我国作物种业研究仍存在各方向之间条块分割、科研布局分散、重复科研机构多、资金投入分散等问题，常常出现重复立项、多足鼎立的状况。对于重大科研课题缺乏顶层设计、分工协作和统一安排。建议以国家重大需求为导向、以国家实验室建设和国家重点实验重组为契机，加强引导各创新主体明确自身的定位和优势，统筹全国优势力量，统一思想，面向种源安全国家战略需求，建立分工明确、协作与竞争并存的高效协同创新模式，从根本上避免低水平重复、同质化竞争、碎片化扩张等诸多不利现象，进而提升我国种业原始创新能力，实现产业的高质量可持续发展。

参 考 文 献

Buckler E S, Holland J B, Bradbury P J, et al. 2009. The genetic architecture of maize flowering time. Science, 325(5941): 714-718.

Deng Y, Zhai K, Xie Z, et al. 2017. Epigenetic regulation of antagonistic receptors confers rice blast resistance with yield balance. Science, 355(6328): 962-965.

Gao M, He Y, Yin X, et al. 2021. Ca^{2+} sensor-mediated ROS scavenging suppresses rice immunity and is exploited by a fungal effector. Cell, 184(21): 5391-5404.

Huang G, Wu Z, Percy R G, et al. 2020. Genome sequence of *Gossypium herbaceum* and genome updates of *Gossypium arboretum* and *Gossypium hirsutum* provide insights into cotton A-genome evolution. Nat Genet, 52(5): 516-524.

Huang X, Wei X, Sang T, et al. 2010. Genome-wide association studies of 14 agronomic traits in rice landraces. Nat Genet, 42(11): 961-967.

Huang X, Yang S, Gong J, et al. 2016. Genomic architecture of heterosis for yield traits in rice. Nature, 537(7622): 629-633.

Huang X, Zhao Y, Wei X, et al. 2011. Genome-wide association study of flowering time and grain yield traits in a worldwide collection of rice germplasm. Nat Genet, 44(1): 32-39.

Jia J, Zhao S, Kong X, et al. 2013. *Aegilops tauschii* draft genome sequence reveals a gene repertoire for wheat adaptation. Nature, 496(7443): 91-95.

Jiao Y, Wang Y, Xue D, et al. 2010. Regulation of *OsSPL14* by OsmiR156 defines ideal plant architecture in rice. Nat Genet, 42(6): 541-544.

Li F, Fan G, Lu C, et al. 2015. Genome sequence of cultivated Upland cotton (*Gossypium hirsutum* TM-1) provides insights into genome evolution. Nat Biotechnol, 33(5): 524-530.

Li S, Lin D, Zhang Y, et al. 2022. Genome-edited powdery mildew resistance in wheat without growth penalties. Nature, 602(7897): 455-460.

Ling H Q, Zhao S, Liu D, et al. 2013. Draft genome of the wheat A-genome progenitor *Triticum urartu*. Nature, 496(7443): 87-90.

Ling H Q, Ma B, Shi X, et al. 2018. Genome sequence of the progenitor of wheat A subgenome *Triticum urartu*. Nature, 557(7705): 424-428.

Liu Y, Du H, Li P, et al. 2020. Pan-Genome of wild and cultivated soybeans. Cell, 182(1): 162-176.

Peng Y, Yan H, Guo L, et al. 2022. Reference genome assemblies reveal the origin and evolution of allohexaploid oat. Nat Genet, 54(8): 1248-1258.

Shang L, Li X, He H, et al. 2022. A super pan-genomic landscape of rice. Cell Res, 32(10): 878-896.

Song X, Meng X, Guo H, et al. 2022. Targeting a gene regulatory element enhances rice grain yield by decoupling panicle number and size. Nat Biotechnol, 40(9): 1403-1411.

Tian Z, Qian Q, Liu Q, et al. 2009. Allelic diversities in rice starch biosynthesis lead to a diverse array of rice eating and cooking qualities. Proc Natl Acad Sci USA, 106: 21760-21765.

Wang J, Zhou L, Shi H, et al. 2018a. A single transcription factor promotes both yield and immunity in rice. Science, 361(6406): 1026-1028.

Wang W, Mauleon R, Hu Z, et al. 2018b. Genomic variation in 3,010 diverse accessions of Asian cultivated rice. Nature, 557(7703): 43-49.

Xiao Y, Jiang S, Cheng Q, et al. 2021. The genetic mechanism of heterosis utilization in maize improvement. Genome Biol, 22(1): 148.

Xu G, Yuan M, Ai C, et al. 2017. uORF-mediated translation allows engineered plant disease resistance without fitness costs. Nature, 545(7655): 491-494.

专题二　从　头　驯　化

余　泓[1*]　童红宁[2*]　许　操[1]　张学勇[2]　孙传清[3]
朱健康[4]　林鸿宣[5]

1. 中国科学院遗传与发育生物学研究所，北京，100101
2. 中国农业科学院作物科学研究所，北京，100081
3. 中国农业大学，北京，100193
4. 南方科技大学前沿生物技术研究院，广东，518071
5. 中国科学院分子植物科学卓越创新中心，上海，200032
*联系人 E-mail: hyu@genetics.ac.cn, tonghongning@caas.cn

摘　　要

　　从头驯化是近年来提出的一种全新的育种策略。该策略是在作物驯化规律揭示与作物功能基因组解析的基础上，挑选优势性状明显的、具有驯化潜力的优异野生植物，综合利用基因编辑与分子设计育种等技术，在几十年甚至几年的时间里，快速将优异野生植物驯化成具有经济价值的新型农作物。我国在从头驯化领域已经取得了一些世界领先的重要成果，如野生番茄的快速驯化、异源四倍体水稻的从头驯化等。但如何完全建立从头驯化体系，并进一步开发新的优势性状明显的野生资源，突破不同野生植物从头驯化的技术瓶颈，真正培育出新型农作物，并建立完整的新型农作物培育、审定、推广体系，仍有大量的工作亟待展开。从头驯化是一门新兴学科，本专题旨在系统分析这一领域的发展现状与趋势、科技创新水平及发展瓶颈。未来全新类型的作物培育，有望在取得国际种业竞争优势、保障世界粮食安全、适应未来气候变化等方面带来新的突破。

1　背景与需求分析

1.1　从头驯化的定义

　　2017 年，"从头驯化"（*de novo* domestication）及"加速驯化"（accelerating the domestication）策略首次被提出（Osterberg et al.，2017；Zsogon et al.，2018），即利用基因编辑技术等现代分子生物学手段，以优势特征明显、具有重要应用前景

的野生或半野生材料为基础，将一些控制产量、营养品质、抗性等性状的优异等位基因引入野生种中，高效改良野生植物的未驯化特性，使其产量等主要经济性状快速达到目前的商业品种水平，又能保留在长期驯化过程中现有栽培品种已丢失的特性，从而快速培育既保留野生材料优势又能符合现代农业生产要求、具有经济价值的全新作物类型的育种策略。

按照被快速驯化的物种进行分类，"快速驯化"可以分为两个大的研究方向（Fernie and Yan，2019）：①现有栽培品种的近缘野生植物的重新驯化（re-domestication of current cultivated crops）；②新野生植物的从头驯化（*de novo domestication of wild plants*）。

"从头驯化"策略与传统育种技术相比，核心优势就是能够快速利用野生优异遗传资源，从而实现特定的育种目标（Yu and Li，2022）。在过去大约 12 000 年中，漫长的作物驯化史使得人类从游牧狩猎生活逐渐过渡到自给自足的农耕生活，形成了灿烂的农耕文明和文化。然而人类的祖先只是选择他们文化起源区域附近的动植物类型，对部分驯化性状进行了选择，但这一过程同时也伴随着遗传多样性的丧失，遗传资源逐渐减少。大约 4000 年前，经过漫长的原始驯化过程，人类已经完成了其赖以生存的主要作物的驯化，其中水稻、小麦和玉米三种作物提供给人类超过一半的能量（Fernie and Yan，2019；Meyer and Purugganan，2013）。据估计，农耕文明之前，人类社会食用的植物种类约有 7000 种，只有很小一部分被驯化。总之，漫长的驯化选择和近 100 年左右的育种选择，导致现代作物遗传背景越来越狭窄，进一步的遗传改良出现一些瓶颈（Tang et al.，2010）。而与之相对，自然界中数量众多的野生作物遗传资源目前被人类利用得却非常有限，因此从头驯化育种策略具有巨大的潜力。

1.2 从头驯化研究的战略需求

从近一百年的育种与农业生产历程来看，新型作物的培育对农业生产造成了变革性的影响，如何在新型作物培育上提前布局，对于占领农业制高点具有重要意义。

饲料与油料作物大豆就是一个典型的例子。从全球种植面积来看，在 1960年以前，大豆是一个种植面积十分有限的小作物，1968 年其全球种植面积大约为3000 万 hm^2，其中 50%在美国和中国，南美洲的巴西、阿根廷等国家几乎没有大豆的种植。近 60 年来，大豆逐渐变成一种在世界范围内大面积种植的新型作物，到 2018 年全球种植面积已超过 12 000 万 hm^2（图 1），超过了同期小麦种植面积的 50%。而大豆新增的种植面积，除了新开垦的土地，很大一部分是替代了燕麦、大麦、牧草等作物而来的。因此，大豆的培育和种植，改变了近 50 年世界农业的生产格局，各国在大豆育种上的提前布局，对主要生产国和消费国农业的发展与布局产生了深远影响。

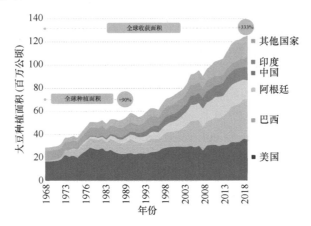

图 1　世界主要国家大豆种植面积（彩图请扫封底二维码）

　　第二个典型的例子是橡胶树。1844 年，美国发明家查尔斯·固特异（Charles Goodyear）开发出了橡胶硫化技术。这项技术大大提高了橡胶对于温度变化的耐受力，彻底克服了天然橡胶制品冷天变硬、热天变软的顽疾。橡胶树能够产出天然橡胶这一特性，是此前所有人类驯化的作物所没有的，自此，橡胶树作为天然橡胶的唯一商业化来源，开始大规模种植。过去 150 年，橡胶树被广泛引种和种植，面积达到 1331 万 hm²。但橡胶树对于生长环境颇为挑剔，喜爱高湿、年降水量不能小于 1200mm，每年的雨水天气要在 100 天以上，每年的阳光照射时间需要在 2000h 以上，不耐风灾和低温。全球能满足这些气候条件的土地，主要集中在低纬度的热带和亚热带地区，世界上大多数国家都无法种植三叶橡胶树，只能望"胶"兴叹。以我国为例，我国适宜种植橡胶树的耕地大约 1800 万亩，已经全部用于种植橡胶树，但我国天然橡胶仍有 80%依赖于进口（图 2）。

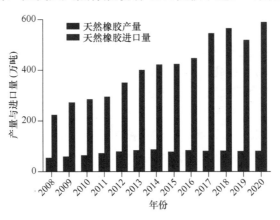

图 2　我国天然橡胶产量与进口量（彩图请扫封底二维码）

除对现有物种的栽培品种进行不断改良与升级换代以外，全新作物种类的培育和大面积种植也导致现代农业生产结构发生了革命性的变化，随着育种技术的发展，人类创制新型作物的能力也越来越强。

据统计，目前有 160 个科的 2500 个物种完成了驯化或半驯化，只占植物界的很小一部分（Meyer and Purugganan，2013）。随着从头驯化育种底盘材料的多元化，植物的从头驯化可能涉及农业的多个领域。从头驯化策略是育种技术进步的产物，同时也拓宽了已有的育种策略和方法。

1.3 从头驯化育种对未来农业的潜在影响

目前来看，通过"从头驯化"策略，开发和利用野生优异资源可能产生以下几个方面的作用。

1.3.1 改良作物抗病性和抗虫能力

野生植物由于生存环境恶劣，蕴含着大量的抗病、抗虫基因资源（Mammadov et al.，2018）。研究表明，现代栽培作物在漫长的驯化与改良过程中，遗传多样性大幅下降，人类有意识的选择使得产量和与农业生产性状相关的优异基因不断积累，而在相对优良的人工栽种条件下，其他基因特别是抗性基因由于失去了环境压力而大量丢失（Doebley et al.，2006）。实际上，利用野生植物中的抗病基因改良栽培作物已经是一种重要的育种策略（Song et al.，1995；Witek et al.，2021），然而抗病抗虫机制复杂，调控网络复杂，实现过程耗时耗力，十分困难。同时，优异作物的单一化大规模种植，使得这些品种无法抵抗的病虫害逐渐发展，因此以现有品种为基础增强其抗病抗虫性难度较大。与此对应，野生植物通常具有优异的抗病抗虫性，通过对野生植物进行快速驯化，能够培育出抗病抗虫性优异的新品种，大大减少病虫危害及农药的使用，降低农业生产对环境的破坏，同时还可以增加农业生态系统多元化和稳定性。

1.3.2 突破现有作物产量瓶颈

联合国粮食及农业组织（Food and Agriculture Organization of the United Nations，FAO）的最新统计结果显示，预计 2050 年全球人口将突破 100 亿，与 2010 年相比，粮食产量需要增长 56% 才可以满足需求，而以当前的年均粮食增产速率估算，远远无法满足这一需求。我国水稻等作物的单产在经历绿色革命和杂交稻两次快速增长后，已经有许多年没有明显增加。伴随着人口增加和耕地面积的减少，这一问题将越来越严重。如何采用新的策略育成突破性新品种，继续增加作物单产，是育种领域的重大挑战。选择生物量大、抗逆能力强、营养高效的野生多倍体植物进行从头驯化，有望突破现有作物的产量瓶颈。

1.3.3 利用边际土地

全球存在大量边际土地，如盐碱地，缺水、极端炎热或寒冷地带等，现有作物大多不能在这些条件下很好地生产，无法产生经济价值。选取能够在这些边际土地上生长的野生植物，通过快速驯化策略，将它们培育成全新的作物，有望能够实现边际土地资源的农业化利用，增加农业生产的土地面积，保障粮食安全。

1.3.4 开发进口农产品生产的替代作物

我国有许多农产品依赖进口，其中最为典型的是饲料与油料作物大豆及工业原料天然橡胶。青贮玉米与青贮高粱等能够部分替代大豆的饲料用途，然而青贮作物的育种目标与传统玉米及高粱存在很大不同，选取生物量大的野生植物进行从头驯化，有望培育出全新的饲料作物。同时世界范围内，99%的天然橡胶都是由橡胶树生产而来，然而即便我国将全部适宜种植橡胶树的土地都用于种植橡胶树，仍然有80%的天然橡胶依赖进口。自然界中存在3000多种产胶的野生植物，其中如橡胶草等能够在我国温带地区大面积种植（Lin et al.，2018；van Beilen and Poirier，2007）。通过快速驯化技术改良这些野生植物，有望解决或部分解决我国某些原料型产品依赖于进口而难以自给自足的难题。

1.3.5 快速改良半驯化的孤生作物

在特定地区，特别是自然环境恶劣的贫困地区，由于大宗作物品种无法很好地生长，这些地区一般种植一些适宜当地生态环境的孤生作物（orphan crop）。孤生作物种植区间小，往往还未引起育种家的关注和改良，从而综合性状较差，大多处于半驯化状态。通过从头驯化策略，能够低成本地快速改良这些半驯化的孤生作物，从而帮助贫困地区农业的发展（Lemmon et al.，2018）。

1.3.6 应对未来环境变化危机

近20年全球平均气温增加了1℃，导致极端天气频发。国际自然灾害数据库（The Emergency Events Database，EM-DAT）数据显示，仅在2021年，全球发生洪涝、干旱、过高或过低气温、地震、火山、暴雪、台风、野火等极端天气事件就高达557起，造成了作物减产甚至部分地区绝收。为应对以上挑战，保障粮食安全，实现可持续发展，必须培育高产、多抗、能够快速响应环境变化的新型作物（Yu and Li，2021）。而野生植物特别是一些多倍体野生植物具有更强的环境适应性，提前布局培育具有高环境适应性的农作物，对于应对未来全球气候变化所引发的粮食危机，具有重要意义。

1.3.7 多倍体优势与杂种优势利用

杂种优势利用对提升作物产量做出过重要贡献（Chen et al., 2019）。多倍体植物具有明显的产量优势和较强的环境适应能力，多倍体化是植物进化的主要驱动力之一（Comai, 2005）。小麦、甘蓝型油菜、土豆、棉花、花生、西瓜和咖啡等都是多倍体作物。然而，起源于二倍体野生稻的栽培水稻都是二倍体，培育多倍体的水稻作物一直是育种家和遗传学家努力的方向。1933 年，日本科学家首次发现了多倍体水稻。在后续的 90 年时间里，多倍体水稻的研究进程较为缓慢，在育种上的应用十分受限，其中一个重要原因是天然存在的多倍体野生稻农艺性状较差，如易落粒等。快速驯化多倍体野生植物、创制多倍体作物，可为野生种质资源的利用提供范例，成为未来作物育种的新方向。

因此，在筛选具有从头驯化潜力的野生植物时，应以具有上述某种或多种优异性状作为条件进行筛选，选出综合性状最优的野生种质。

1.4 从头驯化的技术路线

快速从头驯化策略，整体可以分为 4 个阶段（Yu et al., 2021）（图 3）：第一阶段，针对特定育种目标收集并筛选综合性状最佳的野生植物底盘种质资源；第二阶段，建立野生植物快速从头驯化技术体系，其中包括 3 个核心点，即高质量参考基因组的绘制、功能基因注释体系、高效基因编辑技术体系；第三阶段，品种分子设计与快速驯化，包括重要农艺性状基因注释及基于基因组信息的品种分子设计、重要农艺性状基因的功能确定、利用多基因编辑改良性状及田间综合性状评估；第四阶段，新型作物应用与推广。

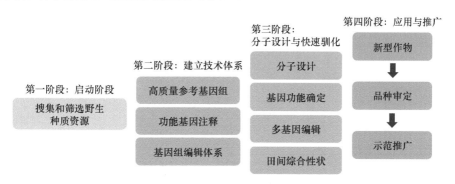

图 3　从头驯化策略的技术路径（彩图请扫封底二维码）

人口压力、全球气候变化和食品结构调整已经对现有作物和农业生产格局提出了新挑战，如何培育全新优异作物，是当前种子创新的重大问题与机遇。由此可见，新型作物的培育必然是未来农业发展的必争之地，率先培育出新型农业作物将有望打破现有农业生产的世界格局。

2 发展态势分析

本节将利用文献计量等方法，从时间、空间和物种等多种维度对研究现状进行分析，包括基础研究进展、知识产权分布、项目布局、主要研发力量等。

2.1 基础研究进展

文献搜索适用的关键词包括：*de novo* domestication、re domestication、re-domestication。因本研究是一个全新的方向，根据以上关键词，共搜索到论文46 篇，以下分析以此为基础进行。

2.1.1 时间维度发展态势分析

从头驯化策略最早是 2017 年由巴西圣保罗大学 Lázaro Eustáquio Pereira Peres 教授及其同事们首次提出的。用以上关键词，在 2017 年以前有 4 篇文章发表，其余文章均为 2017 年及以后发表，2021 年的发文量较大（19 篇）（图 4）。

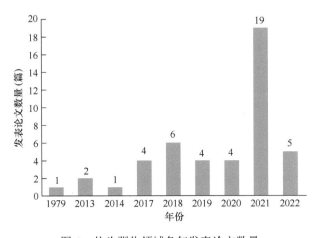

图 4　从头驯化领域各年发表论文数量

经过仔细分析，在 2017 年之前发表的 4 篇文章分别为：①1979 年，澳大利亚学者提出了将水牛重新驯化成肉用的家畜；②我国中国科学院植物研究所和遗传与发育生物学研究所综述作物驯化历史，提出利用先进的生物技术和合理的杂交设计有望加速实现作物驯化综合特征的改良；③2013 年，我国中国科学院植物研究所科学家研究栽培稻驯化历程，提出可以将野生稻和栽培稻杂交后进行野生资源的利用，也可以看作是野生稻的再驯化，这一工作已经有了从头驯化概念的雏形，但在 2013 年还没有成熟的基因编辑技术体系，因此并没有完整地形成一个概念；④2014 年，美国研究蚂蚁的科学家提出对微生物进行从头驯化，与作物驯化的概念不同。

由此可以看出，2013 年我国科学家就对从头驯化的概念有了雏形。随后，随着基因编辑技术的发展，从 2017 年开始，从头驯化的研究成果开始正式发表，并于 2021 年进入了第一个高峰。可以推测，2017 年以来发表的这些工作成果，很多都是从 2013 年基因编辑技术成形以后就开始逐步设想出来并展开的，并花了 3～5 年的时间完成实验论文发表。

2.1.2 空间维度发展态势分析

统计从头驯化相关的 46 篇文章中各个国家的参与情况可以发现，其中有 24 篇都有中国科研单位的参与，排名第一位；美国排名第二位，参与了 19 项研究；德国排名第三，参与了 11 项研究；印度和巴西并列第四，均参与了 6 项研究（图 5）。

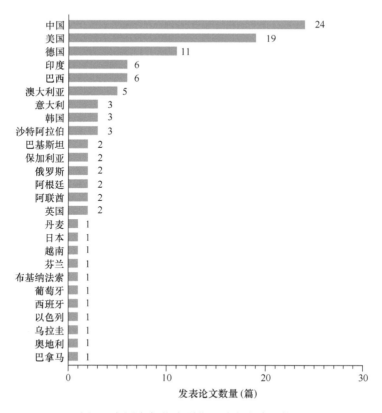

图 5　各国参与从头驯化领域发表论文数量

从该数据可以看出，中国、美国和德国是进行从头驯化研究的优势国家，而中国在论文的数量上已经处于领先位置，这可能与中国在农业科学及植物基因编辑两个相关领域都具有较强的科研能力直接相关。

2.1.3 物种维度发展态势分析

排除一篇论文中涉及 3 种及以上物种的综合性文章后，对从头驯化领域涉及的物种维度进行分析，发现涉及的物种分布比较广泛。其中，数量最多的是水稻，其次是土豆和番茄，同时也包括一些动物（图 6）。

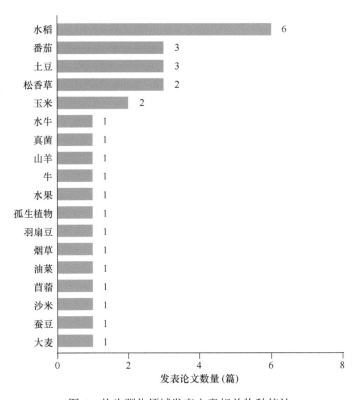

图 6　从头驯化领域发表文章相关物种统计

这说明目前从头驯化研究并没有局限于某几个特定的物种，这与从头驯化策略的特点是相符的，就是尽可能广泛地探索和挖掘自然界中具有优异性状的野生资源。

2.1.4 高影响力的核心论文

根据数据库中给出的高被引论文，对从头驯化领域的核心论文进行梳理，发现从头驯化领域论文中的高被引论文比例很高（表 1）。如果以驯化作为背景，以驯化（domestication）为关键词搜索后，高被引论文的占比仅有 2.7%，而从头驯化领域高被引论文的占比有 21.7%，远远高出了驯化相关论文。从研究性论文和综述性论文来看，趋势也都是相同的。这说明从头驯化的研究工作虽然刚刚起步，但是已经广泛地受到了科学家的关注。

表 1　高被引论文数量（篇）

论文类型	从头驯化		驯化	
	论文数量	高被引论文数量	论文数量	高被引论文数量
研究论文	23	3（13%）	1374	26（2%）
评论	2	0	61	0
会议	1	0	21	0
综述	20	7（35%）	199	18（9%）
总计	46	10（21.7%）	1655	44（2.7%）

注：括号内为高被引论文的占比

　　下面分别介绍研究性论文中的 3 篇高被引论文（表 2）。

表 2　研究性论文中的 3 篇高被引论文

年份	题目	杂志
2018	*Domestication of wild tomato is accelerated by genome editing*	*Nature Biotechnology*
2018	*De novo domestication of wild tomato using genome editing*	*Nature Biotechnology*
2021	*A route to de novo domestication of wild allotetraploid rice*	*Cell*

　　2018 年，Li 等和 Zsogon 等在 *Nature Biotechnology* 上发表了研究论文。两项工作选用天然耐盐碱和抗细菌疮痂病的野生醋栗番茄（*Solanum pimpinellifolium*）为基础材料，运用基因编辑技术精准靶向多个产量和品质性状控制基因的编码区及调控区，在不牺牲其对盐碱和疮痂病天然抗性的前提下，将产量和品质性状精准地导入野生醋栗番茄，加速了野生植物的人工驯化。这两项研究首次通过基因编辑实现野生植物的快速驯化，为精准设计和创造全新作物提供了新策略。

　　2021 年，Yu 等在 *Cell* 上发表了一篇研究论文。当前的栽培稻从祖先二倍体野生稻经过长时间的人工驯化而来，驯化过程在改良重要农艺性状的同时造成了遗传多样性的丢失。异源四倍体野生稻具有生物量大、自带杂种、环境适应能力强等优势，但也具有非驯化特征，无法进行农业生产。为解决创制多倍体水稻新作物的难题，该工作首次提出异源四倍体野生稻快速从头驯化的新策略，解决了多倍体水稻组培再生与遗传转化体系、高效精准的基因编辑技术体系、高质量四倍体野生稻参考基因组等技术难题，注释了驯化基因及农艺性状基因，通过基因编辑创制出落粒性降低、芒长变短、株高降低、粒长变长、茎秆变粗、抽穗时间不同程度缩短的各种基因编辑材料。这证明了异源四倍体野生稻快速从头驯化策略具有可行性，对未来创制培育新的作物种类从而保障粮食安全具有重要意义。

这三项工作分别从现有栽培品种的近缘物种及新型野生植物出发，针对抗病性和产量两个问题，分别对经济作物和粮食作物进行了示范性研究，是这一研究领域的代表性成果。

2.2 知识产权分布

利用从头驯化相关关键词检索，除沙米驯化外，并未检索到相关的知识产权，故无统计意义。从头驯化是一个新兴领域，且是一个系统工程，可能相关知识产权尚未申请，或是以更加细化的技术进行申请的。

2.3 项目布局

目前这是一个新兴领域，本研究检索到我国于 2022 年开始有两个相关的科技项目立项，进行宏观布局。国家重点研发计划"农业生物重要性状形成与环境适应性基础研究"重点专项 2022 年度通过了"农业植物和农业动物从头驯化机制与种质定向创制"项目的立项，中国科学院 2022 年稳定支持基础研究领域青年团队计划"优异野生植物快速驯化创制新作物"项目立项，这些是我国最早进行从头驯化研究的专项科技项目。

2.4 主要研发力量

由上述影响力大的研究性核心论文可见，现有优势团队包括如下几个：
（1）**理论创新与新作物创制方面：**
中国科学院遗传与发育生物学研究所，李家洋。
中国科学院遗传与发育生物学研究所，许操。
巴西维索萨联邦大学，Zsogon Agustin。
（2）**关键技术开发方面：**
中国科学院遗传与发育生物学研究所，高彩霞。
美国明尼苏达大学，Daniel F. Voytas。
需要注意的是，这个领域尚处于新兴领域阶段，发表论文数量有限，同时这里未包括商业化团队，因为可能有一些优势团队的研究成果还没有发表相关文章或者刚刚发表还没有被数据库收录至高被引论文，因此无法统计进来，而专利搜索仅有 11 件专利，其中 10 件为中文专利，且仅有沙蓬驯化与本研究内容直接相关，说明该领域的专利申请也处于萌芽阶段，或未使用驯化相关的关键词。

3 瓶颈对策分析

近年来，我国农业种质资源面临的挑战越来越严峻，留住好种子、好品种，加强资源保护与利用的紧迫性越来越强烈。与传统作物驯化相比，野生植物的从头驯化提供了一条获得新型作物的全新育种策略。但要真正实现从头驯化，需要完成三个基础一个保障。

3.1 资源基础——种质资源保护收集评估与挖掘

针对特定的育种目标，需要进行系统的野生资源评估鉴定与挖掘，只有这样才能找到最有效的底盘材料进行从头驯化，这也是进行从头驯化的资源基础。底盘材料选择的前提是要有足够的种质资源供我们选择。种质是在特定品种之中生物体亲代传递给子代的遗传物质。野生近缘植物、新培育的推广品种、重要的遗传材料等都属于种质资源。种质资源的收集与保护是最基本的工作。

对策分析： 系统进行野生种质资源的收集、交换与整理。着手构建野生种质资源调查和收集技术体系及野生种质资源保护技术体系。加强国外种质资源的收集和利用，国外的野生种质资源中可能含有我国资源中没有的优异性状或优异基因，是不可或缺的补充资源，对我国作物育种、产业发展，增加遗传多样性，以及维护我国粮食安全、提升我国资源储备的战略地位都有极其重要的作用。

3.2 设计基础——作物驯化规律的解析

作物驯化规律是进行从头驯化的设计基础。只有清楚地解析作物驯化的遗传规律，才能定向地拟定野生植物驯化的具体操作方案。

对策分析： 首先解析作物中重要性状形成的关键基因及调控因子，综合利用遗传学、基因组学、分子生物学等技术手段，挖掘作物重要驯化性状形成的关键调控基因，阐明其对驯化的遗传效应，解析其分子调控网络。

3.3 技术基础——生物技术创新

高效的基因编辑技术是进行从头驯化的技术基础。但是进行从头驯化与进行通用基因编辑研究有较大的区别。首先，在不同物种中各个基因编辑工具的效率千差万别，需要针对特定的野生植物开发特定的基因编辑工具，如果仅仅是进行通用工具的研究，无法满足从头驯化的要求。其次，就是野生植物遗传物质的递送问题。基因编辑工具想要发挥功能，必须将其相应的遗传物质通过一定的载体或方法递送到植物细胞内，但是大部分野生植物的递送系统都未建立。

对策分析：在共性递送新技术的研究基础上，需要有针对性地突破特定具有驯化潜力的野生植物递送瓶颈。

3.4 制度保障——从头驯化作物的商业模式

从头驯化产生的新作物，如何能够真正应用于生产，需要全面的制度保障。这包括两个层面的问题：首先是对于基因编辑材料的管理方法，其次是对于全新物种所产生的作物的管理方法。

对策分析：从国家层面，需要健全基因编辑作物及全新物种作物的种植管理与品种审定办法，推动真正实现从头驯化新作物的商业化及在生产上的应用。

4 未来战略构想

4.1 发展思路

随着育种技术的发展，全新作物的挖掘与培育对现代农业将产生革命性影响。人口压力、全球气候变化和食品结构调整已经对现有作物和农业生产格局提出了挑战，如何培育全新优异作物，是当前种子和种源创新面临的重大问题，也是充满机遇的新领域。按照从头驯化策略路线图（图 3）：第一阶段，针对特定育种目标，如耐盐碱、多年生、营养丰富、抗病虫等，收集并筛选综合性状最佳的野生植物底盘种质资源；第二阶段，针对筛选到的野生植物建立快速从头驯化技术体系，即高质量参考基因组的绘制和基因功能注释、高效遗传转化体系和基因编辑技术体系；第三阶段，品种分子设计与快速驯化，结合分子设计育种理念，挖掘重要农艺性状基因及鉴定其功能、利用多基因编辑技术快速聚合优异性状，评估驯化后材料田间综合性状；第四阶段，培育出新型作物并进行品种的审定、示范和推广。

4.2 发展目标

"快速驯化"育种策略极大地拓展了人类创制新型农作物的能力并全面提升了育种效率。虽然"快速驯化"策略的可行性已经得到证实，但要完全实现新作物创制，仍需要突破 4 个基础瓶颈：①优良性状驯化规律的解析；②优异野生资源挖掘及目标性状的遗传基础解析；③特定野生植物的基因编辑递送系统开发；④野生植物快速驯化育种范式建立。这 4 个基础瓶颈也是未来从头驯化研究领域的主要研究目标。

五年发展目标：收集优异野生种质资源，并对其进行系统评价，筛选出一系列具有从头驯化潜力的重要底盘材料，解析驯化规律与驯化关键性状形成的分子机制，突破重要野生底盘材料的递送技术体系，对关键性状的控制基因进行基因编辑，初步建立从头驯化育种范式。

十年发展目标：完善从头驯化技术体系，建立较为成熟的从头驯化育种范式，系统评价从头驯化新材料的农艺性状，针对我国在粮食安全、饲料进口和高端种子进口方面的重大需求，有目的性地创制新型农作物的原型品种，并进行示范性种植。

发展重点：基于以上育种领域的重大机遇与挑战，可以首先根据前期的研究基础，针对我国在粮食安全挑战、饲料作物大量进口、高端种子进口这3个主要问题，优先进行相关研究领域的布局。深入挖掘生物量、耐盐碱性、抗逆性、品质等性状较当前栽培品种有明显优势的野生水稻、小麦人工合成种、野生大豆、野生玉米、野生高粱、野生番茄等种质资源，从快速驯化关键理论基础解析、核心技术突破及全新重要农作物创制3个方面开展研究，建立粮食作物、饲料作物与经济作物利用优异野生植物快速创制新作物品种的育种范式，并培育出新型作物品种，为我国全新作物培育与现代农业生产结构的改良提供坚实的研究基础和原始创新驱动力。

4.3　政策保障和建议

从头驯化产生的新作物要真正应用于生产，除了需要继续加大投入来发展基础研究以外，也非常需要全面的制度保障。

政策法规主要有以下两个问题。

第一，因从头驯化需要利用基因编辑基础，从头驯化得到的新型作物同样受到基因编辑作物的管理，因此需要国家健全对基因编辑品种的审定和种植管理政策。

第二，从头驯化所涉及的物种，可能是目前种子管理相关规定或流程（如品种审定渠道等）中未涵盖的物种，所以需要对应地完善相关制度，进行品种审定后，才能进行商业化推广。因此对于全新物种作物的管理方法，需要建立全新物种类型的作物品种审定和管理办法，从政策上才能保障从头驯化新作物的商业化及在生产上的应用。

参 考 文 献

Chen E W, Huang X H, Tian Z X, et al. 2019. The genomics of *Oryza* species provides insights into rice domestication and heterosis. Annu Rev Plant Biol, 70: 639-665.

Comai L. 2005. The advantages and disadvantages of being polyploid. Nat Rev Genet, 6(11): 836-846.

Doebley J F, Gaut B S, Smith B D. 2006. The molecular genetics of crop domestication. Cell, 127(7): 1309-1321.

Fernie A R, Yan J. 2019. *De novo* domestication: an alternative route toward new crops for the future. Mol Plant, 12(5): 615-631.

Lemmon Z H, Reem N T, Dalrymple J, et al. 2018. Rapid improvement of domestication traits in an orphan crop by genome editing. Nat Plants, 4: 766-770.

Li T, Yang X, Yu Y, et al. 2018. Domestication of wild tomato is accelerated by genome editing. Nat Biotechnol, 36: 1160-1163.

Lin T, Xu X, Ruan J, et al. 2018. Genome analysis of *Taraxacum koksaghyz* Rodin provides new insights into rubber biosynthesis. Natl Sci Rev, 5(1): 78-87.

Mammadov J, Buyyarapu R, Guttikonda S K, et al. 2018. Wild relatives of maize, rice, cotton, and soybean: treasure troves for tolerance to biotic and abiotic stresses. Front Plant Sci, 9: 886.

Meyer R S, Purugganan M D. 2013. Evolution of crop species: genetics of domestication and diversification. Nat Rev Genet, 14(12): 840-852.

Osterberg J T, Xiang W, Olsen L I, et al. 2017. Accelerating the domestication of new crops: feasibility and approaches. Trends Plant Sci, 22(5): 373-384.

Song W Y, Wang G L, Chen L L, et al. 1995. A receptor kinase-like protein encoded by the rice disease resistance gene, *Xa21*. Science, 270(5243): 1804-1806.

Tang, H B, Sezen U, Paterson A H. 2010. Domestication and plant genomes. Curr Opin Plant Biol, 13(2): 160-166.

van Beilen J B, Poirier Y. 2007. Establishment of new crops for the production of natural rubber. Trends Biotechnol, 25(11): 522-529.

Witek K, Lin X, Karki H S, et al. 2021. A complex resistance locus in Solanum americanum recognizes a conserved *Phytophthora* effector. Nat Plants, 7(2): 198-208.

Yu H, Li J Y. 2021. Short- and long-term challenges in crop breeding. Natl Sci Rev, 8(2): nwab002.

Yu H, Li J Y. 2022. Breeding future crops to feed the world through *de novo* domestication. Nat Commun, 13(1): 1171.

Yu H, Lin T, Meng X, et al. 2021. A route to *de novo* domestication of wild allotetraploid rice. Cell, 184(5): 1156-1170.

Zsogon A, Cermak T, Naves E R, et al. 2018. *De novo* domestication of wild tomato using genome editing. Nat Biotechnol, 36: 1211-1216.

二、集成创新篇

专题三　合成生物学

李　响[1*]　任　勃[1*]　李　寅[2]　林　敏[3]　王学路[4]

1. 中国科学院遗传与发育生物学研究所，北京，100101
2. 中国科学院微生物研究所，北京，100101
3. 中国农业科学院生物技术研究所，北京，100081
4. 河南大学省部共建作物逆境适应与改良国家重点实验室，郑州，450046
*联系人 E-mail：lixiang@genetics.ac.cn，bren@genetics.ac.cn

摘　　要

合成生物学是从最基本要素开始建立零部件直至构建生物系统的一门颠覆性前沿交叉科学。目前是全球合成生物学研究的黄金时期，很多国家投入大量资源以期占据更多的成果和专利。中国对合成生物学研究的大力投入晚于英美等国 10 年。植物的合成生物学研究，主要涉及作物高产、高生物量、耐逆表型的引入和新性状的合成，目前主要停留在实验室阶段。我国在植物合成生物学领域的论文和核心专利少，发展严重滞后于英美等国，这可能对农业、经济、食品安全产生重大隐患。建议国家在短期内稳定支持合成生物学研究，鼓励更多的研究者加入研究队伍，积极引导大型企业参与应用导向的合成生物学研究，推动法律法规的制定，规范流程，解除公众对于合成生物学应用的担忧，系统性地发展应用导向的合成生物学产学研一体化研究体系，占领创新创造的制高点，确保我国未来在农业生物学研究领域的核心地位。

1　背景与需求分析

1.1　合成生物学的定义

合成生物学是一门合成新生命的颠覆性技术及学科，主要包含 5 个方面的研究："DNA 的人工合成""代谢途径的设计和合成""小基因组的设计和合成""细胞的人工制造""人工生物体的合成"（COGEM，2013；Fesenko and Edwards，2014）。从剖析生物学机制，到改造生物体性状，最终基于需求设计并合成生物，是生命科学发展的必要阶段和方向；合成人体类器官将为医学发展做出重大贡献，挽救更多人的生命；合成新型代谢途径将推动作物获得高产稳产高附加值，保障国家粮食安全和全球 70 亿人口的粮食供给；合成新型代谢途径还将实现高价值化合物的高效生产，推动重工业和药物生产等民生轻工业的发展。

合成生物学虽然还处在起步阶段，但其创造的新品种和新概念在未来将涉及巨大的经济利益。对于这样的前沿性应用学科，应尽早布局，支持更多的原创性研究，**争取授权更多的核心专利**，**占领创新创造的制高点**，以确保我国未来在农业合成生物学研究的核心地位。

1.2 合成生物学在作物种业科技创新中的地位、战略需求和形势分析

1.2.1 合成生物学推动种质创新

杂交育种及分子育种等传统方法基于现有材料和已鉴定基因区段改造目标个体表型，但想要在新个体中引入全新的优异性状，突破性地推动作物种质创新，可能需要应用前沿交叉的**智能育种和颠覆性的合成生物学新技术**：利用智能育种计算出能协调运作的多个优异元件和模块，设计出具有新功能的基因回路，再通过合成生物学方法在作物个体或体外非细胞体系中重构新体系，突破性创制出具有优异表型的个体。

1.2.2 合成生物学在种业创新中的战略需求和形势分析

前面介绍的"代谢途径的设计和合成"研究方向，依赖基因编辑及转基因技术，能更高效地改良性状。除了对**抗逆、生物量、产量**方面有巨大价值外，"代谢途径的设计和合成"还可以为作物带来**高营养高品质的优异新表型**，如通过导入胡萝卜素合成途径创制高维生素 A 含量的黄金大米，让人们在正常三餐时能补充足够的必要营养成分。除了上述食物的需求外，作物还能通过引入新途径新性状满足**医药健康**的需要，并为**工业生产**提供原料。例如，在生菜中导入针对乙型肝炎病毒表面抗原基因的 miRNA，食用该生菜后人乙肝可以得到治疗或缓解；将抗体基因导入植物生物反应器制造疫苗，比原核生物更易生产正常折叠的抗体蛋白，又比动物来源的疫苗成本低且易于推广。

除此之外，优异的复杂性状间常伴有互作和拮抗关系，如涉及生物量、产量的碳和氮高效利用表型通常是协同出现的，即高光效的植物通常也有氮高效利用的表型；再如产量-耐逆性状间存在拮抗关系。合成生物学手段有望将多个优异性状甚至代谢通路同时耦合导入底盘物种，实现优异性状的聚合与人工通路的构建。解析复杂性状拮抗协同关系的遗传和分子基础，提出分子模块和基因互作新理论，是合成生物学的主要研究内容和任务。

Fesenko 和 Edwards（2014）曾提出作物合成生物学的发展应包括 4 个阶段。

其中，农业合成生物学改造的第一阶段，应重点着手植物**最主要最基本的性状——产量及生物量**。第二阶段，开展**微生物新途径、新性状**的引入工作，如在非固氮菌中引入固氮途径，并考虑合成微生物的使用安全及对生态环境的安全等。第三阶段，考虑**植物新表型及新途径**的设计与改造，考虑合成植物对生物安全、生物多样性的影响，制定相应的**法律法规**，将研究及应用生产规范化。第四阶段，开展更多**原创性的合成生物学研究**，并逐步完善上述法律法规，重复考虑新技术对环境、食品安全、人类健康的影响。

对于我国农业合成生物学来讲，在未来通过"小基因组的设计和合成""细胞的人工制造""人工生物体的合成"等研究，可在人工设计构建高固碳固氮新型作物、创制环境友好型及抗逆抗病虫害的高产稳产超级作物、制造进行光合作用的可食用动物组织等方面发挥作用，**为培育可在极端条件下生长的作物、培育太空可循环作物和人工肉奶提出前瞻性的布局**，为节能减排、极地考察、太空探索提供保障，确保我国在该领域的领先地位。

2　发展态势分析

2.1　基础研究进展

2.1.1　合成生物学在微生物、动物、植物中都有较大的研究规模

基因编辑和转化等领域是我国的强项（见专题十一"基因编辑"），但不是严格意义上的合成生物学。为了更精准地评估植物中合成生物学的发展现状，本研究采用更严格的检索条件，在 Web of Science 数据库以检索式"synthetic biolog*""integrat* biology""engineered biolog*""synthetic life""artificial biosystem*""artificial biolog* system*""pathway engineering""synthetic enzymology""pathway engineering""gene circuit*""genetic circuit*""gene-regulatory circuit*""artificial nitrogen fix*""engineering BNF""synthetic BNF""engineering nitrogen fixation""C_4 engineering""engineering carbon fixation""pathway engineering""C_4 rice"为主题，精准检索 1990 年以来的"合成生物学"研究论文，作为基础数据进行深入分析。共检索到 21 829 篇文献，其中微生物学领域和微生物应用技术领域的文献最多，分别有 7457 篇和 6890 篇，其次生物医药领域和药学领域分别有 6750 篇和 2750 篇，而农业领域和植物科学领域的文献仅有 1971 篇和 2466 篇。由数据可以看出，微生物目前是合成生物学的主要载体，这可能得益于微生物有更易操作的转基因体系和更短的生长周期；从研究意义上讲，生物医药关系到人类自身的健康安全，所以也有较大的研究规模。

2.1.2 植物合成生物学研究成果占全物种的 30%

在上述检索式的基础上再加上植物 "plant" 关键词取交集，检索到 "植物合成生物学" 相关文献 6528 篇，数量为 "合成生物学" 文献的 30%（图 1）。由图 1 可以看出，虽然植物的转基因操作平台较微生物更难，生长周期也较长，但植物作为没有道德伦理限制的真核生物、具有人类食物特征的物种，依然是合成生物学的重要载体。合成生物学种业可以为食品业、基础生物学、工业发展和人类健康做出重要贡献。

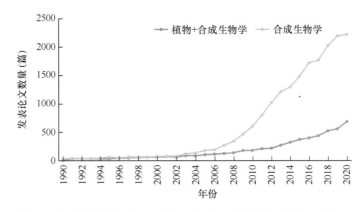

图 1　合成生物学论文的年度发表数量（彩图请扫封底二维码）

现在正是全球合成生物学研究的黄金时期。从历年发表的研究论文数量可以看出，合成生物学领域在 2000 年后迎来了快速发展时期，特别在 2010 年后研究成果更是呈现爆发式增长（图 1）。

2.1.3 我国在植物合成生物学领域的研究严重滞后

在严格以 "合成生物学" 及 "植物" 检索式检索到的论文中，美国发表 2079 篇，占全球研究成果的 32%，英国占比为 22%，荷兰占比为 11%，瑞士占比为 11%，德国占比为 6%，阿联酋占比为 2%，印度占比为 1%，而我国在该领域发表文章 56 篇，仅占 1%，落后于印度（图 2）。进一步对这些文献按 "Times Cited, WoS Core" 引用次数排序，将前 10% 的文献定义为核心文献。其中，美国有 269 篇，占比为 41%，英国占比为 29%，荷兰占比为 13%，瑞士占比为 5%，德国占比为 5%，阿联酋占比为 2%，我国没有核心文献发表。这些统计数据表明，我国在合成生物学领域的影响力非常薄弱。

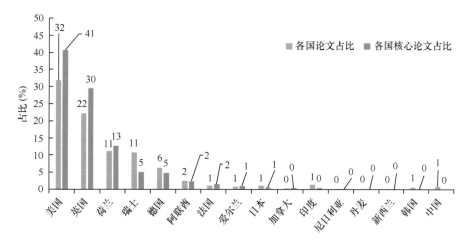

图 2　各国在植物合成生物学领域研究成果的占比（彩图请扫封底二维码）

2.2　知识产权分布

本研究通过检索并分析专利，进一步评估目前植物合成生物学的研究水平。结果发现，以"合成生物学"为主题的专利共 1571 件，而以"植物+合成生物学"为主题的专利仅 186 件，仅占 12%，说明该研究领域确实还不成熟，未走向农业应用（图 3）。以"植物+合成生物学"为主题的专利分布于 11 个国家。其中，中国有 68 件专利，占总成果数的 37%，排名第一，高于排名第二的美国（61 件专利，占 33%）。但对于合享价值度等于 10 的核心专利，我国仅有 3 件，占全球的 5%，远低于美国（31 件，占 55%）、英国（11 件）、德国（8 件）。由此可见，我国在合成生物学的研究应用方面与发达国家还存在不小的差距。

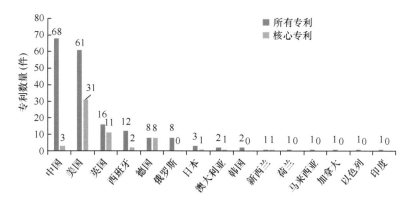

图 3　各国植物合成生物学专利的概况（彩图请扫封底二维码）

2.3 项目布局

合成生物学作为颠覆性的应用技术学科，其成果直接与国家未来的粮食、经济、产业安全及命运息息相关，对未来有深远影响。所以各国都提出了合成生物学的前沿规划，制定了相关支持鼓励政策，争取占据更高的成果份额，掌握科技制高点及未来的国际话语权。

美国是在合成生物学领域投入最早的国家。美国政府早在 2006 年就以折合人民币 2.6 亿元的经费支持合成生物学研究，并从 2009 年开始逐年稳定支持 1 亿～5 亿元（图 4）。2012 年美国政府发布的《国家生物经济蓝图》指出，美国未来的生物经济依赖于包括合成生物学在内的新技术的开发应用。美国国防部将合成生物学列为 21 世纪优先发展的六大颠覆性技术之一。截至 2020 年，美国共投入折合人民币 46 亿元开展合成生物学研究。英国政府也于 2006 年开始支持合成生物学的研究，从当年折合人民币 3500 万元的支持力度逐年增加，在 2014 年达到支持顶峰（12 亿元），之后逐年降低，到 2020 年为 1.5 亿元（图 4）。截至 2020 年，英国也投入折合人民币 46 亿元发展该领域。英国非常重视合成生物学的发展，发布"合成生物学路线图"，制定了英国至 2030 年发展合成生物学的时间表。**合成生物学是颠覆性的应用技术，发展早期由国家机构拨款刺激，建立足够规模后，应由医药、农业、工业应用产业公司投资，主导合成生物学的发展**。美国的 Ginkgo Bioworks 和 Pivot Bio 等涉及合成生物学业务的公司在 2020 年和 2021 年分别融资 3 亿和 6 亿美元。英国政府从 2014 年开始减少对该领域的经费投入，说明该国的发展已经逐步由国家主导转向公司主导。

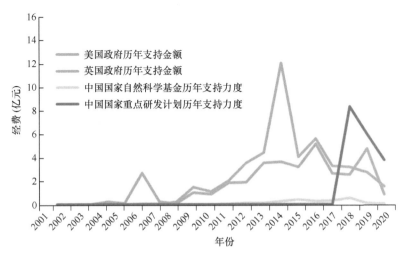

图 4　历年支持合成生物学项目经费总额（彩图请扫封底二维码）

　　2012年，欧盟建立合成生物学研究区域网络（ERASynBio），促进合成生物学的蓬勃发展。 德国于2013年建立马普合成生物学研究网络（MaxSynBio），开展合成生物学和人工细胞研究。欧盟在2008～2016年已资助了20多个合成生物学相关的研究项目，投入合成生物学的经费占其研发总投入的1/4～1/3。

　　中国国家自然科学基金在 2003～2020 年，共为合成生物学研究提供经费 2.4 亿元。科技部国家重点研发计划从 2018 年开始大力支持合成生物学研究，2018～2020 年分别支持 8.3 亿元、6.0 亿元和 3.8 亿元（图4）。可见**中国对合成生物学支持的起步和高峰落后美国、英国 10 年**。而且目前研发投入的主体还未完成从政府到企业的转变，因此从政府层面看支持力度已经赶超欧美，但真实的研发投入仍远远落后。

2.4　关键词显示光合和固氮是当前植物合成生物学的研究热点

　　为了评估目前合成生物学在植物中的研究偏好和重点科学问题，本研究统计了 6528 篇植物合成生物学文献的各个关键词的出现频数（图 5）。在出现最多的前 25 个关键词中有 6 个表示具体科学问题的词：涉及**光合研究**的"photosynthesis"与"carbon"、涉及**固氮和氮高效研究**的"nitrogen"与"nitrogen-fixation"、涉及

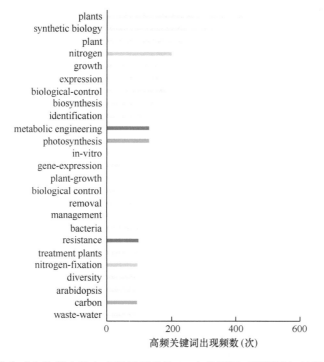

图 5　植物合成生物学文献中出现最多的前 25 个关键词（彩图请扫封底二维码）

逆境胁迫改造的"resistance"与代谢工程"metabolic engineering"。其中，光合和固氮与作物的生物量、产量息息相关，逆境胁迫改造与作物的稳产息息相关；由此可见，现阶段植物合成生物学的主要目标重点集中在对生物量和产量的改良，**符合在种业合成生物学发展初期的特征。**

通过将同一篇文章的关键词联系起来，构建关键词网络图，深入分析合成生物学在植物中的重要研究领域（图6）。**关键词网络结果依然显示光合和氮相关研究是目前最多的。**

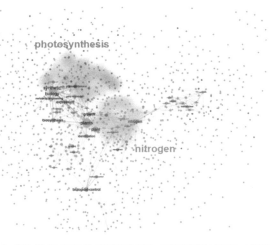

图 6　植物合成生物学文献的关键词网络（彩图请扫封底二维码）

合成生物学研究目前主要停留在实验室阶段。为了评估合成生物学在各物种中的应用情况，本研究挑选了 642 篇有物种信息的植物合成生物学文献进行进一步分析。文献的物种分布在拟南芥（*Arabidopsis*）、水稻（rice）、玉米（maize）、豆科植物（legume）、小麦（wheat）、番茄（tomato）、蓝细菌（cyanobacteria）中（图7）。非田间作物的模式植物拟南芥占所有文献的比例最高，为 31%，说明植物的合成生

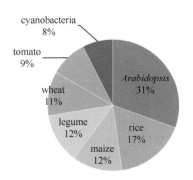

图 7　植物合成生物学研究成果在各物种中的占比（彩图请扫封底二维码）

物学研究目前主要停留在实验室阶段，还未大规模走向大田试验。豆科植物的研究主要集中在固氮机制方面，其他各作物的研究分散在各个领域，目前还有较大的发展空间。

　　为了进一步评估合成生物学方法在光合改造等上述各个方面的发展应用情况，本研究在 6528 篇植物合成生物学的文献中筛选了 493 篇与光合作用相关的文献，做进一步关键词频数统计分析。结果发现，在出现频数最高的 26 个关键词中，有 4 个涉及了具体的光合元件或途径，包括涉及光合暗反应的"RuBisCO（核酮糖-1,5-二磷酸羧化酶/加氧酶）""C$_4$-photosynthesis（C$_4$光合）""photorespiration（光呼吸）"和涉及光合光反应的"photosystem II（光系统 II）"（图 8）。

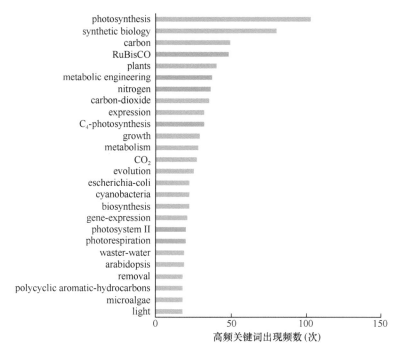

图 8　光合改造文献中出现最多的前 26 个关键词（彩图请扫封底二维码）

　　提升光合效率可能涉及了数十个重要元件的改造，所以简单的编辑其中一两个基因难以实质性地提高光合效率，利用合成生物学思想改造整个途径可能是提升光合效率的好方法，该方法包含 5 个方向的任务和挑战：①光系统改造；②利用光合产物调控光合途径；③在 C$_3$ 物种中重构 C$_4$ 光合途径；④创造自然界没有的新光合途径；⑤基因人工材料的光合体系构建（Zhu et al.，2020）。光合合成生物学文献的高频关键词符合这些研究方向。近年来，光合改造的合成生物学研究也产生了数个重量级的研究成果：有三篇论文描述了光呼吸改造提高生物量的策略（South et al.，2019；Shen et al.，2019；Wang et al.，2020）；通过构建叶绿体类囊体微液滴，成功构建了微流控体外光合系统（Miller et al.，2020）；通过人工智能计算，从上千个候选代谢酶中设计出全新的固碳途径，第一次实现了 CO_2 到淀粉的从头合成（Cai et al.，2021）。这些研究可能从根本上改变人们对粮食作物的需求水平，改变全球农业布局。

除此之外，光合改造合成生物学的关键词还包含"nitrogen"（氮），可见碳氮高效利用也常被考虑，它们能够协同改造作物的生物量、产量。

本研究在 6528 篇植物合成生物学的文献中，筛选到 611 篇与生物固氮相关的文献。重新统计这些文献的关键词出现频数，分析目前固氮改造的发展情况。在频数最高的 25 个关键词中（图 9），有 5 个与固氮结瘤相关的关键词"nitrogen-fixation""nodulation""legume""N_2 fixation""nitrogenase"。

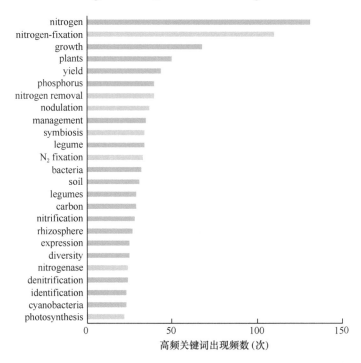

图 9　固氮改造文献中出现最多的前 25 个关键词（彩图请扫封底二维码）

生物固氮及植物对氮的吸收、同化和利用效率都是受多基因控制的复杂性状，仅靠编辑少量基因难以获得高效的表型从而降低化学肥料的使用；固氮相关合成生物学文献的高频关键词表明全球科学家正在努力通过合成生物学手段来实现农业生物固氮，主要包括 4 个方向：①实现非豆科作物如水稻的高效自主固氮；②提高结瘤共生植物的固氮效率；③在非固氮微生物和细胞器中导入固氮途径的分子模块；④改造作物土壤微生物组成结构。

高频出现的关键词还有 "phosphorus"（磷），因为植物对氮磷的吸收包含相同的调控因子，氮磷途径的改造常一同被考虑；另外固氮文献的高频关键词还包括 "photosynthesis"（光合），前文也提到光合改造文献的高频关键词也包含 "nitrogen"（氮），再次说明碳氮途径改良可能常被一同考虑，以便更加协同地调控作物的生物量及产量。

前面提到，涉及**逆境胁迫改造**的"resistance"、**代谢工程**"metabolic engineering"等也是植物合成生物学的高频关键词。这些合成生物学农业除了解决人类温饱问题之外，还需要满足各种需求，如研发各种功能性食物用于消除营养不良、减轻严重过敏和治疗疾病。富含维生素 A 的黄金大米、刘耀光团队培育出的抗氧化紫晶米和虾青素大米、低敏花生、去氰苷木薯都是成功的例证。

3　瓶颈对策分析

合成生物学是影响未来发展的颠覆性技术，如果没有注册足够分量的专利，未来科研经济农业发展将极大地受制于人。在我国百年未有之大变局的时代背景下，应清晰地认识到该研究方向的重要性和中国在该方向发展滞后的原因，再根据这些原因逐个提出有针对性的解决方案和支持鼓励计划，才能有效缓解目前的态势。

3.1　我国农业合成生物学技术创新能力不足

从国际科技发展形势和未来农业发展趋势来看，我国合成生物学技术的研发链条仍不完善。发展早期，一批具有生物化工背景的科学家发现合成生物学手段能够更快地改造微生物；对于植物，基因转化和编辑的成功率低、生育周期长等客观条件是限制植物合成生物学发展的主要原因。另外，合成途径的设计及模块元件的选择还存在诸多难点。

对策分析：加强作物合成生物学技术的研发。进一步完善植物转化技术（见专题十一"基因编辑"和专题八"递送与再生"），利用人工智能技术发展交叉学科智能育种以突破合成途径的设计（见专题十二"智能育种"），推动农业生物基因研究系统化、元件组装工艺化、模块设计智能化。建设国家级创新平台，建立高水平的农业合成生物学技术创新团队，打造我国农业科技的**领军人才培养和创新创业高地**。

3.2　合成途径和模块的理论基础研究滞后

目前光合和固氮改造是合成生物学领域研究最广泛的课题，然而这些重大科学问题的机制剖析还不够透彻，这极大地限制了合成研究的开展。现阶段，植物学家可能将更多的精力用在生物学现象的遗传解析上。

对策分析：加强生物学现象的遗传及分子机制解析。目前还应当重点支持几项能尽快用于合成生物学改造的**基础生物学重大研究课题**，如光合、固氮、抗逆性的机制解析工作。另外，合成生物学的思想是在创造的过程中去理解，所以应鼓励植物学家从事合成生物学研究，**在创造中认识生命过程，实现再创造、再认识。**

3.3 我国政府资助晚于英美等国约 10 年

现在是合成生物学发展的黄金时期。英美等国政府从 2006 年开始加大对该领域的投入，致使两国在该领域占有了大量的文章和专利成果。投入晚于英美等国约 10 年，这直接导致了我国在该领域的暂时落后。国外研究成果已呈指数级增长的同时，我国还处于基础构建期，该情形加大了现阶段发展的难度。

对策分析：短期内政府主导支持合成生物学研究。习近平总书记在 2021 年两院院士大会指出，"科技创新精度显著加强，对生物大分子和基因的研究进入精准调控阶段，从认识生命、改造生命走向合成生命、设计生命"。我国从 2018 年开始也增加了对合成生物学研究的投入，**短期内的大力度稳定支持能改善我国在该领域的发展态势，促进更多成果的获得，打破现有合成生物学发展的全球格局。**

3.4 研究主体及经费来源不符合颠覆性应用技术的定位

根据英国的成功经验，前期由政府主导对合成生物学研究的投入，大力激发重点研究领域的热度，推动前沿布局；由于合成生物学是与应用及经济发展密切相关的新技术研究领域，足够规模的研究体系建立后，大型企业看见发展商机会逐步加大投资并取代政府投资，最终引导该领域从基础研究向应用研究的转型，推动社会经济和民生的发展。而中国目前的科技及种子公司发展滞后，难对关键应用性领域进行投入。

对策分析：长期引导大型企业加入合成生物学研究队伍。应当制定相应政策、加强对企业的宣传、推动理念转变，让企业看到在颠覆性领域投入的经济回报，推动合成生物学研究布局和可持续的转型增长；并且维持小微企业的发展活力，通过建立与大公司的合作来实现共同发展。

3.5 社会对合成生物学食品的认识不足及监管制度不完善

因为目前公众对于转基因食物的接受度不高，在社会层面存在片面理解和负面印象，这影响了整个领域的投资决策、政策制定与科学家从事合成生物学研究的积极性。

对策分析：加大对合成生物学农业的科普宣传，推动法律法规制定。 合成生物学作为颠覆性的应用学科，应跳出"转基因"怪圈，通过科普传播和推广的成功案例，提高合成生物学的公众接受程度，并积极推动合成生物学食品法律法规的制定，将转基因作物的研发和种植规范化，重塑民众信心，这样研究者才能更安心地从事作物合成生物学改良的研究。

4　未来战略构想

4.1　发展思路

作物种业的合成生物学发展，在短期内应着力于改造植物最基本、最主要的性状——产量及生物量，然后逐步实施新表型、新性状的改造和合成。这也是目前世界各国在植物合成生物学中研究最多的领域为涉及产量、生物量的固氮与光合的原因。

我国在人工合成淀粉等固碳研究领域已经取得了原创性的成果（Cai et al.，2021），故建议我国也采取从光合、固氮、抗逆等方向改造植物的产量性状，再到其他新性状的改造合成工作，实现由点到面的发展。建议重点支持一两个可能获得里程碑式突破的研究项目，让更多研究者认识到现在正是参与合成生物学研究的最好时机，激发其兴趣和信心。

同时也应全面支持各个方向的合成生物学研究，特别是有更高创新性的研究项目，从而实现弯道超车，如设计新的植物表型、引入新型次生代谢途径、创制高蛋白稻米、创制植物生物反应器生产疫苗、创制可治疗疾病的蔬菜等，实现合成生物学的全面赶超。

4.2　发展目标

实现对微生物、作物、养殖动物和多生物系统的全面合成生物学改造，推动大规模复杂功能改造的工程化发展。在合成生物学理念下整合工程、生物、环境、大数据等多学科，将严格的设计原则、模块化、表征及标准化应用于作物育种过程，实现从实验室到田间的快速过渡。

五年发展目标： 成功剖析植物高光效、高氮吸收及固氮的遗传基础，创制环境友好型及抗逆抗病虫害的高产稳产超级作物。研制新型微生物制剂、酶制剂及环境友好型农药和肥料。通过合成生物学手段增加和改善食物的营养含量及价值，培育高蛋白主粮和饲料作物。生产替代蛋白质和细胞培养肉，使用纤维素、菌丝体等生物衍生的聚合物改善植物蛋白质地；将蛋白质之外的其他营养成分掺入实验室培养肉中，获得高质量和功能性人造肉。五年内由政府主导推动合成生物学的起步与发展，五年后逐步降低政府投入，加大引导力度推动向企业主导的转型。十年内深入调配国家和公司的研究投入比例，建立成熟的公司支持型合成生物学研发体系。

十年发展目标： 在大田和设施农业中，实现光合效率提升 20%、氮肥施用减少 20%、节水 15%、耐受中度盐碱化、增产 5%～10% 等农业生产目标。全面实现市场导向的合成生物学研发体系，大力推动产学研一体化。

4.3 政策保障和建议

加强生物安全与生物伦理研究及管理。 随着合成生物学的发展，生物安全、食品安全、环境安全也面临全新的挑战，逐步完善相应法律法规是当前及未来都需要完成的必要工作。

评价体系改革。 我国植物合成生物学专利数量较多，但核心专利数量非常少，这可能是由我国的评价体系造成的。很多奖项和职称的评审需要专利，产生了较多合享价值度低的专利，并不能为国际竞争带来有利的局面。由此可见，应适当调整现有评价体系及鼓励措施，引导科学家申请更高质量的专利。

政策引导企业参与。 对于有创新力的小公司，合理利用政策和资金支持，维持其初期存活，帮助其证明自身的技术潜力，确定和发展合适的客户与市场，进而独立或通过与大公司的合作来实现发展。对于具有合成生物学潜力的大型企业，通过理念宣传和政策引导将其引入工业发展，创造更具可持续性的转型增长。

参 考 文 献

Cai T, Sun H, Qiao J, et al. 2021. Cell-free chemoenzymatic starch synthesis from carbon dioxide. Science, 373(6562): 1523-1527.

COGEM. Synthetic Biology‒Update 2013. Anticipating Developments in Synthetic Biology. COGEM Topic Report CGM/130117-01. Bilthoven: The Netherlands Commission on Genetic Modification.

Fesenko E, Edwards R. 2014. Plant synthetic biology: a new platform for industrial biotechnology. J Exp Bot, 65(8): 1927-1937.

Miller T E, Beneyton T, Schwander T, et al. 2020. Light-powered CO_2 fixation in a chloroplast mimic with natural and synthetic parts. Science, 368(6491): 649-654.

Shen B R, Wang L M, Lin X L, et al. 2019. Engineering a new chloroplastic photorespiratory bypass to increase photosynthetic efficiency and productivity in rice. Mol Plant, 12(2): 199-214.

South P F, Cavanagh A P, Liu H W, et al. 2019. Synthetic glycolate metabolism pathways stimulate crop growth and productivity in the field. Science, 363(6422): 768.

Wang L M, Shen B R, Li B D, et al. 2020. A synthetic photorespiratory shortcut enhances photosynthesis to boost biomass and grain yield in rice. Mol Plant, 13(12): 1802-1815.

Zhu X, Ort D R, Parry M A J, et al. 2020. A wish list for synthetic biology in photosynthesis research. J Exp Bot, 71(7): 2219-2225.

专题四 微生物组学

白　洋[1,2*]　辛秀芳[3]　程　旭[4]　尚　轶[5]　宋显伟[1,2]　陈学伟[6]

1. 中国科学院遗传与发育生物学研究所，北京，100101
2. 中国科学院-英国约翰·英纳斯中心植物和微生物科学联合研究中心，北京，100101
3. 中国科学院分子植物科学卓越创新中心/植物生理生态研究所植物分子遗传国家
重点实验室，上海，200032
4. 中国农业科学院农业基因组研究所，深圳，518120
5. 云南师范大学马铃薯科学研究院，云南，650500
6. 四川农业大学西南作物基因资源发掘与利用国家重点实验室，成都，611130
*联系人 E-mail：ybai@genetics.ac.cn

摘　　要

　　粮食安全是"国之大者"，而培育具有优良性状的粮食新品种一直是保障粮食安全的重要支柱。植物微生物组作为伴随植物整个生长发育周期，并在营养吸收、抵抗胁迫等方面对植物具有有益作用的重要成员，在育种方面尚未被涉猎。筛选具有优良微生物组（微生物物种、基因及活性代谢物）的品种，以达到育种优质、高产的需求是下一个育种的重要方向。为了实现这个新的育种目标，现阶段还需深入研究微生物组和植物的互作机制，包含微生物如何诱导植物基因的差异表达、植物如何招募有益微生物等。进一步建立植物的表型（尤其是重要的农艺性状）和微生物组结构、物种分布、功能基因丰度等的关联，将农艺性状的筛选与栽培环境中的微生物元素结合起来，以达到培育具有优良微生物组新品种的目的。微生物组育种更全面地考虑了作物及其生长的复杂环境的关系，可以更进一步地提高粮食产量、解决化学农药和肥料滥用等问题，推动农业可持续发展。

1　背景与需求分析

　　"仓廪实，天下安"。中国作为一个人口大国，吃饭问题始终是治国的头等大事。国家粮食安全作为社会发展的"压舱石"，永远是一个重要的话题。近年来我国粮食产量一直保持在 1.3 万亿斤之上，粮食产能稳定。但也存在着耕地质量欠佳、地少人多的问题（杨平，2021）。在这种背景之下，提升单位面积作物产量成为解决国家粮食安全保障问题的重要突破口。提升单位面积作物产量的重要手段之一就是加强作物新品种的培育。作物育种，从杂交育种、诱变育种等传统方法发展到今天的基因编辑育种等新技术手段，一直以来都以作物表型作为筛选目标，通过定向筛选具有产量高、生产周期短、抗虫、抗病、抗逆等优良表型的植株来选育新品种。近 10 年来，随着植物微生物组领域在国际权威期刊 *Nature*（《自然》）、*Science*（《科学》）、*Cell*（《细胞》）上的大量文献发表，植物微生物组作为伴随植物一生且发挥着帮助植物营养吸收、抗病抗逆等重要功能的共生成员被广泛地关注和讨论。这也为育种的筛选目标提供了一条崭新的思路——**微生物组育种：筛选具有优良微生物组（微生物物种、基因及活性代谢物）的品种，以达到育种的优质、高产需求。微生物组育种是未来育种的全新方向，是改良农业生产过程、实现农业可持续生产的新思路。**

1.1 微生物组的定义

植物微生物组（microbiome）指生活在植物组织周围及组织内部，与植物形成紧密共存关系的微生物群落（Berendsen et al.，2012）。微生物组包含细菌、真菌、卵菌、藻类、原生动物、线虫和病毒等不同成员（Müller et al.，2016）。根据微生物寄居的植物部位的不同，微生物组可被分为根际微生物组（root microbiota）、叶际微生物组（leaf microbiota）等。

1.2 微生物组研究的发展沿革

1.2.1 植物微生物组中单菌的研究与应用阶段

在微生物组研究的初始阶段，受早期测序技术只有含有唯一序列的纯净的模板基因才可以被测序及微生物分离培养困难的限制，人们只能着眼于单株微生物的研究。一些共生微生物和病原微生物被人们从植物体上分离培养。通过对这些微生物的深入研究，逐渐得到了利用益生菌改良植物的生长、抗逆能力及防治病原菌的方法，并进一步地指导农业实践。

益生微生物方面，通过接种实验测试微生物对宿主植物生长发育的影响，得到了很多现在被广泛应用的传统益生菌，如根瘤菌（*Rhizobium*）、丛枝菌根真菌（arbuscular mycorrhizal fungi）、假单胞菌（*Pseudomonas*）等。这些微生物通过诸如溶解磷酸盐、产生铁载体、生物固氮、产生 1-氨基环丙烷-1-羧酸（ACC）脱氨酶和植物激素、群体感应（QS）信号干扰和抑制生物膜形成、抗真菌活性、产生挥发性有机化合物（VOC）、诱导系统抗性、促进有益的植物-微生物共生、干扰病原体毒素产生等过程保护植物健康和促进植物生长（Bhattacharyya and Jha，2012）。目前已经有很多成熟的被制作成菌剂的商品被用于改良作物生长，其应用极大地改善了化肥、化学农药等的大量使用带来的环境问题。但值得注意的是，这些生物菌肥的施用因为没有考虑到生态系统中复杂的微生物间互作而存在着效果不稳定的缺陷。因此，从植物-微生物组的系统层面解释益生微生物的作用机制，才能在农业中更有效地应用益生微生物。

病原微生物方面，大量微生物组中的病原真菌和细菌也被广泛研究。通过对其致病机制的深入解读，人们筛选到了与它们存在拮抗作用的化学农药产品、生防菌及具有特异抗性的作物品种。不过这种植物-病原菌的二元体系研究依旧没有考虑自然生长的植物所处的复杂的微生物环境，近期研究也发现了患病植物微生物组的改变，并筛选到了可以抵抗病原菌致病作用的微生物组菌群。因此，从植物-微生物组系统的层面解释病原微生物的致病机制可以提供更多的防治病原微生物的思路和方法。

1.2.2 植物微生物组的描述性研究阶段

二代测序技术的发展，使得科学家可以绕过微生物组的分离培养，通过对环境样品的 16S rDNA 进行扩增测序来了解微生物组的全貌。这使得微生物组的描述性工作被大量发表。植物微生物组的研究从单菌进入整体层面。

这些研究指出了植物微生物组的特点。首先，植物微生物组和环境微生物组是不同的，植物可以富集筛选与自己共生的微生物成员；其次，不同的植物具有不同的微生物组，因此微生物组和宿主植物的互作是漫长进化中相互筛选的结果；再次，同种植物的不同发育时期也具有不同的微生物组结构，因此微生物组很可能影响着植物的生长发育，在不同的发育时期与植物产生不同的相互作用模式（Zhang et al.，2018）；最后，植物不同部位富集的微生物组也不同，因此微生物组很可能影响着植物不同组织器官的功能（Edwards et al.，2015）。综上所述，这一阶段的微生物组描述性研究提供了一个新的可能性，即微生物组参与调控植物的生长发育。

这一时期，还有很多工作关注于植物对自身微生物组的调控，通过对比基因功能缺陷的突变体植物和野生型植物的微生物组结构，得到了一系列参与调控微生物组结构的基因，这些基因涉及植物的营养吸收、免疫、激素代谢、次级代谢物产生等过程，如拟南芥磷酸盐饥饿响应通路基因、水稻氮转运基因、水稻独角金内酯激素代谢基因等（Castrillo et al.，2017；Chen et al.，2020；Zhang et al.，2018；Nasir et al.，2019）。

结合植物微生物组的特异性和植物对微生物组的调控作用，可以产生一个新的育种思路：**通过筛选具有特定的调控有益微生物组基因的植物品种，获得高产、**

抗病等优良性状。这种方法相比于早期的利用单一益生菌和防治病原菌的方法，综合考虑了植物微生物组内部的互作，使得益生菌的促生效果或微生物组内部对病原菌的拮抗作用更稳定，并且不需要额外施加菌剂，仅靠优良作物品种本身来富集更有利的微生物组。值得注意的是，这一思路还需要更多的微生物组的功能研究作为基础支撑，在了解更多的具有优良功能的菌群结构的基础上，才能对植物菌群进行筛选育种。也正因如此，在植物微生物组的结构组成基本被描述完成后，领域内的更多工作转向了微生物组的功能研究。

1.2.3　植物微生物组的功能研究阶段

微生物组培养组学的发展，使得很多之前难以被分离培养的微生物被分离培养出来。2015 年，Bai 等在 *Nature* 上发表了其首次系统分离培养了拟南芥的根际细菌，得到了占总丰度约 64% 的根际细菌的代表性菌株。随后的几年内，水稻、小麦、番茄等重要的粮食作物和经济作物的根际细菌、真菌、卵菌也逐渐被分离培养。植物微生物组的纯培养极大地推动了植物微生物组功能的研究进展。通过在无菌体系下测试细菌或菌群对植物的影响，一些微生物组的功能被逐渐揭示。

微生物组可以帮助植物营养吸收。营养利用性方面，微生物组可以帮助植物利用难以利用的营养物质，如 Zhang 等（2018）在水稻的研究中发现籼稻富集的微生物菌群可以帮助植物利用有机氮营养。营养储存性方面，菌根真菌可以促进植物吸收氮，从而更好地利用土壤微生物菌群矿化形成的营养（Hestrin et al.，2019）。

微生物组可以帮助植物抵抗胁迫。胁迫条件下，植物会富集协助抵抗胁迫的微生物组。例如，Santos-Medellín 等（2021）对水稻干旱胁迫的研究发现，在干旱条件下，水稻可以富集促进水稻根际生长的微生物，有利于水稻抵抗干旱胁迫。Kherfi-Nacer 等（2022）和 Schmitz 等（2022）对大麦、番茄高盐胁迫的研究发现，在盐胁迫的环境下，根际微生物可以提高植物耐盐性。

微生物组可以帮助植物抗病虫害。微生物组，尤其是根际微生物组，作为包裹植物根际的第一道屏障，协助植物抵抗病虫害。例如，Kwak 等（2018）对番茄的研究发现，在抗病番茄的根际大量富集了可以拮抗青枯雷尔氏菌的微生物，介导了番茄对青枯病的抗性。Durán 等（2018）在拟南芥对病原真菌和卵菌的抗性实验中，也发现只在根际细菌菌群存在的情况下，拟南芥在真菌、卵菌群落存在时才可以健康生长，这表明细菌群落可以应对潜在的真菌、卵菌的侵染以保护植物。研究表明，由番茄叶际分离出的叶际微生物组也有助于番茄抵抗病原细菌的侵染（Berg and Koskella，2018）。此外，拟南芥叶际中识别病原物的基础免疫通路对维持叶际内部的内生细菌群落的稳态有重要作用（Chen et al.，2020），这也表明植物、病原物与叶际微生物之间的密切关联。

随着对微生物组的功能和机制研究的深入，微生物组对植物生长发育和抗逆性的多种作用被逐渐报道，这为微生物组育种工作提供了坚实的理论基础。但目前微生物组的功能研究也存在着机制解释不透彻等问题，还需要进一步全面研究微生物组的功能及作用机制，以求将筛选或改造微生物组技术安全可靠地应用在农业生产之中。

1.3 植物微生物组推动作物育种发展

植物微生物组的研究更系统地揭示了优良性状的内在调控逻辑。植物生长在复杂的土壤环境之中，传统育种对优良基因的选育更多着眼于植物基因对植物自身的调控，而忽视了其和植物复杂的生境的互作。一些基因本身也具有调控和筛选有利微生物组的能力。例如，Zhang 等（2018）在水稻 *NRT1.1B* 基因与微生物组互作的研究中发现，*NRT1.1B* 基因可以特异性富集帮助植物转化有机氮的根际细菌，从而和微生物组协同调控水稻氮吸收过程。这项工作丰富了对 *NRT1.1B* 基因转运氮营养功能的研究，更系统地揭示了植物基因在复杂的生境下行使功能的途径，同时也指出微生物组在调控作物营养吸收上的重要性，为筛选基于 *NRT1.1B* 基因的具有有利微生物组的水稻品种奠定了基础。

植物微生物组的研究为优良品种的选育工作提供了新的靶点。随着微生物组功能研究的不断深入，越来越多的有益微生物或有益微生物的组合被报道出来。如链霉菌（*Streptomyces*）的富集被证明可以帮助水稻抵抗干旱胁迫（Santos-Medellín et al.，2021），阴沟肠杆菌（*Enterobacter cloacae*）可以维持简化微生物组的稳定并且使微生物组表现出对病原真菌轮枝镰刀菌（*Fusarium verticillioides*）的抑制，进而保护玉米生长（Niu et al.，2017）。这些研究都为将来的育种工作提供了优良的选育靶点。通过选育携带更多有益微生物的品种，可将微生物组调整到帮助植物生长发育的状态，进而获得优质、高产的作物性状。

2 发展态势分析

2.1 植物微生物组领域进入快速发展期，我国距离世界顶尖水平还有一定差距

微生物组的研究工作从 20 世纪 80 年代发展至今，理论突破和实践应用都取得了一定的成果。40 余年来，该领域发表论文共计 11 353 篇，专利共计 2001 件。

论文发表量上，我国在该领域发表论文共计 755 篇（6.3%），落后于美国（1467 篇，12.3%）和印度（821 篇，6.9%）（图 1A）。美国在该领域具有领先地位，其发文量是中国的 1.94 倍，印度、中国、法国等国家发文量差距不大。高被引论文

（引用次数＞100 次）数量上，近 40 年全球共计发表高被引论文 714 篇，其中中国发表 36 篇（5.0%），落后于美国（107 篇，15.0%）、法国（50 篇，7.0%）和澳大利亚（43 篇，6.0%）（图 1B）。在被广泛认可的研究工作上，依然显示出美国的领先地位，其发文量是中国的 2.97 倍。在微生物领域的年度发文量数据上，微生物组领域在 1980～2013 年发展平缓，年均发文量约 250 篇（图 1C）。在 2013 年后随着二代测序技术和培养组学技术的普及进入快速发展期，年发文量呈上升态势（图 1C）。

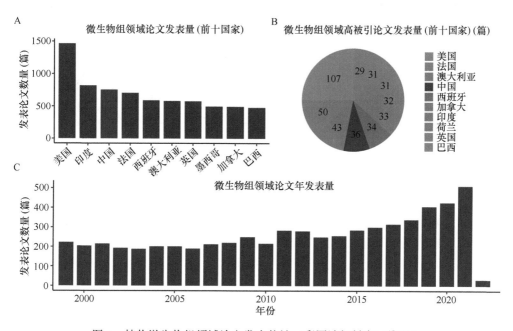

图 1　植物微生物组领域论文发表统计（彩图请扫封底二维码）

　　专利递送数量上，我国递送专利 708 件（35.4%），位居世界第一，美国以 272 件（13.6%）位列第二（图 2A）。然而，在核心专利（合享价值度≥10）递送数量上，我国仅有 11 件（4.3%），落后于德国的 83 件（32.5%）、美国的 60 件（23.5%）及日本的 36 件（14.1%），与韩国持平（图 2B）。虽然专利总件数遥遥领先，但在核心专利数量上，可以看到我国微生物组领域成果转化不足的问题，距离世界一流水平还具有一定差距。纵观 40 年来的微生物组专利递送情况可以看出，1980～2010 年专利递送数量平稳，约为年均 25 件。在 2010～2018 年，专利数量快速增长，并在近几年维持稳定，成果转化趋于饱和，亟待产生新的技术推动领域发展（图 2C）。

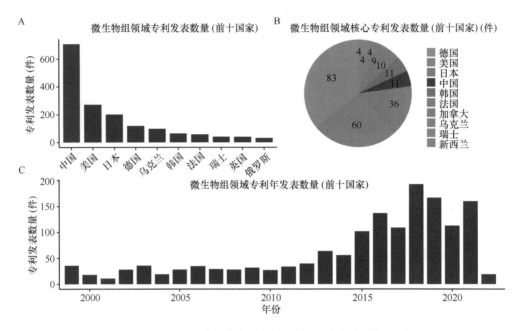

图 2 植物微生物组领域专利发表数量统计（彩图请扫封底二维码）

综合来看，在微生物组领域研究进展上美国在质量和数量层面都占据绝对优势，在成果转化方面，虽然我国专利数量多，但核心专利数量不高，在核心技术上依然落后于美国。当下是一个微生物组领域进入功能研究和功能成果转化的转型时期，也是一个大力发展我国微生物组研究，并着手微生物组应用如微生物组育种的关键时期，只有在新的领域抢占先机才能掌握技术发展的主动权。

2.2 国内外微生物组研究计划和队伍

2.2.1 国内外微生物组研究计划

伴随微生物组领域的快速发展，微生物组的研究已经进入综合考虑向健康、农业、环境方向应用的关键时期，因此大量微生物组计划开始实施。美国有 2008 年启动的投资 1.7 亿美元的"人体微生物组计划"、2010 年启动的"地球微生物组计划"，欧盟有 2008 年启动的"人类肠道宏基因组计划"，日本有 2005 年启动的"人体元基因组计划"，加拿大有 2007 年启动的"微生物组研究计划"。在 2015 年，美国科学家提议开展"联合微生物组研究计划"，侧重于微生物组在健康、农业、环境上的开发应用。

我国在微生物组领域的计划部署方面已经成立了一些国家自然科学基金、973

计划、863 计划、中国科学院战略性先导科技专项支持的项目。在大科学计划上，我国在 2017 年启动了中国科学院重点部署项目"人体与环境健康的微生物组共性技术研究"暨"中国科学院微生物组计划"。但在农业，尤其是育种方向上引领学科发展的大科学计划还有所欠缺。

2.2.2 国内外微生物组研究队伍

基于多年的积累及国家重点研发计划、国家自然科学基金等国家项目的支持，我国培养了大批植物微生物领域的优秀科学家团队。例如，在微生物植物分子生物学领域，深耕根际微生物组与植物互作领域的中国科学院遗传与发育生物学研究所周俭民研究员团队、白洋研究员团队，深耕共生微生物与植物互作和叶际微生物组的中国科学院分子植物科学卓越创新中心的王二涛研究员团队、辛秀芳研究员团队，深耕植物养分利用-微生物组互作领域的中国农业科学院作物科学研究所钱前院士团队和华中农业大学的姜道宏教授团队。在土壤环境生物学领域，深耕根际微生态土壤有机肥的南京农业大学资源与环境科学学院沈其荣院士团队、深耕土壤微生物的中国科学院城市环境研究所朱永官院士团队、中国农业大学张福锁院士团队、中国科学院南京土壤研究所的张佳宝院士团队、深耕豆科植物根际微生物组的西北农林科技大学韦革宏教授团队等。随着领域发展，更多的植物领域、微生物领域的优秀科学家也开始拓展对植物微生物组的研究。但相对于植物微生物组领先的国外团队，如北卡罗来纳大学教堂山分校 Jeff Dangl 团队、德国马普研究所 Paul Schulze-Lefert 团队、杜克大学何胜洋团队、荷兰皇家生态研究所 Jos Raaijmakers 团队和瑞士苏黎世联邦理工学院 Julia Vorholt 团队等，我国植物微生物组领域科研团队在创新性上仍然有所欠缺。从在引领生命科学领域学科发展的顶尖期刊 *Nature*、*Cell*、*Science* 上的论文发表数量来看，植物微生物组领域共计发表文章 9 篇，其中 Jeff Dangl 团队 3 篇、Paul Schulze-Lefert 团队 3 篇、Jos Raaijmakers 团队 2 篇，白洋研究员团队和约翰·英纳斯中心的 Anne Osbourn 团队合作发表 1 篇，我国科研团队在植物微生物组领域距离国际顶尖水平仍有一定差距。

3 瓶颈对策分析

3.1 微生物组功能及机制研究还不完善

目前我国微生物组育种的研究还处于起步阶段，主要以微生物的描述性研究为主，功能与机制性研究才刚刚开始。虽然一些研究指出了微生物组在植物营养吸收、抗病抗逆方面的作用，但其内在机制还没有被很好地阐释。这些问题导致微生物组育种可供筛选的优良的根际微生物组成员或成员组合数量极少，这极大地限制了微生物组育种基础工作的展开。

对策分析： 微生物组功能及机制研究的不完善是本学科发展的必经阶段，这对我们来说是挑战也是机遇。应通过立项和经费支持推动学科发展，并且大力促进植物学、微生物学、生物信息学等学科的交叉融合，填补微生物组功能研究上的空白，推动微生物组育种尽快进入实践阶段。

3.2 微生物组育种与不同土壤环境

土壤环境中的本底微生物是影响植物微生物组的主要条件之一，而不同土壤环境中的微生物组可能存在很大的差异。通过育种手段获得富集特定有益微生物的植物品种可能会面临在不同土壤环境中作用不同的问题。例如，某一品种可以特异富集益生菌 A，但在某地区土壤中天然缺乏益生菌 A 时可能会使品种失去优势。

对策分析： 微生物组发挥功能的基本单位是微生物的功能基因，通过对功能基因的深入挖掘和机制解析，可以将微生物组育种得到的新品种进一步延伸到可以富集更多更有益的微生物功能基因的品种上去。增强根际微生物组的调控技术，并挖掘微生物中的功能物质，从而减少土壤环境对微生物功能的影响。

4 未来战略构想

4.1 发展目标

揭示植物和微生物组间的互作关系，包括植物如何通过基因、代谢物等调控自身微生物组，以及微生物组代谢何种物质或通过何种途径影响植物基因表达以达到促进植物生长、抵抗生物和非生物胁迫等作用。进一步利用这些互作关系，探索在育种过程中如何使植物招募有特定功能的微生物类群或微生物功能基因类群，以达到高产、提高耐受性及抗性等目的。

五年发展目标： 针对植物学发展的国际前沿，通过植物学、微生物学、生物信息学、遗传育种等多学科交叉，建立植物与微生物组共生功能体的理论框架，从植物与微生物组协同互作的角度切入，一方面揭示植物微生物组在植物健康生长和抵抗逆境过程中的功能和机理，另一方面从基因、代谢物等角度揭示植物招募微生物的机制，以繁育具有抗病和养分高效能力的微生物组的植物品种，为减少化学肥料和农药的施用提供新思路。

十年发展目标：建立完备的微生物组育种理论体系和技术方案，建立国际一流的产学研一体化的研究中心，培养一批学术顶尖的微生物组育种专家人才，占领微生物组育种研究的国际制高点。

4.2　发展思路

4.2.1　建立植物微生物组菌种资源库

广泛分离各类植物根际、叶际的细菌、真菌、病毒等微生物，建立系统的植物微生物组菌种资源库。对微生物资源进行系统分类和保藏，为利用其进行育种工作和展开深入研究奠定基础。

4.2.2　揭示自然条件下植物与微生物组共生功能体的形成机制

系统研究植物与其微生物组间的互作关系，拓展植物学的研究维度，促进植物研究的跨越式发展。揭示在植物表型建成过程，尤其是重要的农艺性状表型的建成过程中微生物组的作用，明确微生物组在植物抵抗疾病、养分高效过程中的功能，揭示微生物影响植物表型的内在分子机制，取得国际领先的原创性研究进展，确保我国在植物与微生物互作领域的前沿地位和国际话语权。

4.2.3　揭示植物与微生物组互作的信号识别和调控通路

系统研究植物与其微生物组的精确互作模式，明确互作过程中关键信号物质，以及植物与微生物中的受体和信号转导途径。通过理论和技术创新，突破现代作物育种的瓶颈，实现对品种根系和叶系微生物的精确调控。

4.2.4　建立我国植物-微生物组跨界协同改良研究体系

将微生物技术与育种技术充分结合，强化学科交叉，鼓励原始创新。培养一批具有国际影响力的人才，打造一支勇于创新、"顶天立地"的学术队伍，推动我国农业绿色发展。

4.3　政策保障和建议

4.3.1　部署专项科学计划引领领域发展

部署农业微生物组专项科学计划，深入研究微生物组在育种、病虫害防治、农作物营养利用上的应用潜力，在一定时间内持续支持植物微生物组领域的研究，政策牵头推动领域高速发展，看齐并超越国际领先研究水平。

4.3.2 建立研究中心促进学科交叉融合

成立国家级微生物组育种研究中心，组建不同学科背景的研究团队，提高作物学、微生物学、土壤学、生物信息学等的交叉融合。积极鼓励科研单位与企业合作，实现科研和产业的齐头并进。

4.3.3 制定微生物组育种的产业政策

从产品研发、知识产权评估、企业发展等方面，制定具有国际竞争力的产业政策和监管体制，为我国未来生物育种领域的原始创新提供核心推动力和保障。

参 考 文 献

杨平. 2021. 落实"藏粮于地、藏粮于技"战略, 保证粮食产能的稳定和提升. 中国农村科技, 12: 7-10.

Bai Y, Müller D B, Girish S, et al. 2015. Functional overlap of the *Arabidopsis* leaf and root microbiota. Nature, 528(7582): 364-369.

Berendsen R L, Pieterse C M, Bakker P A. 2012. The rhizosphere microbiome and plant health. Trends Plant Sci, 17(8): 478-486.

Berg M, Koskella B. 2018. Nutrient- and dose-dependent microbiome-mediated protection against a plant pathogen. Curr Biol, 28(15): 2487-2492.

Bhattacharyya P N, Jha D K. 2012. Plant growth-promoting rhizobacteria (PGPR): emergence in agriculture. World J Microbiol Biotechnol, 28(4): 1327-1350.

Bulgarelli D, Rott M, Schlaeppi K, et al. 2012. Revealing structure and assembly cues for *Arabidopsis* root-inhabiting bacterial microbiota. Nature, 488(7409): 91-95.

Castrillo G, Teixeira P J P L, Paredes S H, et al. 2017. Root microbiota drive direct integration of phosphate stress and immunity. Nature, 543(7646): 513-518.

Chen T, Nomura K, Wang X, et al. 2020. A plant genetic network for preventing dysbiosis in the phyllosphere. Nature, 580(7805): 653-657.

Durán P, Thiergart T, Garrido-Oter R, et al. 2018. Microbial interkingdom interactions in roots promote *Arabidopsis* survival. Cell, 175(4): 973-983.

Edwards J, Johnson C, Santos-Medellín C, et al. 2015. Structure, variation, and assembly of the root-associated microbiomes of rice. Proc Natl Acad Sci USA, 112(8): E911-E920.

Hestrin R, Hammer E C, Mueller C W, et al. 2019. Synergies between mycorrhizal fungi and soil microbial communities increase plant nitrogen acquisition. Commun Biol, 2: 233.

Kherfi-Nacer A, Yan Z, Bouherama A, et al. 2022. High salt levels reduced dissimilarities in root-associated microbiomes of two barley genotypes. Mol Plant Microbe Interact, 35(7): 592-603.

Kwak M J, Kong H G, Choi K, et al. 2018. Rhizosphere microbiome structure alters to enable wilt resistance in tomato. Nat Biotechnol, 36: 1100-1109.

Müller D B, Vogel C, Bai Y, et al. 2016. The plant microbiota: systems-level insights and perspectives. Annu Rev Genet, 50: 211-234.

Nasir F, Shi S, Tian L, et al. 2019. Strigolactones shape the rhizomicrobiome in rice (*Oryza sativa*).

Plant Sci, 286: 118-133.

Niu B, Paulson J N, Zheng X, et al. 2017. Simplified and representative bacterial community of maize roots. Proc Natl Acad Sci USA, 114(12): E2450-E2459.

Santos-Medellín C, Liechty Z, Edwards J, et al. 2021. Prolonged drought imparts lasting compositional changes to the rice root microbiome. Nat Plants, 7(8): 1065-1077.

Schmitz L, Yan Z, Schneijderberg M, et al. 2022. Synthetic bacterial community derived from a desert rhizosphere confers salt stress resilience to tomato in the presence of a soil microbiome. ISME J, 16(8): 1907-1920.

Zhang J, Zhang N, Liu Y X, et al. 2018. Root microbiota shift in rice correlates with resident time in the field and developmental stage. Sci China Life Sci, 61(6): 613-621.

专题五 表型组学

蒋 霓[1*] 朱新广[2*] 郭新宇[3] 肖永贵[4] 杨万能[5] 袁晓辉[6]

1. 中国科学院遗传与发育生物学研究所，北京，100101
2. 中国科学院分子植物科学卓越创新中心，上海，200032
3. 国家农业信息化工程技术研究中心，北京市农林科学院信息技术研究中心，
数字植物北京市重点实验室，北京，100097
4. 中国农业科学院作物科学研究所，北京，100081
5. 华中农业大学作物遗传改良全国重点实验室，武汉，430070
6. 吉林农业大学植物保护学院，长春，130118
*联系人 E-mail：njiang@genetics.ac.cn，zhuxg@cemps.ac.cn

摘 要

高通量获取和解析作物基因型及表型组数据是全面解析基因型-环境-表型关系的重要基础，是加快培育突破性新品种、保障国家粮食安全的迫切需求。随着高通量测序技术的发展，作物基因组数据的高通量获取越来越普及，高通量、多生境、多维度、精准的表型组大数据获取和解析已成为育种领域竞争的焦点。

1 背景与需求分析

1.1 作物表型组学的定义

作物表型指特定条件下作物个体或群体表现出来的特征，包括能够反映作物细胞、组织、器官、个体和群体结构及功能的物理、生理和生化性状（Tardieu et al.，2017；Hickey et al.，2019）。表型组学这一概念于 1996 年由美国加州大学伯克利分校的衰老研究中心主任 Steven A. Garan 在滑铁卢大学的一次应邀演讲上首次提出。表型组学的定义类似于基因组学及其他组学，是指在基因组水平上系统地研究某一生物或细胞在各种不同环境条件下所有表型的学科。

表型组学的核心科学问题是如何研发生命信息检测手段、创制作物表型传感器及采集平台，进而如何将多模态、多源异构表型信息与基因组学、生物信息学、生物建模、人工智能等结合进行智能化解析、数据融合、利用及管理，实现对"基

因型-表型-环境型"内在关联的深入挖掘，从而支撑植物结构和功能特征对遗传信息及环境变化的响应机制研究（Houle et al.，2010；Fiorani and Schurr，2013；Zhao et al.，2019；Yang et al.，2020）。

1.2　作物表型技术在作物种业科技创新中的地位、战略需求和形势分析

1.2.1　高通量表型测量推动有重大育种价值的基因及优良等位变异的高效挖掘

表型是基因型与环境互作的结果。近年来，基因组测序技术得到飞速发展，世界上主要粮食作物，如水稻、玉米、大豆和小麦等的基因组测序已经完成。然而，我们对这些基因组中绝大多数基因或序列信息的生物学意义尚不清楚，对大量基因与表型之间的对应关系仍然未知，基因组信息用来支持作物育种的潜力远远没有发挥出来。

虽然分子遗传和生物技术的应用研究取得显著进展，但育种操作仍广泛依赖于产量构成性状和少数重要农艺性状的选择，或者兼顾个别生物胁迫和非生物胁迫鉴定及加工品质评价，这主要是因为有价值的分子标记丰度仍不满足于育种选择需求。随着作物基因组测序的完成，在全基因组水平上诠释生理发育性状的遗传信息，明确复杂性状的基因调控关系，并应用于育种选择，是最有前景的解决方案。从表观遗传学等领域的研究也不难发现，基因与基因及基因与环境互作的复杂性，远远超出育种应用的预期。同时，育种家已认识到，作物育种正面临着更加复杂的气候变暖、病虫害加剧、非生物胁迫高发等更多自然因素的挑战，需加强与作物适应性相关的遗传机制的解析，发掘并利用更丰富且更重要的性状基因和标记，以保证产量和品质的持续提升。可见，未来遗传育种研究将对表型鉴定技术提出更精准、更高效的要求。

随着当前基因编辑技术的飞速发展，一旦一个基因及其优良等位变异的生物学效应得到精确解析，那么它就可以直接在育种中得到快速应用。因此，当前世界各国都加入了快速挖掘控制育种关键性状的核心基因的竞争中。在这场竞争中，能否高效、精确地检测大量遗传材料在不同环境下的精确表型信息成为当前竞争的"卡脖子"问题。推动作物表型组平台的研发，实现对不同作物在不同生境下全景式的表型组测量，将极大地加速与育种直接相关的核心基因的挖掘，加快获取育种核心基因的知识产权，从而确保我国作物精准设计育种的主动权和战略安全，从根本上为我国种业参与国际竞争提供核心竞争力。

1.2.2　高通量表型测量将成为当前农业育种领域竞争的制高点

传统的作物表型性状获取主要依靠人工来完成，存在低效、主观、可重复性差等缺点，并且一些测量为有损测量，无法实现对作物全生育期生长动态的无损监测。

此外，人力成本的大幅增加，也导致传统表型测量手段越来越无法满足大规模表型测量的需求，这些正逐渐成为当前主要作物育种界急需解决的重大"卡脖子"问题。

通过发展作物表型组技术，结合系统模型，实现对作物生长过程中不同器官的形态结构、生理参数的全景式测量，进而发展表型组数据分析算法和系统模型，有效抽提出对育种有重大价值的参数，这将推动当前育种从经验育种到精准定量育种的转变。可以预见，表型组学技术、基因组测序及定量模型设计的有效结合，必将成为支撑未来作物设计育种的核心支柱（Chang et al.，2019）。

2 发展态势分析

2.1 各国高度重视表型基础设施布局建设

表型设施是解决高通量表型数据测量的最有效途径，是推动表型组学发展的重要基础设施。通过建设表型基础设施可以实现标准化、高通量、高精度、全生育期的表型信息采集，为植物研究提供解析基因功能所需的知识和工具。各国政府都高度重视表型基础设施的建设和布局。

澳大利亚国家植物表型设施"植物加速器"是第一个制度化的国家级植物表型基础设施，于 2010 年正式启用。欧盟第七框架计划（FP7）于 2012 年 1 月启动"欧洲植物表型研究网络"，投资 550 万欧元开展新设备研发、表型研究实践和 IT 技术标准等联合研究。2012 年 5 月，英国生物技术与生物科学研究理事会（BBSRC）投资 680 万英镑新建的国家植物表型组学中心正式启用。2013 年，德国联邦教研部（BMBF）投入约 3500 万欧元启动了"德国植物表型网络（DPPN）"研究计划，开发适合植物研究和作物育种的智能化、自动化技术和设施。2013 年，美国普渡大学投入超过 2000 万美元建设植物科学研究所，其中包括植物表型设施建设。2016 年，美国国家科学基金会和能源部共同出资 1000 万美元出台 TERRA-REF 计划（Transportation Energy Resources from Renewable Agriculture Phenotyping Reference Platform），建立集成不同传感器的大田和温室表型设施。2016 年 3 月，欧洲研究基础设施战略论坛（ESFRI）发布路线图，投入 1.35 亿欧元支持多尺度植物表型组学和模拟基础设施（EMPHASIS）项目，重点建立一体化和多尺度的欧洲植物表型分析基础设施，以在不同环境条件下对基因型表现和性状特征进行量化分析。2018 年，由瓦赫宁根大学和乌得勒支大学耗资 2200 万欧元共同承建的荷兰植物生态表型研究中心建成。2022 年 2 月，美国普渡大学批准拨款 2000 万美元用于表型温室设施建设，扩大升级设施非破坏性的表型分析能力。

相比于其他国家，我国表型设施建设起步落后。2013 年以来，科技部和国家自然科学基金委员会陆续发布《国家重大科技基础设施建设中长期规划（2012—

2030 年)》《2016 年度国家自然科学基金项目指南》等相关文件，明确指出作物表型组平台建设的必要性和迫切性。作物表型组学研究设施被列入《国家重大科技基础设施建设"十三五"规划》后备设施项目之一。2019 年 2 月，教育部和江苏省人民政府签署了"关于共建作物表型组学研究重大科技基础设施的协议"，教育部投资 1.44 亿元建设作物表型组学研发大楼，包括高通量表型数据采集与鉴定系统、环境模拟与检测系统、表型组-基因组大数据分析与整合系统等。2019 年 7 月，中国科学院与湖北省设立作物表型组学联合研究中心，推进国家作物表型组学设施落户湖北。2020 年 11 月，中国农业科学院作物科学研究所在海南三亚建立国家**南繁作物表型**研究设施，重点立足于我国"南繁硅谷"核心区域，以南繁育种创新为核心，结合海南物候特征，建设国际一流的规模化、精准化和智能化作物表型与基因型研究重大科学设施。该设施于 2023 年 6 月底投入使用。

为贯彻落实 2018 年习近平总书记关于建设"南繁硅谷"的指示精神，服务创新驱动发展战略，完善国家农业科技创新体系，打造国家战略科技力量，助力海南成为我国生物种业创新的策源地，三亚国家南繁作物表型研究设施建设被列为"南繁硅谷"建设的重要举措及打造国家热带农业科学中心的具体行动。该项目立足我国"南繁硅谷"核心区域，以南繁育种创新为核心，抢占世界种业科技竞争制高点，牢牢掌握我国农业科技发展主动权，打造服务全国、面向世界的新型现代生物种业科技创新中心；同时结合海南物候特征，以水稻、玉米、棉花等南繁作物为研究对象，针对当前表型研究设施机械化和自动化程度不高、光学传感器缺少系统集成与研发、高通量表型数据采集与处理能力偏弱等关键技术问题，聚焦大田与可控环境下的作物表型交互机理与理论研究的重大科学问题，采用引进和研发表型设备并重的思路，重点解决多源光学传感器集成和研发中软件与硬件兼容的问题（如根系表型技术和相应设备研发、种子表型考种技术和相应设备研发、便携式大田表型技术和相应设备研发等），提高表型研究设施的机械化和自动化程度，创建强大表型组与基因组标准化、流程化和一体化的大数据处理与分析系统，突破当前关键"卡脖子"表型技术研究瓶颈，加强相关表型设施与技术研究的转化，建立表型设施研发的国际原创技术与理论，向"跟跑、并跑、领跑"表型设施研究目标迈进；最终实现南繁服务能力和现代育种水平的提升，以服务现代种业为目的，加快培育高产、优质、抗病、高效、绿色的突破性作物品种，促进我国种业快速发展，充分保障种业发展与国家粮食安全的战略需求。项目建成后将推动作物表型组学在种质资源鉴定和品种选育等方面的全面应用，大幅提升我国在优异种质创制、重要基因挖掘及重大品种培育等方面的自主创新能力。

以上各个国家资助的项目聚焦于大规模基础设施投资、数据分析系统和基础设施的协同共享。在其他国家，也有由区域性项目或单个项目资金建立的表型基础设施。

据国际植物表型网络（IPPN）数据库（https://www.plant-phenotyping.org）数据统计显示（图1），目前全球植物表型设施共有113个，其中包括正在建设的9个。69%以上的表型设施分布在欧洲国家，12%的表型设施在美国，5%的设施在澳大利亚。我国收录在该数据库中的植物表型设施只有华中农业大学作物遗传改良全国重点实验室和华中科技大学武汉光电国家研究中心联合研发的全生育期高通量水稻表型测量平台。对我国表型设施建设情况进行调研的结果显示，我国的表型设施从2014年开始陆续建成。国内中国科学院、中国农业科学院、南京农业大学、福建省农业科学院、北京市农林科学院、河南大学、上海市农业生物基因中心、海南大学、山西农业大学、北京大学等多家单位先后建成表型设施共17个。中国农业科学院作物科学研所、中国水稻研究所、中国热带农业科学院、东北农业大学等单位正在建设的表型设施共有8个。

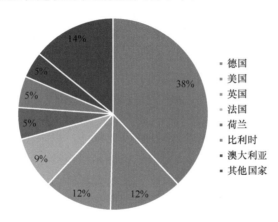

图1 全球植物表型设施分布图（彩图请扫封底二维码）

作物表型数据不仅包括从地下根系到地上植株，从温室到大田，从细胞、器官、植株到群体水平的表型数据，也包括从近地面到天空的遥感数据，并且涵盖干旱、高温等不同环境场景下的表型数据。为全面解决多尺度、多生境表型数据获取问题，表型基础设施建设也围绕不同的方向开展。根据应用场景和功能的不同，表型基础设施可以分为可控（或半可控）环境的室内表型设施、高强度大田表型设施、高通量表型设施、微观（细胞/组织水平）表型设施、化学/分子表型分析设施、建模仿真表型设施、低成本大田表型设施和表型信息系统（https://www.plant-phenotyping.org/db_infrastructure#/）。如表1所示，全球现有植物表型设施中69.9%为室内表型设施，22.1%为大田表型设施。其中表型信息系统作为一类新兴的表型设施，随着高通量、多维度、多尺度表型组大数据的积累，其建设必不可少。

IPPN和EMPHASIS每两年一次面向全球植物表型研究人员进行调研，以评估全球植物表型研究现状和新兴领域（https://www.plant-phenotyping.org/index.

php?index=902）。最新植物表型调研结果显示（图 2），72%以上的研究人员专注

表 1　全球表型设施类别统计

表型设施类型	设施个数		设施所占百分比（%）
	启用	在建/待建	
可控（或半可控）环境的室内表型设施 platform under controlled environment	73	6	69.9
高强度大田表型设施 high-intensity field platform	20	1	18.6
高通量表型设施 high-throughput phenotyping facility	17	2	16.8
微观（细胞/组织水平）表型设施 cellular/tissue level phenotyping platform	10	0	8.8
化学/分子表型分析设施 chemical/molecular phenotyping platform	9	0	8.0
建模仿真表型设施 modelling platform	4	1	4.4
低成本大田表型设施 lean (cost efficient) field platform	3	1	3.5
表型信息系统 information systems for plant phenotyping	3	0	2.7

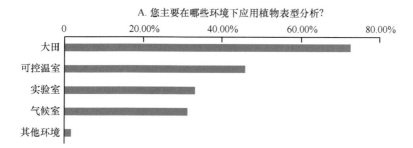

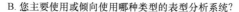

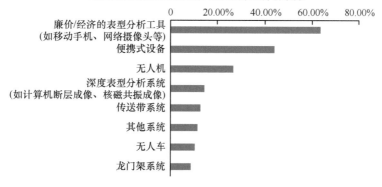

图 2　植物表型调研结果

A. 不同环境下表型研究统计；B. 表型研究系统使用偏向统计

于大田表型研究，并且63%以上的研究人员使用或偏向使用低成本的表型研究工具。多样化表型配套设施和低成本表型设备亟待发展。

2.2 表型组学论文数量呈快速增长趋势

以"crop phenomics"或"high-throughput crop phenotyping"为主题在 Web of Science 核心数据库中进行检索。2007～2021 年，作物表型组学相关期刊论文共1012 篇，论文数量整体呈上升趋势。每年论文发表数量由 2007 年的 2 篇增加到2021 年的 227 篇，并且现阶段正处于快速增长阶段（图 3A）。按通讯作者国别进行统计，美国发表论文数量最多，占发表论文总数的 29%。我国发表论文数量位居第二，占发表论文总数的 11%（图 3B），对比每年论文发表数量可以发现，近5 年来，我国论文发表数据增长较美国快。但是从核心论文（前 10%高被引论文）发表情况统计分析发现（表 2），我国核心论文发表数量少，高被引论文占本国论文比例为 9.1%，排名第七。

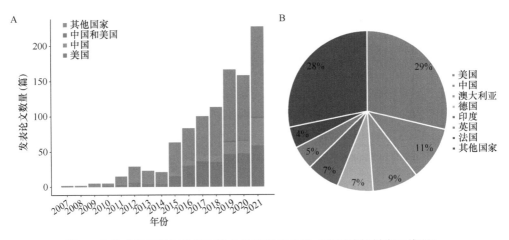

图 3　作物表型组学相关期刊论文检索结果分析（彩图请扫封底二维码）
A. 年度发表论文数量分析；B. 各国发表论文数量分析

表 2　作物表型组学领域各国发表论文和高被引论文情况分析

国家	发文数量	占领域论文总量的比例（%）	前 10%高被引论文数量	高被引论文占本国论文的比例（%）
美国	291	28.6	33	11.3
中国	110	10.8	10	9.1
澳大利亚	94	9.2	13	13.8
德国	74	7.3	9	12.2
印度	67	6.6	7	10.4

国家	发文数量	占领域论文总量的比例（%）	前10%高被引论文数量	高被引论文占本国论文的比例（%）
英国	48	4.7	6	12.5
法国	43	4.2	5	11.6
日本	24	2.4	0	0.0
韩国	19	1.9	0	0.0
加拿大	16	1.6	0	0.0

按研究作物对象进行统计，表型组学的研究对象主要集中在粮食作物（图4）。小麦表型研究的论文在所有表型相关论文中最多，所占比例为19%。其次是玉米和水稻表型研究论文，所占比例分别为13%和10%。大豆表型研究论文所占比例排名第四，所占比例为6%。

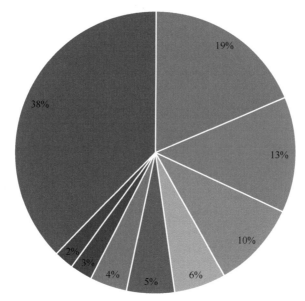

■ 小麦 ■ 玉米 ■ 水稻 ■ 大豆 ■ 高粱 ■ 大麦 ■ 棉花 ■ 番茄 ■ 其他作物

图4 表型组学相关期刊论文物种分类统计（彩图请扫封底二维码）

对全球作物表型组学领域相关专利的统计分析发现，我国在专利总体数量上占有绝对优势，占全球专利数量的比例为67.9%，但是核心专利数量非常有限。美国专利数虽然不到我国的1/6，但是在核心专利数量上远高于我国（表3）。

表3　作物表型组学领域各国专利和核心专利情况分析

国家	专利数量	占全球专利总量的比例（%）	核心专利数量	核心专利占本国专利的比例（%）
中国	697	67.9	2	0.3
美国	107	10.4	34	31.8
韩国	64	6.2	4	6.3
日本	26	2.5	6	23.1
印度	20	1.9	0	0.0
纳米比亚	18	1.8	0	0.0
加拿大	16	1.6	5	31.3
德国	15	1.5	0	0.0
荷兰	15	1.5	7	46.7
澳大利亚	8	0.8	0	0.0

2.3　表型组学技术的研究热点与发展趋势

利用 VOSviewer 对 2007～2021 年表型组学相关论文的关键词进行共现分析，分析表型组学领域的研究热点。VOSviewer 产生的表示词语共现关系的网络如图 5 所示。图中的网络节点表示提取的关键词，节点越大表示该关键词的出现的频率越高。出现最多的关键词包括表型（phenomics、phenotyping、high-throughput

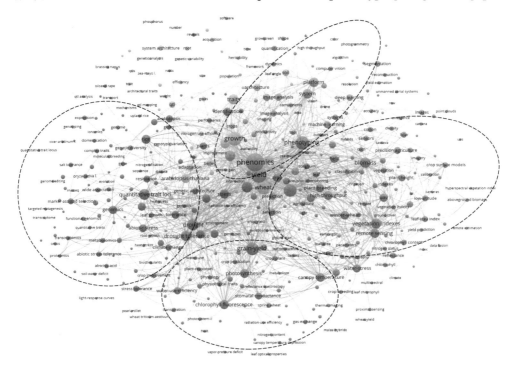

图 5　表型组学研究主题分布情况（彩图请扫封底二维码）

phenotyping）、产量（yield、grain-yield）、生长（growth）、干旱（drought、drought tolerance）、数量性状位点（quantitative traits loci、qtl）、植被指数（vegetation indexes）、生物量（biomass）等。信息技术和人工智能技术促进了表型组学技术快速发展，与研究手段相关联的关键词主要有遥感（remote sensing）、基因组选择（genomic selection）、无人机（unmanned aerial vehicle、uav）、图像分析（image analysis）、图像处理（image processing）、分割（segmentation）、机器学习（machine learning）、计算机视觉（computer vision）、深度学习（deep learning）等。

依据 VOSviewer 关键词共现分析中的节点位置和聚类结果，表型组学的研究热点主要可分为以下四大类。

（1）红色聚类集中于表型组学在基础研究中的应用，主要结合基因组学（genomics）、转录组学（transcriptomics）、蛋白质组学（proteomics）、代谢组学（metabolomics）、离子组学（ionomics）等，利用全基因组关联分析（GWAS）、数量性状位点（QTL）分析、分子标记等技术定位基因位点，解析重要表型性状的遗传机制及探索作物对气候变化和非生物胁迫的响应机制，进而筛选优良基因进行作物改良。近年来，通过开展将表型组、基因组、转录组和代谢组数据相结合的多组学研究，大量未知基因的功能被迅速解码，为精准设计育种提供了重要理论基础和科学依据（Faryad et al.，2021；Kaur et al.，2021；Yang et al.，2021；Shen et al.，2022）。通过整合多组学数据研究植物生长发育的工作方兴未艾。

（2）蓝色聚类主要为作物生理功能表型性状的研究，包括利用多光谱或高光谱、叶绿素荧光成像、热成像等技术，获取作物植被指数、冠层温度、养分含量等，研究以光合作用和水分利用率为代表的作物生理功能表型性状（Kim et al.，2020；Bi et al.，2021；Carvalho et al.，2021；Fullana-Pericas et al.，2022；Kumagai et al.，2022）。高通量表型技术，如可见光成像、激光雷达等，主要集中于作物形态结构表型性状的研究。相比于形态结构表型性状，生理功能表型性状对传感器的要求更高，测量难度更大。作物生理功能表型能反映作物抗性（生物胁迫或非生物胁迫），是未来表型技术的发展趋势。

（3）绿色聚类主要包括高通量大田表型技术的研究，基于无人机等飞行设备上装载可见光相机、激光雷达、多光谱、热成像等传感器成像仪，进行大规模田间表型采集，获取作物冠层表型性状（Anderegg et al.，2021；Chivasa et al.，2021；Fukano et al.，2021；Gano et al.，2021；Liang et al.，2021）。相对于实验室或温室中进行的作物表型鉴定或筛选研究，大田试验是育种中最重要的一环。近年来遥感技术的发展促进了大田表型技术的快速发展（Jang et al.，2020；Feng et al.，2021）。基于无人机平台的多光谱参数如归一化红边指数（NDREI）、绿色归一化植被指数（GNDVI）、简单比值指数（SR）、绿色叶绿素指数（GCI）和红边叶绿素指数（RECI）等均具有通量高、鉴定精准的特点。研究证明，无人机多光谱指数可作为高效、精准的工具用于鉴定小麦品种间的衰老速率遗传差异。通过无人机多光谱遥感技术鉴定评价小麦基因型对水肥利用效率的遗传效益，理论可取，并具有高通量和非破坏性的优点，但缺少育种角度的研究。此外，由于天气因素、光照不均一、背景复杂、植株间存在遮挡重叠等问题，大田环境下的数据分析和性状提取较为复杂，如何解决这些问题将会是一个全新的挑战。

（4）紫色聚类主要包括利用计算机视觉、光学成像、图像分析、机器学习等技术，开发高通量作物表型采集平台和智能解析工具。通过建设植物表型基础设施可以实现高通量、全生育期的植物表型采集，然而表型基础设施多具有造价昂贵、运行和维护成本高、使用区域扩展性低等问题。低成本表型采集设备的研发，能进一步满足作物栽培和育种对表型获取的实际需求。此外，如何把获取的作物表型原始数据转化为具有生物学意义的信息至关重要。近年来，计算机视觉算法、图形图像处理及人工智能技术在作物表型解析中得到了广泛应用（Jayasinghe et al.，2021；Seethepalli et al.，2021；Yang and Cho，2021）。深度学习算法的提出助力了高通量表型组学研究，有效地解决了植物器官和株型性状鉴定（Baweja et al.，2018；Sadeghi-Tehran et al.，2019；Zhang et al.，2022）、病虫害分级定位识别（Mi et al.，2020；Liu and Wang，2020）和非生物胁迫评估（Montesinos-López et al.，2019；Sakoda et al.，2019；Yi et al.，2020）等表型鉴定精度低、费时费力的问题。许多商业公司或科研团队研发了各类表型分析软件工具，从表型设施采集的图像、点云、光谱等各种结构化和非结构化数据中自动提取作物形态、生长发育、生理变化、开花时间、病虫害等重要表型性状。目前，表型解析研究的重点是挖掘可观测、可定量化、具有明确生物学含义的表型性状，提高表型解析的精度和效率，并针对不同的形态结构和生理生态功能，制定、研发表型解析相关算法。

3　瓶颈对策分析

3.1　表型组数据缺乏统一的表型组数据元数据、元标准及存储管理标准

我国的表型组平台分散在大学、研究院、企业等不同机构，其测量作物不同、处理不同、生长环境不同、所测量参数各异，参数所用的时空分辨率也不同。这些平台尽管积累了大量的表型组数据，但由于缺乏统一的表型组数据的元数据、元标准及存储管理标准，这些表型组数据相互孤立，相互之间难以实现共用；同时，由于缺乏有效的数据共享机制，表型数据之间共享较难，导致其使用率较低，削弱了表型组数据对研究的支持效应，未能有效体现出表型组平台建设的高通量数据对科研应有的支撑价值。

对策分析：建立我国统一的表型组数据标准和数据存储管理平台。为此，整

合国内相关表型平台研发机构，协商建立我国统一的表型组数据标准。该标准将包括实验测量的种质确认及存放标识信息、不同种质的（田间）管理规范、时空信息、环境信息、采样设备信息、样本的全部种质资源基因组、各类高通量组学数据、种质资源在不同地区生长过程中的株型和生理等各类全景式表型数据等。在此基础上，建立我国表型组数据存储、处理、管理及分析平台，协同管理我国作物表型数据。

3.2　缺乏具有自主知识产权的表型组数据解析软件和平台

当前表型组数据大部分是光谱图像数据，这些不同波段的光谱代表植物不同组织成分或者不同生理状态。表型组数据一般数据量大，都需要特定算法进行处理分析，才能得到具有生物学意义的参数。根据表型组信号的种类、所测作物、所测作物的器官、所测的生理参数、结构参数的不同，需要有特定的表型组数据处理算法，这也是当前表型组研究的重点。我国在表型组数据软件的开发及整合方面非常分散，相关算法、软件没有形成统一的平台，也缺乏表型数据分析算法研究的支持平台。这一方面影响了国内在表型组算法研发领域形成自己的研究群体，另一方面也增加了国内开展表型组算法研究潜在的被"卡脖子"的风险。

对策分析：建立我国表型组分析软件平台，支持作物表型组算法的构建。该平台一方面需要具备算法及软件的存储功能；同时要具有算法或软件之间的耦合机制，促进不同算法之间的耦合调用，支撑新算法的研发；建立算法评分体系，使具有较优应用潜力的算法可以涌现出来；同时建立算法贡献团队的利益保障机制，确保平台的持续发展。

3.3　缺少国产的表型设备核心传感器部件

在大田育种场景下，经常遇到高温、高湿、高光等环境，如何确保各类传感器在这些环境下的可用性是一个重要技术难题。当前尽管开展了作物表型组设备的研发，但是在设备中所用的核心传感器大都依赖进口，这导致我国表型组平台研发被国外断供核心传感器的风险较大。在我国作物研究及育种研究中特许的表型组关键传感器包括：可以支撑在育种场景下的高效、准确的表型数据测量传感器，尤其是能在高温、高湿、高光等大田环境下精准、稳定测量的高光谱、温度、CO_2、湿度、O_2、各类温室气体含量等的传感器，并发展细胞探针甚至柔性传感材料。

对策分析：开发具有我国独立知识产权的表型组平台，不仅要发展可获取数据的传感器、硬件平台，还要发展表型组平台所需的控制软件系统。开发的表型组平台应当兼顾地上及地下表型、室内与室外表型、固定式与移动式表型、形态与生理表型、宏观与微观表型等不同类型及不同尺度的表型。

3.4 尚缺乏融合基因型和表型辅助育种操作所需的单株和群体选择的设备

充分利用田间表型数据、系统模型及基因组数据将成为未来作物育种的核心手段。目前，基于无人机多光谱测定的归一化植被指数（NDVI）、归一化红边指数（NDREI）已应用于小麦育种群体生长势的选择，特别是在非生物胁迫选择中更有价值。已有研究证实，基于田间表型鉴定机器人搭载平台测定的动态叶片色素变化、生物量更适用于群体产量选择。随着时间的推移，针对作物单株和群体的选择将逐步融入分子和人工智能表型鉴定技术，建立不同生态区优良作物单株和群体系统模型，设计出的理想株型、生理型特征及加工品质，将超越当前人工选择的表型性状，从而实现育种模式的更新换代。加强田间表型鉴定机械设备的研发，特别是行走式个体和群体表型鉴定设备的研发，将成为实现表型、基因型和模型设计融合的关键。

对策分析：构建不同作物的系统模型；基于系统模型，建立作物理想株型及理想生理型设计平台；建立基于表型组、基因组及系统模型的作物设计育种平台，能够利用表型组数据，结合模型设计确定的理想参数特征及基因型信息，实现对作物精准设计育种流程的自动化定制，从而支撑未来作物精准设计育种。

3.5 缺乏一个多生境、多维度、全生育期表型与基因型规模化精准鉴定平台

作物生长发育受制于自然环境，最终影响作物遗传潜力的表达。我国粮食主要产业分布于东北、西北、西南、华北、华南地区及黄淮海地区、长江中下游地区，各区域物候特征差异较大，种植的农作物存在差异，表型和基因型特征明显。作物表型研究设施是以粮食作物、经济作物、果蔬作物等为主要研究对象，针对国家生物种业的战略需求，应充分发挥主要粮食产区的自然与区划优势，建设多生境、多维一体的规模化、精准化和智能化作物表型与基因型鉴定设施，通过开放共享，实现基因规模化挖掘与品种高效创制的融合。大幅提升优异种质资源创制、重要基因挖掘、重大品种培育的自主创新能力，支撑民族种业发展，保障国家粮食安全。设施工程建设技术水平将达到规模化、智能化、精准化和信息化目标，整体科学研发水平达到国际一流，部分设施拟根据需要自主设计，通过技术融合，促进原始创新。

对策分析：建立多个种质资源多组学预测与全基因组选择等精准设计育种技术体系；形成服务于全国和"一带一路"沿线的涵盖小麦、水稻、玉米、棉花等作物表型与基因型的研究网络；建立作物基因型与表型数据库物联系统，向全国

输送育种材料的多层次、多源信息；培养新型育种科技人才，形成全面的促进优异种质创新和突破性新品种培育的支撑和服务能力。

4 未来战略构想

4.1 发展思路

构建中国表型组平台网络及技术体系，其包括：

（1）发展具有独立知识产权的适用于各类田间环境（包括极端环境）的表型组平台所需传感器，实现对各类环境参数（包括各类气体）、生理参数、形态参数等的全景式原位精确实时测量；

（2）发展各类表型数据分析整合算法，建立各类作物系统模型，搭建表型、模型整合软件平台，开发具有自主知识产权的工具软件和平台；

（3）建立国家作物表型组学研究设施；在东北、华北、华南、华东地区及新疆等不同地区及生态区，分别建立表型组平台设施，形成针对不同作物、不同生态区、不同功能的表型组平台网络；

（4）发展统一的表型组数据存储及管理标准，建成我国表型组大数据共享服务平台；

（5）建立我国基于表型组数据、系统模型及基因组信息的全新育种流程定制平台，加速我国育种技术走向精准设计育种。

4.2 发展目标

发展具有自主知识产权的完备的表型组传感器、硬件及软件模块，进而以武汉国家作物表型组学研究设施为中心，在东北、华北、华东、华南分别建立一系列国家表型组卫星平台，形成国家表型组研究网络、技术装备体系和服务模式，为我国主要作物在不同生态环境下的育种更新换代提供核心技术及平台支撑。

五年发展目标：

（1）突破"卡脖子"技术，加强具有我国自主知识产权的表型组平台所需的核心传感器及软件的研发，建设国家作物表型组学研究设施；

（2）建设表型组数据标准与规范，推动国内各研究机构的开放共享和协同创新；

（3）建立作物系统模型，并发展与表型组数据的结合算法，支持作物理想株型的设计；

（4）加快个性化定制的智能表型解析软件的研发，降低我国表型技术进口率。

十年发展目标：建成我国完整的、国际领先的表型组学平台硬件、软件模块研发体系，建立作物系统模型体系，建成表型组设施网络及技术、应用和服务体系，建设表型组学协同共享、互作激励机制，推进我国作物育种的智能化和数字化进程，为作物精准设计育种提供强有力支撑。

4.3 政策保障和建议

（1）建立有益于支撑表型组技术发展的知识产权的保障体系，有效突破单位之间的评价体系，促进学科交叉及学术合作，有效解决合作方之间的利益分配问题；针对表型组参与技术研发的硬件软件研发人员，如果在同一专利、文章中并列作者，在各类评估中应同等对待；如果表型组平台研发成为一个科学问题的研究论文的一部分，该表型组平台研究人员应该获得与科学问题研究人员等同的认可，并可以成为提升、奖励的有力支持材料。

（2）制定具有吸引力的政策，吸引高端人才开展合作交叉研究。在科技部及国家自然科学基金委员会等相关部委的项目中，将表型组学相关研究列为交叉学科，给予单独支持；成立我国植物表型组学研究的专业委员会，使国家自然科学基金委员会、科技部、教育部等都加强对该领域经费、会议的支持，鼓励部分科研人员开展表型组硬件及软件领域的研究。

（3）加强对具有自主知识产权表型组硬件技术研发的支持，降低我国表型硬件进口率；鼓励国内科研院所优先购置国产表型组设备，特别是在功能相似的情况下，应优先考虑本土研发的平台；对以表型组平台为核心业务的小微企业，在经费、税收等方面给予特殊政策支持。

（4）提升表型组学从业人员的社会认可度和待遇，促进表型组研究人才队伍建设，确保表型组学研发的长久良性发展；对表型组平台的运行及维护人员给予固定岗位支持；对表型组平台的运行及支持人员，其职称、待遇等与同级别研究人员相似，以确保其工作的积极性及稳定性，维持一支高水平的表型组平台的技术支撑队伍。

参 考 文 献

Anderegg J, Aasen H, Perich G, et al. 2021. Temporal trends in canopy temperature and greenness are potential indicators of late-season drought avoidance and functional stay-green in wheat. Field Crop Res, 274: 108311.

Baweja H S, Parhar T, Mirbod O, et al. 2018. StalkNet: a deep learning pipeline for high-throughput measurement of plant stalk count and stalk width. Field and Service Robotics, 5: 271-284.

Bi K, Niu Z, Xiao S, et al. 2021. Estimation of maize photosynthesis traits using hyperspectral LiDAR backscattered intensity. Remote Sens, 13(21): 4203.

Carvalho L C, Goncalves E F, da Silva J M, et al. 2021. Potential phenotyping methodologies to assess inter- and intravarietal variability and to select grapevine genotypes tolerant to abiotic stress. Front Plant Sci, 12: 718202.

Chang T G, Chang S, Song Q F, et al. 2019. Systems models, phenomics and genomics: three pillars for developing high-yielding photosynthetically efficient crops. In Silico Plants, 1(1): diy003.

Chivasa W, Mutanga O, Burgueno J. 2021. UAV-based high-throughput phenotyping to increase prediction and selection accuracy in maize varieties under artificial MSV inoculation. Comput Electro Agr, 184: 106128.

Faryad A, Aziz F, Tahir J, et al. 2021. Integration of OMICS technologies for crop improvement. Protein Pept Lett, 28(8): 896-908.

Feng L, Chen S S, Zhang C, et al. 2021. A comprehensive review on recent applications of unmanned aerial vehicle remote sensing with various sensors for high-throughput plant phenotyping. Comput Electro Agr, 182: 106033.

Fiorani F, Schurr U. 2013. Future scenarios for plant phenotyping. Annu Rev Plant Biol, 64: 267-291.

Fukano Y, Guo W, Aoki N, et al. 2021. GIS-based analysis for UAV-supported field experiments reveals soybean traits associated with rotational benefit. Front Plant Sci, 12: 637694.

Fullana-Pericas M, Conesa M A, Gago J, et al. 2022. High-throughput phenotyping of a large tomato collection under water deficit: Combining UAVs' remote sensing with conventional leaf-level physiologic and agronomic measurements. Agr Water Manage, 260: 107283.

Gano B, Dembele J S B, Ndour A, et al. 2021. Using UAV borne, multi-spectral imaging for the field phenotyping of shoot biomass, leaf area index and height of west African sorghum varieties under two contrasted water conditions. Agronomy, 11(5): 850.

Hickey L T, Hafeez A N, Robinson H, et al. 2019. Breeding crops to feed 10 billion. Nat Biotechnol, 37(7): 744-754.

Houle D, Govindaraju D R, Omholt S. 2010. Phenomics: the next challenge. Nat Rev Genet, 11(12): 855-866.

Jang G, Kim J, Yu J K, et al. 2020. Review: cost-effective Unmanned Aerial Vehicle (UAV) platform for field plant breeding application. Remote Sens, 12(6): 998.

Jayasinghe C, Badenhorst P, Jacobs J, et al. 2021. Image-based high-throughput phenotyping for the estimation of persistence of perennial ryegrass (*Lolium perenne* L.): a review. Grass Forage Sci, 73(3): 321-339.

Kaur B, Sandhu K, Muqaddasi Q, et al. 2021. Omics for the improvement of abiotic, biotic, and agronomic traits in major cereal crops: applications, challenges, and prospects. Plants, 10(10): 1989.

Kim S L, Kim N, Lee H, et al. 2020. High-throughput phenotyping platform for analyzing drought tolerance in rice. Planta, 252(3): 38.

Kumagai E, Burroughs C H, Pederson T L, et al. 2022. Predicting biochemical acclimation of leaf photosynthesis in soybean under in-field canopy warming using hyperspectral reflectance. Plant Cell Environ, 45(1): 80-94.

Liang T, Duan B, Luo X, et al. 2021. Identification of high nitrogen use efficiency phenotype in rice (*Oryza sativa* L.) through entire growth duration by unmanned aerial vehicle multispectral imagery. Front Plant Sci, 12: 740414.

Liu J, Wang X. 2020. Tomato diseases and pests detection based on improved Yolo V3 convolutional neural network. Front Plant Sci, 11: 898.

Mi Z, Zhang X, Su J, et al. 2020. Wheat stripe rust grading by deep learning with attention mechanism and images from mobile devices. Front Plant Sci, 11: 558126.

Montesinos-López O A, Montesinos-López A, Tuberosa R, et al. 2019. Multi-trait, multi-environment genomic prediction of durum wheat with genomic best linear unbiased predictor and deep learning methods. Front Plant Sci, 10: 1311.

Sadeghi-Tehran P, Virlet N, Ampe E M, et al. 2019. *DeepCount*: in-field automatic quantification of wheat spikes using simple linear iterative clustering and deep convolutional neural networks. Front Plant Sci, 10: 1176.

Sakoda K, Watanabe T, Sukemura S, et al. 2019. Genetic diversity in stomatal density among soybeans elucidated using high-throughput technique based on an algorithm for object detection. Scientific Reports, 9(1): 7610.

Seethepalli A, Dhakal K, Griffiths M, et al. 2021. RhizoVision Explorer: open-source software for root image analysis and measurement standardization. AoB Plants, 13(6): plab056.

Shen Y, Zhou G, Liang C, et al. 2022. Omics-based interdisciplinary is accelerating plant breeding. Curr Opin Plant Biol, 66: 102167.

Tardieu F, Cabrera-Bosquet L, Pridmore T, et al. 2017. Plant phenomics, from sensors to knowledge. Curr Biol, 27(15): R770-R783.

Yang M, Cho S I. 2021. High-resolution 3D crop reconstruction and automatic analysis of phenotyping index using machine learning. Agriculture, 11(10): 1010.

Yang W, Feng H, Zhang X, et al. 2020. Crop phenomics and high-throughput phenotyping: past decades, current challenges, and future perspectives. Mol Plant, 13(2): 187-214.

Yang Y, Saand M A, Huang L, et al. 2021. Applications of multi-omics technologies for crop improvement. Front Plant Sci, 12: 563953.

Yi J, Krusenbaum L, Unger P, et al. 2020. Deep learning for non-invasive diagnosis of nutrient deficiencies in sugar beet using RGB images. Sensors (Basel), 20(20): 5893.

Zhang J, Min A, Steffenson B J, et al. 2022. Wheat-Net: an automatic dense wheat spike segmentation method based on an optimized hybrid task cascade model. Front Plant Sci, 13: 834938.

Zhao C, Zhang Y, Du J, et al. 2019. Crop phenomics: current status and perspectives. Front Plant Sci, 10: 714.

专题六　育种工业技术

张保才[1*]　贺　飞[2]　陆　平[2]　张　漫[3]　何　勇[4]　赵春江[5]

1. 中国科学院遗传与发育生物学研究所基因组生物学研究中心，
北京，100101
2. 中国科学院遗传与发育生物学研究所分子农业生物学研究中心，
北京，100101
3. 中国农业大学信息与电气工程学院，北京，100083
4. 浙江大学生物系统工程与食品科学学院，杭州，310058
5. 国家农业信息化工程技术研究中心，北京，100097
*联系人 E-mail：bczhang@genetics.ac.cn

摘　　要

作物生长环境的精准人工控制对未来作物品种精准设计和适应未来气候变化与极端气象的新品种培育至关重要。先进的现代工业技术，包括人工照明、自动化控制及相关智能设施与先进装备等，正融入作物育种过程，实现对光温水气肥等环境要素的精准控制。支撑人工可控环境条件下的作物品种培育的现代工业技术可被统称为育种工业技术。**植物工厂育种技术为作物品种培育赋予了工业化优势，而新兴快速育种技术体现了先进工程技术的加速度优势**，因而两者成为具有代表性的前沿育种工业技术，是未来作物种业突破自然限制、实现精准高效的核心支撑技术。植物工厂研究及其在作物育种中的应用在过去十年明显快速增长，研究主题从传统的蔬菜作物及其光质响应与品质性状向经济作物和药用作物等高附加值品种扩展，但研究论文发表量与专利申请量均很低，技术成熟度仍有待提高。新兴快速育种技术策略于2018年推出，因其应用范围广泛、兼容性强，得到极大关注，这开启了育种加速度新时期。我国育种工业技术虽然历史上起步较晚，但近年来取得了长足进展，与领先国家的差距逐渐缩小。然而，人工环境的稳定可控优势同时也引发了作物品种性状表现与传统田间种植环境下的巨大差异，对作物可塑性生长研究提出了挑战、提供了机遇。鉴于育种工业技术依赖昂贵的人工设施与装备及我国研究力量现状，有必要完善作物育种工业技术发展规划，加强相应配套政策和项目资助体系，支撑我国育种工业技术跨越式发展。

1 背景与需求分析

1.1 育种工业技术的定义

育种工业技术是支撑人工可控环境条件下的作物品种培育的相关现代化工业技术的总称。作物品种的表现由品种基因型和种植环境共同决定，因而作物绿色高效生长需要的恰当环境因素，主要包括光照、温度、水分、空气（二氧化碳和氧气）、矿质营养元素及土壤和部分生物因子，但是农田自然气候变化多端，极端气象频发，使得传统田间育种技术难以保障新时期精准分子设计品种培育。要实现对作物生长环境条件的人工控制，特别是对光温水气肥等要素的精准控制，需要先进的现代工业技术，包括人工照明、自动化控制及相关智能设施与装备等，即育种工业技术。种质基因型/基因组的表型控制力在受控的环境条件下才可被精准检验，种质优异表现的遗传基础的准确解析同样需要在可控的环境条件下完成。因此，育种工业技术利用现代化设施与装备技术提供对环境条件的精准人工控制，对于培育精准设计作物品种和适应未来气候变化与极端气象的新品种至关重要。

1.2 育种工业技术在作物种业科技创新中的地位、战略需求和形势分析

育种工业技术是由现代化工业技术融入作物育种过程并为作物生物育种赋能的前沿工程技术，是农业现代化时期作物育种技术发展的重要方向。育种工业技术以现代化工业控制技术为核心特征，以育种实践应用为主要目的，以交叉融合为显著特点。而且育种工业技术可与基因型改造相关的生物学技术交叉、与新兴表型组学交叉，有望实现对品种基因型、表现力（生产力）与适配环境条件三要素的精准解读与人工设计。而且在2022年全国两会期间，习近平总书记指出要"树立大食物观""向设施农业要食物"，育种工业技术在传统农田作物育种和未来设施农业作物品种培育中将发挥关键性作用。

育种工业技术的形成经历了上百年的长久演化历史。随着LED人工照明、自动化技术、人工智能技术等先进工业技术的成熟并应用于作物种植，育种技术内涵愈加丰富、外延更为广泛。而且近年来，各类测控装备与技术也愈加精准化与智能化，支持育种的装备技术也发展迅速，新型传感器和智能化机器等高效精准先进装备技术已经逐渐成为支持育种的关键装备技术，并已经形成育种工厂、加速器等新型集成式装备技术。当前育种工业技术的前沿发展趋势主要包括植物工厂育种技术和快速育种技术等。

1.2.1　植物工厂为作物生产与品种培育赋予工业化优势

植物工厂设施内作物育种和生产可脱离自然生态的固有束缚。植物工厂可为作物生长提供"按需设定""量身定制"的人工环境条件，使作物植株生长发育不受或很少受变化莫测的自然条件和恶劣区域的环境制约，不再像大田种植那样主要"看天吃饭""因土下种"。在未来作物新品种培育上，植物工厂育种可以利用人工设施优势，克服传统田间育种方法因依赖当地自然气候气象条件存在种质性状表现重复性和准确性较差的天然缺陷，全面保证作物品种的精准设计，而且**在应对不同于当地当前气候条件的未来气候变化和偶发性气象灾害等方面具有无可比拟的优势**。而且植物工厂作为未来设施农业的高级形式，具有对作物品种培育和种植产生变革性影响的潜力。

植物工厂可通过垂直栽培、循环利用、设备自动化等工业技术优势实现超高产，同时节水、节肥、省工。植物工厂因应用大量工业技术，具备很多工业化优点。可利用无土栽培和垂直多层种植等模式，成倍提高空间利用率、突破水土资源瓶颈限制。通过营养液等水肥循环利用可节约用水用肥，据统计可节水超过90%。而且通过设施设备自动化和智能化不仅可提高生产效率，还可节约人力。**植物工厂可产出高品质无污染绿色有机产品。**相比于传统农田生产，植物工厂人工环境下作物生长免受逆境胁迫和病虫害侵害，因而无须农药施用，更无重金属污染风险，所以可以生产出绿色有机的高品质产品。实际上，经过40多年的方案探索和积累，植物工厂已经发展出一些成功的叶菜作物商业化生产模式。近年来正逐渐扩展到经济作物、药用作物等高附加值作物，研究主题也相应地由设施建造逐渐向专用品种培育和性状优化等方向转变。人工照明成本居高不下，导致植物工厂建造与运行成本高昂，限制了植物工厂应用于主要作物品种的培育与生产。目前植物工厂育种发展仍处于产业"爬坡"阶段，但LED人工照明的革命性规模化应用为植物工厂育种提供了新机遇。

1.2.2　新兴快速育种技术体现了育种工业技术的加速度优势

分子设计育种时代的新品种培育需要组合或聚合更多的新优异基因，这意味着育成优异新品种所需要的培育世代数也更多。但是传统田间育种技术每年仅能种植一两代，通常培育每个新品种需要8～10年，远长于通常的品种更迭周期（约5年左右）。因此，迫切需要加快育种周期的新技术破解传统作物育种时间周期长的瓶颈。受太空作物选育工作的启发，2018年澳大利亚和英国科学家提出了可缩短作物生长周期而较少影响主要产量、环境适应性和抗性性状呈现的"快速育种"的技术策略。所提出的"快速育种"技术策略利用LED人工光源和长达22h的光照周期等人工设施与措施优化光合作用性能，促进作物快速生长与成熟，加快作物育种传代周期时间，在大麦、油菜、鹰嘴豆和豌豆等作物上**实现种子到种子繁殖最快可达一年 6 代**。短短 4 年间快速育种技术已经在 20 多个国家得到关注与应用，这些国家陆续研发出的快速育种的作物种类已经扩大到全球种植面积靠前的小麦、水稻、大豆、大麦、油菜等主要作物，以及鹰嘴豆、苋菜、啤酒花等特色经济作物。我国科学家在油菜、小麦及大豆的快速育种方面也取得了新进展。**快速育种技术可极大地缩短很多类型作物育种材料的传代时间，达到一年五六代**，从而使育种家可以在育种中快速追踪高产、抗性、环境适应性等相关优异基因的渗透与聚合和性状的改良效果，使得品种育成周期小于品种更迭周期的颠覆性转变成为可能。而且，快速育种策略可与其他生物技术良好兼容，可促进作物基因编辑改良、快速基因组选择、先锋植物驯化等生物技术育种的高效应用，还可为表型组技术和智能育种提供更快、更好的训练集和表型分析支持。在转基因育种受政府政策限制的时期和区域，快速育种支持的基因聚合与渗透仍将是分子设计育种依赖的重要手段。此外，快速育种适用于小到桌面培养箱、大至巨型植物工厂等规模的各类人工设施。因而，快速育种技术一经推出就得到极大关注，**有望在未来 5～10 年产生"Speed+"变革性影响**，极大地促进育种工业技术的发展和种业创新。

2 发展态势分析

2.1 育种工业技术演化与发展历程

工业技术发展使人们对植物生长规律的认识发生革新并催生了育种工业技术。植物学家很早就开始探索人工环境与措施调节植物生长发育。自 19 世纪电灯照明发明以来，植物学家发现植物在人工光照（artificial lighting）下也可以生长，并陆续观察了在特定光照强度和时长下植物的生长变化。在 20 世纪初（约 1920 年）就开始出现以温度和光周期补偿为主要功能的温室（greenhouse）技术，并逐渐发展，至今仍得到广泛应用。育种家也同时开始利用温室进行育种研究工作，如利用温室进行燕麦秆锈病抗性的鉴定（Griffer，1922）。随着实用的荧光灯照明技术在 1938 年商业化并快速进步成熟，更为复杂的人工照明和环境控制的人工气候室（phytotron）在 20 世纪中期（60 年代）逐渐出现，既有多用途通用的，也有针对特定植物定制的，其中澳大利亚国家级人工气候室以罗马神话中的丰收女神克瑞斯"Ceres"命名（Evans，1962）。植物学家利用人工气候室研究环境因子如何与基因型互作影响植物生长发育，并提出了植物生长可塑性理论（Sultan，1995）。育种家也积极利用人工气候室或小型化人工气候培养箱开展品种选育与适应性研究（Banga and Van Bennekom，1962），如高温败育相关研究。在 20 世纪下半叶，欧洲和日本率先研发了全人工光植物工厂（plant factory），并在叶菜种植方面取得了显著成效（表 1）。随着高效半导体照明 LED 技术的发明和应用，植物工厂开始应用于果蔬作物及药用作物的商业生产及作物育种。但植物工厂高昂的建造与运行成本限制了其育种应用范围。近年来，利用人工设施与先进装备加速植物生长、缩短世代周期成为重要的研究方向，并迅速崛起。受太空作物选育工作启发，澳大利亚和英国科学家提出了快速育种策略（Watson et al.，2018），利用 LED 人工光源和长达 22h 的光照周期优化光合作用性能，促进作物快速生长与成熟，加快作物育种传代周期时间，如在一年内传代小麦育种材料 6 次，在不到两年时间内完成 4 个基因聚合（表 1）。快速育种技术可极大地缩短育种材料传代时间，使育种家可以在多类作物育种中快速追踪高产、抗性、环境适应性等相关优异基因的改良，而且适用于从小型桌面培养箱到巨型植物工厂等众多种类人工设施。快速育种技术因此得到极大关注，被澳大利亚、美国、日本、印度、中国等 20 多个国家或地区育种家采纳并研发优化，促进了育种工业技术的快速发展。

表 1　育种工业技术的演化与特点比较

技术进程	核心技术	年世代数	优势	局限性
快速育种 （2018 年至今）	人工照明 超长光周期 种子干预	5～6 代	每年数代加速度 兼容表型选择 规模可调	作物种类适用性差异 表型适用性差异 技术成熟度低
植物工厂 （1980 年至今）	人工照明 温度、水分、气体、 营养液等设定	2～3 代	全要素控制 无污染病害 生产力高	设施建造与运行成本高昂 专用品种欠缺
人工气候室/箱 （1960 年至今）	人工照明 温度、湿度设定	2～3 代	全年种植 气候条件稳定且可人工设定	成本高昂 与田间种植表现一致性差
温室 （1900 年至今）	温度与光周期补偿	2～3 代	冬季种植	依赖温室设施 生产力较差
异地种植 （对照）	利用异地特殊光热等 自然条件	2～3 代	可利用非生长季加代和筛选	区域限制
农田种植 （对照）	正常生长季	1 代	性价比高 性状再现性较好	—

育种工业技术利用先进的现代工业技术进行育种实践，其关键科学依据是植物向性生长与生长可塑性。植物虽然固着生长，但植株个体发育主要依靠胚后器官发生和形态建成，不同于动物以胚胎发育期形态建成为主的生长方式。具体而言，植物从种子萌发启动新个体发育开始，持续响应光照、温度、水分、营养元素及生物与非生物胁迫等环境条件调整内在发育程式，进行新器官发生和植株塑形及生殖，其中典型的有春化作用和光周期效应。而且植物的生产力主要来自光合作用固定二氧化碳，同时植物还消耗同化物进行呼吸作用。植物在一定的光照强度范围内，光合作用随光照强度的增高而增加，但光照超过物种特异的光饱和点后光合作用便不再增加而是保持在特定的水平，甚至过高光照强度还会产生光损伤。通常粮食作物的光饱和点高于蔬菜作物的。另外，光照强度低于光补偿点

时，植物呼吸作用则强过光合作用，丧失生产力。植物生长发育同样需要适宜温度，且具有明显的物种特异性和发育期特异性，通常称为三基点温度：最低温度、最适温度、最高温度。小于最低温度或大于最高温度则植物生长发育停止，甚至死亡。光质、光照时长和湿度等环境条件同样影响植物昼夜节律、营养生长期、生殖期、生长速率等生长习性，而且环境条件的效应相互联系，复杂耦合。由此可见，作物品种表现的生物控制规律精准解析需要可复制的人工控制环境，适应复杂气候品种的培育同样需要特定的人工控制环境，这些都依赖于先进设施与装备支持的育种工业技术来实现。

2.2 植物工厂育种的全球发展态势呈现稳步突破

2.2.1 植物工厂研究在过去十年明显快速增长

近 4 年植物工厂相关的年均论文发表量和专利申请量均大幅提升，达到了 2011 年相应数量的 4 倍；植物工厂育种研究的论文发表量与专利申请量表现出类似的趋势，但数量远小于植物工厂本身的研究。特别是近 10 年来，植物工厂市场规模屡创新高，2021 年达到千亿美元，同时大量植物工厂创新企业涌现，且世界排名靠前。值得注意的是，植物工厂相关研究的增长趋势与半导体照明 LED 的市场渗透率增长趋势表现出相似性，近 10 年正好是全球 LED 照明市场渗透率从 15% 提升到 60% 的产业高增长期。而人工照明正是植物工厂成本负担的大项，占比可达 30%。目前产业化高功率白光 LED 光效超过 180 lm/W，是传统白炽灯（10 lm/W）的 18 倍、荧光灯（60 lm/W）的 3 倍；而且据统计，一颗相当于 60W 传统白炽灯亮度的 LED 灯泡的价格在 2011 年高达 45～50 美元，到了 2019 年已经下降至 7 美元，渐渐逼近传统节能灯的价格。人工照明设备光效提升且成本大幅下降是过去 10 年植物工厂规模与研究快速增加的主要原因之一，但是人工照明光效瓶颈与成本高昂仍是植物育种工厂技术大规模应用的主要障碍之一，有待未来照明产业的升级支持。

2.2.2 植物工厂育种研究论文发表量与专利申请量均很低

植物工厂育种研究论文相比于植物工厂或其他生物育种技术的相关论文在每年发表数量上都比较低，而且论文发表量少于专利申请量。究其原因发现企业界在植物工厂建造与运营上参与度均高于研究机构，但企业界对植物工厂的研究偏好于控制条件优化等运营及商业化方面，对于传统机构研究偏好的论文发表和专利申请则积极性不高（图 1）。另外，植物工厂育种研究仍局限于在少数国家针对少数作物，鲜有应用于育种研究最多的主粮作物，技术成熟度仍有待提高。对相关专利申请进行分析发现，其内容主要以设计建造为主，符合现阶段植物工厂育种研究仍以技术成熟度较低的设计建造为主的特征。

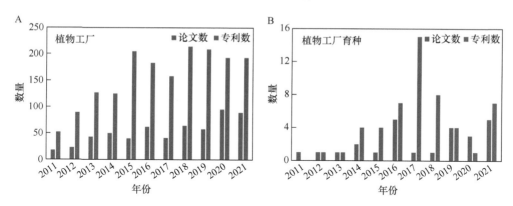

图 1 植物工厂育种相关论文和专利发表量统计（彩图请扫封底二维码）

2.2.3 植物工厂育种研究以蔬菜作物及其光质响应与品质性状为主，近 5 年向经济作物和药用作物等高附加值品种扩展

对近 10 年发表的植物工厂育种研究相关论文所涉及的主要物种进行统计发现，生菜和番茄为主要研究物种，其次是花卉作物，还有烟草和药用作物（表2）。这样的作物种类分布显著不同于传统设施育种以麦类、水稻等粮食作物为主和以大豆、棉花等经济作物为辅的分布。相应地，植物工厂育种研究关注的主要性状为光质响应和作物品质调控，其次是开花调控与药用重组蛋白表达调控等特殊性状，这种分布明显区别于田间育种以产量与品质性状为主、传统人工气候设施育种以耐热、耐冷、抗病等逆境响应为主及水稻特色的光温敏不育性研究的分布特征。值得一提的是，受 LED 照明利好影响，近年来创新企业建造植物工厂的规模迅速扩张，并在部分蔬菜作物和经济作物及药用作物上探索出可盈利的商业化模式。但是这些创新企业在专用品种选育上基本以自育自用为主，公众开放度较低，也鲜有相关论文发表。

表 2 植物工厂育种与传统人工气候室育种相关论文分类统计比较

植物工厂育种				人工气候室育种			
主要物种	物种排名	研究主题	性状排名	主要物种	物种排名	主要性状	性状排名
生菜（7）	1	光质（6）	1	水稻（30）	1	耐热（18）	1
番茄（4）	2	品质（4）	2	麦类（16）	2	耐冷（17）	2
花卉（3）	3	开花（3）	3	番茄（6）	3	高二氧化碳响应（7）	3
烟草（2）	4	重组蛋白（3）	4	大豆（5）	4	光温敏不育（6）	4
药用作物（2）	4	烧尖抗性（2）	5	玉米（4）	5	开花期（6）	4
		昆虫信息素（2）	5	棉花（4）	5	抗病（6）	4

2.2.4 植物工厂育种发展国别差异悬殊，我国已经接近日本等领先国家

根据检索到的有限的植物工厂育种研究论文进行统计分析发现，日本、中国和韩国在研究论文发表量上排名靠前，多于其他国家（表3）。日本于1983年建成首个生产用人工光植物工厂，目前已经拥有至少386座植物工厂，为世界之最。韩国植物工厂近5年来市场规模翻番，超过了3亿美元。中国已成为近年来世界上植物工厂发展最快的国家，目前已有各类规模的植物工厂超过220座。与之相对应的是，我国植物工厂育种研究论文在近10年的发表量已经与日本和韩国相当。但在研究主题上，我国研究人员仍侧重种植作物的光质适配研究，而日本与韩国研究人员更侧重于专用品种的品质提升与性状优化研究，这表明我国植物工厂育种研究在技术成熟度上与领先国家仍有差距。在研究物种上，日本侧重于蔬菜品种生菜和番茄，韩国侧重于生菜和花卉作物，而我国以蔬菜和药用作物为主。这与日韩两国人多地少的国情相关，日本人均耕地面积仅为世界平均水平的18%，且日韩地处较高纬度地区存在冬春季蔬菜供应难题。而我国幅员辽阔，纬度跨度大，"南菜北运"和温室大棚设施蔬菜等"菜篮子"工程保障了冬春季蔬菜供应安全，因而市场需求有别于日韩。

表3 植物工厂育种相关论文检索与统计

植物工厂育种		人工气候室育种	
主要国家	国家排名	主要国家	国家排名
日本（7）	1	中国（33）	1
中国（7）	1	印度（10）	2
韩国（6）	3	匈牙利（8）	3
意大利（2）	4	挪威（6）	4
瑞典（2）	4	日本（5）	5
		韩国（5）	5

美国植物工厂育种发展则不同于中日韩，由植物工厂创新企业主导。尽管可检索到的美国研究人员发表的关于植物工厂育种的论文稀少，但是过去10年美国涌现出大量植物工厂创新企业。据统计，当前世界排名前十的植物工厂创新企业中，多数在过去10年建立，其中美国企业有5家，而我国只有一家植物工厂创新企业跻身世界前十（表4）。欧美国家植物工厂企业多为跨国运营，建造的植物工厂智能化程度高，但是欧美以业界为主的植物工厂育种鲜少发表相关研究论文，开放性较亚洲国家低。

表 4 当前世界排名靠前的植物工厂创新企业基本情况

创新企业	国家	技术特点及特色	成立年份
AeroFarms	美国	绿叶蔬菜、番茄等 550 多种蔬菜 气培法	2004
AppHarvest	美国	番茄 AI 农场	2017
Bowery Farming	美国	绿叶蔬菜 垂直农场	2015
BrightFarms	美国	沙拉蔬菜	2011
Kalera	美国	绿叶蔬菜 物联网管理	2010
Infarm	德国	沙拉蔬菜、香草、蘑菇等 65 种	2013
LettUs Grow	英国	绿叶蔬菜、微型蔬菜和幼叶沙拉等 30 种 集装箱式	2015
PlantLab	荷兰	番茄、黄瓜、辣椒、生菜等	2010
中科三安	中国	蔬菜、食用花卉、金线莲、果树、茶叶等	2015
Spread	日本	叶菜类	2011

2.3 快速育种发展态势呈现陡然崛起

2.3.1 快速育种（speed breeding）技术策略于 2018 年推出，开启育种加速度新时期

受太空作物选育工作启发，澳大利亚和英国科学家提出快速育种策略（Watson et al.，2018），在大麦和小麦等作物实现 1 年内从种子到种子传代高达 6 次。原创论文发表刚 4 年即获得来自 60 多个国家超过 300 次的引用。4 年来快速育种相关研究论文两次年际翻番（图 2）。截至 2022 年 3 月，陆续报道了研发出相应快速育种技术策略的作物已超过 16 种，包括大麦、鹰嘴豆、豌豆、油菜、小扁豆、小麦、燕麦、甘蓝、山鰵豆、藜麦、短柄草、啤酒花、水稻、木豆、苋菜、蚕豆。

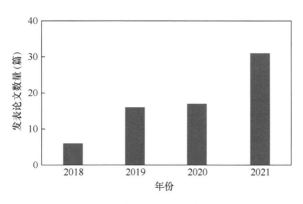

图 2 快速育种技术相关研究论文统计

世界种植面积前五的作物中小麦、水稻、大豆、大麦均获得了相应的快速育种技术方案，仅高大作物玉米还没有快速育种相关论文报道。

2.3.2 快速育种技术利用人工设计环境条件主动全面干预、加速作物从种子到种子的各个生长期

育种家早期主要利用异地自然条件和温室、人工气候室等人工设施模拟作物正常生长季气候条件培养育种材料，来增加每年种植世代数。快速育种不再只是简单模拟天然光周期（10～16h 日照）等自然条件，而是主动人工设计环境加速作物生长，缩短生育期，从而超越其常规生长速度（Watson et al.，2018）。采用超长光周期的恒定人工照明是快速育种的变革性特点，即给予 22h 恒定强光照和 2h 黑暗的光周期条件在保证植株发育正常的情况下最大限度地促进光合作用和生长发育。快速育种充分利用了现代植物学成就，利用恰当的工业技术手段干预种子休眠、春化作物、光合作用、授粉受精、种子成熟等各个生长过程（图 3），在生长过程基本完整的情况下实现 60 多天内从种子到种子，即一年 5～6 代（Ghosh et al.，2018；Hickey et al.，2019）。

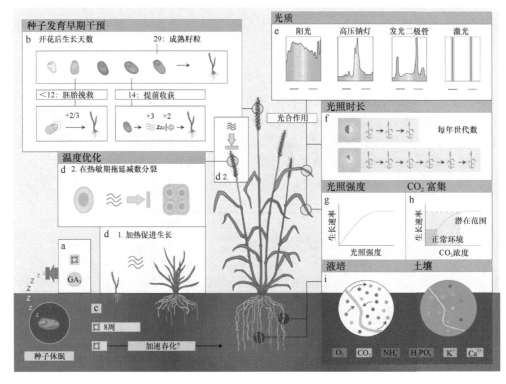

图 3　快速育种技术原理示意图（改自 Hickey et al.，2019）（彩图请扫封底二维码）

2.3.3　快速育种多数情况下不影响基因变异表型显现和抗病性遗传，可同时进行表型鉴定与筛选

据报道，快速育种世代中由于生长时间缩短，植株生物量大幅减少，但在小麦实验中每穗籽粒产量下降较少。而且测试的多个基因变异表型和抗病反应与预期表现一致，目前完成测试的性状有芒性状、株高、镰刀菌冠腐病抗性、白霜性状、网斑病抗性、初生根角度和数量、叶锈病抗性、耐盐性、丝霉根腐病抗性等。尽管更多的表型性状有待测试，这样的表现意味着在快速育种世代繁殖的同时可较好地进行表型鉴定和筛选，而不仅仅只是基因型分析。

2.3.4　快速育种策略应用范围广泛、兼容性强

快速育种策略应用的作物种类不仅已拓展到了全球种植面积靠前的小麦、水稻、大豆、大麦、油菜，还在鹰嘴豆、苋菜、啤酒花等特色经济作物中获得良好效果（Hickey et al.，2019）。而且快速育种策略灵活可调，适用于从桌面培养箱到植物工厂等各类规模的人工设施，还可以在特定世代进行田间种植和生产测验，可以与田间育种在世代间无缝衔接。快速育种可与其他先进现代育种技术如高通量基因型鉴定、基因组选择、基因编辑和表型组学技术相结合，助力智能育种和作物人工驯化，孕育产生新的作物育种范式。

2.3.5　快速育种已在 20 多个国家得到关注与应用

自 2018 年快速育种原创论文发表以来，快速育种因其良好的效果与广泛的兼容性，短短几年就在 20 多个国家或地区得到关注和实施，进展较快的国家主要有澳大利亚、英国、印度、美国、中国等（表 5）。我国科学家在 2022 年发表了油菜和小麦快速育种技术的中国方案（Song et al.，2022），测试效果与国际一流水平相近。

表 5　作物快速育种技术的发展情况（改自 Hickey et al.，2019）

作物种类	面积（×$10^6 hm^2$）	排名	正常周期（天）	光周期	快速育种周期（天）
小麦	220	1	113～230	长日照	66（澳大利亚和英国，2018） 67（印度，2021） 75（中国，2022）
玉米	188	2	100～120	短日照	—
水稻	156	3	113	短日照	80（日本，2018）
大豆	122	4	102～132	短日照	70（日本，2019） 77（德国，2020） 63（美国，2021）
大麦	47	5	110	长日照	63（澳大利亚和英国，2018）
油菜	34	7	123	长日照	98（澳大利亚，2018） 67（中国，2022）
鹰嘴豆	10	—	115	长日照	82（澳大利亚和英国，2018） 50～61（印度，2020）

2.4 我国育种工业技术取得长足进展，与领先国家差距缩小

2.4.1 我国育种工业技术在历史上起步较晚

我国在植物人工气候室方面起步晚于领先国家 20 年，但是到当前已经取得数量优势与部分研究领域优势。1949 年，美国著名科学家温特教授在加利福尼亚主持建造了世界上第一座植物人工气候室。20 年后，中国科学院在 1969 年建成了我国首座大型植物人工气候室。而在 20 世纪 80 年代，日本率先研发了全人工光植物工厂。30 年后，我国首个科学研究型的植物工厂于 2009 年研发成功，并投入运行。澳大利亚和英国科学家依靠深厚的历史积累在 2018 年率先提出了快速育种技术策略，并在大麦等多个农作物上成功实施，育成小麦品种"DS Faraday"。我国在 2022 年发表了两种主要作物的高效快速育种技术方案。可见，我国在育种工业技术发展中起步晚于领先国家。

2.4.2 我国育种工业技术取得长足进展

近年来我国在人工气候室等相关育种论文发表量上已取得领先，特别是在水稻光温敏不育等育种应用领域取得了世界领先水平。在植物工厂领域，我国已成为近年来世界上植物工厂发展最快的国家，近 10 年在植物工厂育种相关论文发表量上接近原来领先的日本和韩国，呈现并驾齐驱的态势，且我国植物工厂专利申请更为积极，但该领域仍普遍缺少核心专利。我国目前已有一家植物工厂创新企业跻身世界植物工厂企业规模前十。快速育种推出不久，我国即于 2022 年在小麦和油菜主要作物上实现高效快速育种技术方案。由此可见，我国育种工业技术进步明显，与领先国家差距全面缩小，部分育种工业技术应用领域已占领先机。

2.4.3 我国育种工业技术发展因国情而特殊

我国主粮和蔬菜消费需求与欧美及日韩等差别明显，而且我国幅员辽阔，南北跨越 50 个纬度左右，粮食和蔬菜供给模式具有特色。我国在主粮作物水稻育种研究上已经处于世界领先水平，但在玉米和大豆等经济作物育种上仍与领先国家有差距。快速育种技术兴起为弥补大豆和玉米现代育种起步晚等历史问题、缩小与领先国家间差距提供了历史性机遇。

在 2022 年全国两会期间，习近平总书记强调要"树立大食物观""向设施农业要食物"。我国设施农业面积已占全球总面积的 80% 以上，在保障果蔬供应方面贡献巨大。我国政府高度重视蔬菜供给安全，实施"菜篮子"市长负责制，并已经形成高度集中的蔬菜生产基地，目前 7 个"南菜北运"大省和 6 个温室大棚设施蔬菜重点省的布局缓解了冬春季蔬菜供应难题。我国在植物工厂育种研究上的体现是更侧重于高品质有机蔬菜的研究，不同于日韩以日常蔬菜为主。而且，特

色药用植物的植物工厂育种与生产是我国中草药优良传统与巨大市场需求的体现。此外，国内已有应用植物工厂选育水稻种质的新闻报道。但是我国大中城市蔬菜自给率（不足30%）低下的问题仍较为突出，在应对突发事件的供给保障上存在较大风险，近年来多次出现菜比肉贵的短期供应困难事件。因而，有必要加强我国植物工厂育种基础研究，以充分利用植物工厂集约生产优势和发展机遇，前瞻性地研发主要作物培育新模式，完善蔬菜育种和生产模式。

3 瓶颈对策分析

3.1 作物品种复杂性状在人工环境与田间表现差异产生转化难题

无论是植物工厂还是快速育种，应用的人工环境通常稳定一致，与传统农田复杂环境反差巨大，致使两种条件下同一种质的性状表现出显著差异，既有快速育种期望的生长期缩短表型和一致抗性，也有产量和品质性状的复杂变化。而且对作物品种复杂性状调控机理的认识仍不全面，导致基于人工环境表现直接预估田间表现仍存在较大困难。此外，环境条件触发植物遗传印记的规律和机制仍不清楚，环境条件转换对品种表现的影响尚难以全面掌握。因而，育种工业技术应用目前仍需充分考虑抗性、产量、品质等改良目标表型的适用性。在品种培育的部分世代结合传统田间育种可扬长避短，平衡育种速度与精准度、成本与效率。我国在利用人工气候室培育光温敏水稻不育系方面取得世界领先成就的经验值得借鉴。

另外，单一人工环境育种与田间作物品种需要适应多变气候间的矛盾，在作物设施专用品种培育上正好反转，可化劣势为优势。而且，设施作物专用品种在性状改良目标上与田间种植品种存在诸多差异（Folta，2019），需要给予足够重视（表6）。

表6 设施作物品种与传统田间品种的性状优先级差异

田间品种优良性状	设施品种优良性状	设施品种增益性状
产量	快速生长	新颜色与风味
抗病性	株型	诱导开花
收储品质	易收获	抑制开花
非生物胁迫抗性	高价值	营养控制
生物胁迫抗性	低成本	无污染
	低能耗	少病害风险
		单品种多表型

对策分析：针对品种性状在人工环境的差异表现，应深入研究作物品种基因

型与环境互作的生长可塑性机理及环境触发遗传印记的机制，解析人工设计环境调控作物生长发育的规律与分子机理，指导品种性状改良。优先集中在少量种业迫切需求的关键核心性状上形成突破，可形成良好的技术示范和引领带动效应。

3.2 育种研究团队大多难以负担育种工业技术依赖的设施建造与运行成本

我国作物育种以公益类研究机构为主，不同于欧美以跨国公司为主。我国育种研究团队目前大多依靠不连续的竞争性项目经费资助，独立负担高昂的人工设施建造与运行成本非常困难，因而目前参与度较低。虽然我国已经成为世界上植物工厂发展最快的国家，截至 2020 年底中国已有各类规模的植物工厂超过 220 座，但是绝大多数为企业自发投资，或零散自育自用，或全盘引进国外设备与品种。例如，京东建造的上万平方米植物工厂全套引用日本三菱的设备、技术与品种。**我国在育种工业技术发展方面尚未建立起育种研究与产业运营的良性循环。**

快速育种技术推出以来，我国仅个别研究团队在个别作物种类与品种上实现了快速育种的"中国方案"。考虑到我国作物育种极度依赖公益类研究机构，**急需支持研究机构建设支撑育种工业技术发展的大型开放式人工设施，促进育种研究团队尽快研发出主要作物种类的快速育种的"中国方案"，发挥"加速度（Speed+）"优势。**充分发挥种业科技公益类研究机构的创新源泉作用，才能保障打好种业"翻身仗"，掌握农业"芯片"即种子创造的核心技术与主导能力，避免产业空心化、空壳化，引导产业创新链健康良性发展。

日本政府曾对植物工厂建设直接补贴 50%以上，促成了日本植物工厂数量位居世界之最。韩国植物工厂技术起步较晚，但其政府将植物工厂列为韩国七大前沿技术之首并加以重点研发，对植物工厂建设补贴高达 6 成，同时汇集人才进行深入研究和模式创新。我国曾在"十二五"期间支持 863 计划项目"智能化植物工厂生产技术研究"，**但尚未建立能促进育种工业技术发展的完善资助体系。**考虑到植物工厂育种及相关技术已出现从当前优势明显的叶菜类作物向主要作物发展的趋势，而且受 LED 产业发展红利影响，在应对全球气候变化的未来作物品种升级中育种工业技术的作用潜力无限。此外，无论植物工厂育种还是快速育种技术，与其他生物育种技术间不是彼此替代或相互排斥，而是具有很好的融合性和乘数效应，但目前相互交叉融合程度仍比较低。

对策分析：鉴于育种工业技术依赖昂贵的人工设施和我国研究力量的现状，有必要完善我国作物育种工业技术发展规划，配套相应支持政策和项目资助体系；急需支持建设一批支撑育种工业技术发展的大型开放式人工设施，促进我国种业科技公益类研究机构发挥创新源泉作用，推动育种工业技术与前沿生物技术育种的交叉融合，带动育种工业技术跨越式发展与种业创新。

4 未来战略构想

4.1 发展思路

育种工业技术的核心在于促进生物技术育种效率的提高。快速发展的人工环境在新品种培育方面已经取得了一些显著成效，然而在系统性改造传统田间品种方面仍难以满足期望。育种工业技术的发展，一方面需要依赖前沿工业技术的突破和支持育种的高智能、低成本、精准高效智能化装备的创制与研发，另一方面需要充分理解人工环境下的作物生长规律及其分子机理。因此，作物品种的环境可塑性机理解析和环境触发的遗传印记形成机制的揭示，可为育种工业技术飞跃发展提供原创理论支持。基于理论规律开发育种工业技术的高效新模式又将有望引领育种工业技术应用的爆发性扩张。实现我国育种工业技术的跨越式发展，仍需要进一步加强相关资助体系的建设和政策配套，完善促进育种工业技术进步的创新环境。

4.2 发展目标

为支持作物育种工业技术健康发展，深入研究作物基因型与环境互作的生长可塑性机理，解析人工设计环境调控作物生长发育的规律与分子机理；按照"加速度（Speed+）"原则，研发适合我国水稻、小麦、大豆、玉米等主要作物和潜力先锋植物的快速育种技术；创新育种工业技术与生物技术育种交叉融合的新模式，创建作物分子设计育种前沿技术，创制适合机械化生产、优质高产的突破性新品种，培育适应未来气候或极端气候的"内（基因型）外（环境）兼修"的新型设计品种和先锋植物新种质，壮大我国作物种业，为农业供给侧结构性改革和种植结构优化提供技术支撑。

五年发展目标：研究主要作物种子休眠与成熟、春化作用、开花等生长习性的遗传基础和环境调控规律，揭示作物生长发育速度调控与生长可塑性的分子机理；研发适合我国水稻、小麦、大豆、玉米等主要作物品种的快速育种技术，不少于一年 4 个世代。建立培育适应未来或极端气候的作物品种的植物工厂育种技术体系，创制水稻、小麦、玉米等主要作物的突破性新品种或品系。构建植物工厂和快速育种策略培育潜力先锋植物和驯化新作物的前沿技术体系。

十年发展目标：解析人工设计环境调控作物生长发育的规律与分子机制，探索环境触发遗传印记的调控机制，揭示作物可塑性生长机理；研发适合我国水稻、小麦、玉米等主要作物品种的快速育种技术 2.0 版本，不少于一年 6 个世代，达到新品种育成周期少于 5 年；发展支持育种的装备技术，建立利用人工设计环境培育主要作物良种和先锋植物新种质的完善技术体系与人才队伍；研发育种工业技术新模式，结合人工驯化与品种设计，建立适合未来气候和绿色生产的未来作物创制技术体系，构建未来作物种质库。

4.3 政策保障和建议

4.3.1 大力支持作物生长可塑性机理研究，支持研发作物快速育种的"中国方案"，护航作物生物育种

作物快速育种技术为新品种培育带来了前所未有的"加速度"，又恰逢作物基因组学研究爆发和分子设计育种渐趋成熟，基于生长可塑性的快速育种技术打破了传统作物品种培育周期规律，将使品种育成周期短于品种换代周期，颠覆作物新品种培育格局。建议大力支持快速育种依据的作物生长可塑性机理研究，夯实原创理论基础，支持尽快研发我国主要作物的快速育种技术方案，以保持我国水稻育种的领先优势，缩小玉米、大豆育种的差距，保障我国作物生物育种打好"翻身仗"。

4.3.2 加强植物工厂育种基础研究，加快掌握产业"芯片"——种子创新核心技术，支撑产业健康发展

植物工厂提供人工设计环境是品种精准设计和极端气候适应品种培育所必需的，也是未来设施农业作物种植技术的关键核心。但是目前作物基因型与环境互作机理仍不明确，应加强植物工厂育种的基础理论研究。支持植物工厂用于选育主要作物田间种植品种或品系，加强植物工厂专用品种培育技术体系建设，前瞻性地布局并探索植物工厂应用于培育潜力先锋植物和新驯化作物的新模式，适当支持太空作物选育，促进我国育种工业技术与产业跨越式发展。

4.3.3 改善作物育种工业技术创新环境，发挥公益类研究机构的战略力量作用，引导三产融合发展

育种工业技术潜力无限，但技术成熟度仍低于传统育种技术。建议改善作物育种工业技术的创新环境，**急需支持研究机构建设支撑育种工业技术发展的大型开放式人工设施，充分发挥我国种业科技公益类研究机构的创新源泉作用。**连续稳定支持作物育种研究团队尽快研发出我国主要作物快速育种的"中国方案"，发挥"加速度（Speed+）"优势，掌握农业"芯片"即种子创造的核心技术与自主能力，引导产业链健康发展，支撑设施农业"做强"，促进三产融合发展。

参 考 文 献

Banga O, Van Bennekom J L. 1962. Breeding radish for winter production under glas. Euphytica, 11: 311-326.

Ding B J, Hofvander P, Wang H L, et al. 2014. A plant factory for moth pheromone production. Nat. Commun, 5: 3353.

Evans L T. 1962. Ceres: an Australian phytotron. Nature, 195: 1142-1143.

Folta K M. 2019. Breeding new varieties for controlled environments. Plant Biol (Stuttg), 21(Suppl 1): 6-12.

Ghosh S, Watson A, Gonzalez-Navarro O E, et al. 2018. Speed breeding in growth chambers and glasshouses for crop breeding and model plant research. Nat Protoc, 13(12): 2944-2963.

Griffer F. 1922. Breedings oats resistant to stem rust. J Hered, 13(4): 187-190.

Hickey L T, Hafeez A N, Robinson H, et al. 2019. Breeding crops to feed 10 billion. Nat Biotechnol, 37(7): 744-754.

Nagatoshi Y, Fujita Y. 2019. Accelerating soybean breeding in a CO_2-supplemented growth chamber. Plant Cell Physiol, 60(1): 77-84.

Song Y, Duan X, Wang P, et al. 2022. Comprehensive speed breeding: a high-throughput and rapid generation system for long-day crops. Plant Biotechnol J, 20(1): 13-15.

Sultan S E. 1995. Phenotypic plasticity and plant adaptation. Acta Botanica Neerlandica, 44(4): 363-383.

Watson A, Ghosh S, Williams M J, et al. 2018. Speed breeding is a powerful tool to accelerate crop research and breeding. Nat Plants, 4(1): 23-29.

三、持续巩固篇

专题七 表观遗传学

姜丹华 [1*] 邓 娟 [1*] 宋显伟 [1] 袁 静 [1] 谷晓峰 [2] 刘启昆 [3] 宋庆鑫 [4]

1. 中国科学院遗传与发育生物学研究所，北京，100101
2. 中国农业科学院生物技术研究所，北京，100081
3. 北京大学现代农学院，北京，100871
4. 南京农业大学农学院，南京，210095
*联系人 E-mail: dhjiang@genetics.ac.cn, xdeng@genetics.ac.cn

摘　　要

表观遗传代表 DNA 序列之外的可遗传信息，能够调节基因表达活性及染色体行为，在作物倍性育种、重要农艺性状形成、植物遗传多样性和植物再生等重要领域均具有关键作用和核心地位。目前，我国在植物表观遗传领域的基础研究方面处于并跑地位，在植物倍性调控的表观表征、重要农艺性状的表观遗传基础解析、转座子介导的表观遗传调控与作物适应性改良、植物再生的表观遗传调控机制分析、RNA 表观育种和表观遗传编辑技术的开发等方面取得了一系列重要研究进展。然而，与美国和欧盟国家相比，我国在植物表观遗传领域缺乏核心专利；研究资助与美国相比仍存在较大差距；产业化进展落后；领域重要科学问题和关键技术尚未获得解析和突破。未来建议聚焦重要农艺性状表观遗传基础鉴定、RNA 表观遗传育种基础理论解析和技术创新、以表观遗传调控为核心的倍性育种技术开发、作物再生的表观操控及高效靶向表观基因编辑工具研发等前沿问题和关键技术，加强和推动作物表观遗传的理论体系构建和原始技术创新。在配套政策上，建议围绕产业链的实际需求，通过制定表观遗传育种领域的中长期规划和加大科研经费投入，加强人才培养和建立有效的激励机制，引导市场资本参与研发，促进科研成果落地转化等一系列措施，有效推动表观遗传育种技术的快速、高效发展。

1　背景与需求分析

1.1　表观遗传学的定义

表观遗传学（epigenetics）是研究 DNA 序列之外的可遗传信息的学科，包括

DNA 甲基化（DNA methylation）、组蛋白修饰（histone modification）、RNA 修饰（RNA modification）、染色质重塑（chromatin remodeling）及非编码 RNA（non-coding RNA）等。表观遗传能够调节基因表达活性及染色体行为，在生物体生长发育和环境响应中发挥重要的调控作用。在种业创新中，表观遗传在作物倍性育种、重要农艺性状形成、植物再生等重要领域均具有关键作用和核心地位。针对表观遗传调控理论的深入研究和技术开发，将为进一步促进作物品种改良及分子设计育种提供理论和技术支持。

1.2 表观遗传育种技术在作物种业科技创新中的地位、战略需求和形势分析

粮食安全是事关民生和国家长治久安的国之大者。作物新品种的培育在保障国家粮食安全方面发挥着举足轻重的作用。现代作物种业科技创新依赖于分子遗传资源的挖掘和应用，随着种业创新的深入和可用遗传资源的枯竭，亟待开发新的优异遗传资源。表观遗传调控将为作物育种拓展新的思路和手段。

1.2.1 表观遗传调控在作物倍性育种中发挥重要作用

倍性育种是作物遗传改良的重要手段之一。多倍化（基因组加倍）在自然界中广泛存在，是许多植物和部分动物进化及多样性形成的重要驱动力。多倍体植物通常表现出更强的生长势、更好的环境适应能力等，因此在农业生产中被广泛利用。多倍化会导致基因组稳定性下降，而表观遗传修饰的相应变化，能够抑制基因组不稳定因素，从而使多倍体基因组保持稳定，促进多倍体物种的形成。因此，表观遗传修饰的改变可以提高植物不同倍性杂交的成功率。深入研究多倍化的表观遗传调控对于创制多倍体作物意义重大。

成功的多倍体能在短期内形成新物种并进化出丰富的适合度（Birchler et al.，2003），而更多失败的种间或近缘种间的杂交往往以染色体不稳定或者整个亲本染色体的丢失而告终（Ravi and Chan，2010；Sanei et al.，2011）。这种不稳定性并不是只有负面意义，丢失了一个亲本全部染色体会形成单倍体。通过单倍体诱导和加倍可以快速获取纯系，显著加速作物育种进程，提高育种效率。着丝粒是控制染色体稳定性的核心元件，其形成受到表观遗传调控。研究表明，改变着丝粒的表观状态能够造成染色体不稳定，从而诱导产生单倍体。因此，表观遗传调控介导的单倍体诱导技术是单倍体育种的核心技术之一。

1.2.2 表观遗传变异决定重要农艺性状

表观遗传变异在生物的进化过程中普遍发生，变异频率大大高于遗传变异，而且表观遗传修饰能够在环境变化时迅速改变，因此表观遗传变异在植物生长、

驯化和环境适应等方面扮演重要作用。目前，很多重要农艺性状的遗传基础已被解析，但深入研究发现，表观遗传变异对作物农艺性状也具有重要调控作用。深入解析表观遗传在农艺性状变异中的作用，可以丰富和完善农艺性状变异的理论基础。此外，通过表观遗传编辑等手段创制表观遗传变异能够有效改良重要农艺性状。进一步利用表观遗传变异改良和培育高产优质多抗的农作物新品种，对于促进粮食增产稳产具有重要的应用价值和战略意义。

1.2.3　转座子介导的表观遗传调控是植物遗传多样性形成的重要分子基础

转座子是基因组中活跃的 DNA 分子，在某种环境条件下可被激活而转座，成为基因组变异的重要来源。比较基因组分析表明，基因组的差异基本是由转座子插入及其引发的结构变异导致（Wang et al.，2014；Zhang et al.，2014）。转座子介导的基因组变异已被发现在作物驯化、环境适应及物种多样性形成等方面发挥重要作用。通常情况下，转座子被多种表观遗传修饰所沉默进而维持基因组的稳定性。转座子不仅是物种基因组大小的主要决定因素，更能在遗传和表观遗传两个层次调节宿主基因的表达及功能，最终导致表型改变。因此，转座子介导的表观遗传变异能够促进作物驯化过程中优良性状的产生。

1.2.4　表观遗传的重构决定植物再生

基于细胞全能性的植物再生与遗传转化体系是现代农业分子育种技术得以应用的基础。长期以来植物体细胞如何获得并发挥细胞全能性的分子机制一直是植物学家持续探索的前沿领域。国际顶尖学术杂志 *Science* 在创刊 125 周年时提出的人类科学前沿 125 个最重要的科学问题中，植物体细胞如何再生建成完整个体位列其中第九位（Kennedy and Norman，2005）。已有研究表明，表观遗传介导的基因选择性表达对植物再生过程中的细胞命运决定具有关键作用（Lee and Seo，2018）。通过表观遗传调控激发细胞全能性，可提高植物再生效率，从而降低转基因成本，并增加可遗传转化的作物种类和品种，是农业现代化的一个重要发展方向。

1.2.5　RNA 表观遗传具有种质创新的潜力

RNA 表观遗传育种是通过精准控制 RNA 甲基化修饰水平和修饰位点，调控作物产量、耐逆性、品质等重要农艺性状的新兴前沿育种方法。真核生物中包含100 多种 RNA 甲基化修饰，参与调控 RNA 加工、降解和翻译等过程，在作物生长发育和环境响应等过程中起关键调控作用。近期，基于 RNA m6A 修饰的遗传育种技术取得了重大突破。该技术利用外源 RNA 去甲基化酶 FTO（fat mass and obesity-associated protein）对植物的 RNA 表观遗传修饰特定位点进行去修饰，实现了作物高产育种（Yu et al.，2021），为农业育种开辟了一个新的技术和研究方向。对 RNA 表观遗传育种技术的深入探索，将有望提升我国农业育种技术在国际上的地位，推动我国农业育种技术的创新。

1.2.6 表观遗传编辑技术促进作物改良

基因编辑是实现农作物分子设计育种的关键技术。研究表明，某些优良的等位变异来源于基因表达量的变化而非基因功能的改变（Jiao et al.，2010；Zhang et al.，2017）。表观遗传编辑技术在不改变 DNA 遗传信息的前提下，通过改变特定位点的染色质状态（染色质开放程度、组蛋白修饰、DNA 甲基化修饰等），靶向精细调控重要农艺性状相关基因的表达，促进作物性状的改良。在作物中开发表观遗传编辑体系和工具，可对重要农艺性状基因的表达量进行靶向调控，可以快速定向创制优异表观等位变异，对作物种业创新具有重要意义。

综上所述，表观遗传理论的探索和技术体系的建立是种业科技创新的重要环节。提升表观遗传育种的基础研究水平和技术手段，将为国家种业科技创新提供关键支撑。

2 发展态势分析

2.1 基础研究进展

2012～2021 年植物表观遗传领域共发表论文 8225 篇，发表论文数量呈逐年递增的态势（图 1A）。其中中国发文占比逐年升高，至 2021 年已超过 30%（图 1B）。在所有发表的论文中，高影响力核心论文 544 篇（影响因子＞10），中国发表 209 篇，占比为 38.4%。总体而言，我国在植物表观遗传领域的论文发表方面具有一定的优势，在国际上处于较领先的地位。

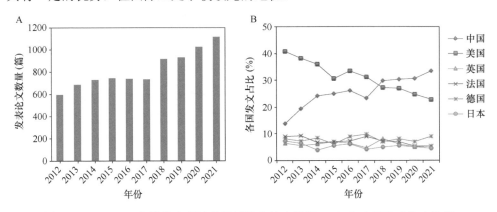

图 1 2012～2021 年植物表观遗传领域发表论文数量（A）和中国发表论文比例（B）的逐年统计（彩图请扫封底二维码）

　　就主要农作物（水稻、小麦、玉米、大豆）发文来看，水稻相关的发文最多，达到 697 篇，小麦和玉米分别是 308 篇和 494 篇，大豆最少，为 160 篇（图 2A）。从中国发文的占比来看，水稻相关的论文占比最高，超过 50%，小麦和玉米其次，大豆占比最少，不到 30%（图 2B）。可见大豆相关的表观遗传研究还需进一步加强。

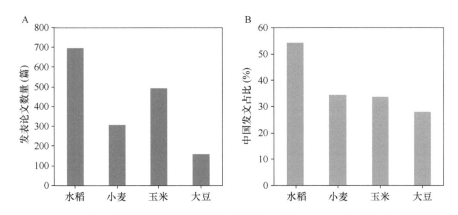

图 2　2012～2021 年植物表观遗传领域主要农作物发文情况（A）和中国发文情况统计（B）

　　按照植物表观遗传领域的重要主题进行分类，其中育种研究的论文发表最多，达到 3384 篇，发文相对较少的是再生、编辑和单倍体，分别为 223 篇、155 篇和 87 篇（图 3A）。然而通过对 2019～2021 年这些主题相对于 2012～2021 年发文量的比较，发现编辑、再生和单倍体在 2019～2021 年的发文比例最高（图 3B），提示这些主题虽然发文量较少，却是近期研究的热点和新兴领域。

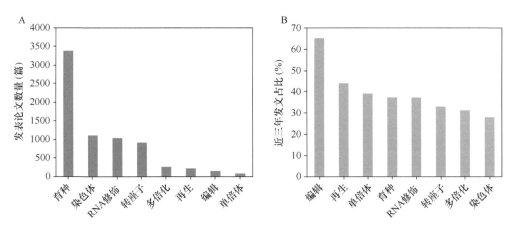

图 3　2012～2021 年植物表观遗传领域几大主题的发表论文数量（A）和近 3 年这些主题相对于 2012～2021 年发文量的比例（B）

2.1.1 表观遗传调控在作物倍性育种中发挥重要作用

倍性育种是作物遗传改良的重要手段之一。其中，传统的单倍体诱导技术主要通过配子体离体培养获得，但此方法受物种和基因型的限制。近年来，通过弱化着丝粒的表观遗传标记 CENH3，造成染色体丢失的单倍体诱导技术逐渐被开发。2010 年，Ravi 和 Chan 在拟南芥中利用改造 CENH3 创制了单倍体诱导系，实现了植株杂交后诱导产生单倍体后代。目前该技术已开始被运用于玉米、水稻、小麦、番茄、黄瓜、棉花等农作物育种，以缩短育种时间和成本（Lv et al.，2020；Ravi and Chan，2010；Wang et al.，2021c）。与传统单倍体诱导技术相比，CENH3 介导的单倍体诱导技术具有以下优势：不需要组织培养；不受物种基因型限制；可以产生父本/母本单倍体诱导系；以 cenh3 突变体诱导系作为母本，诱导产生的单倍体只含有父本核基因组和母本细胞质，因此可以加速细胞质雄性不育系的创制，用于生产杂交种。

多倍化在自然界中广泛存在，是许多植物和部分动物进化及多样性形成的重要驱动力。多倍化植物具有更强的生长势、更好的环境适应能力等，因此多倍化在育种中具有广阔的应用前景。通过比较四倍体籼稻及其二倍体亲本籼稻，发现多倍化后大部分基因表达水平没有差异，但转座子 DNA 甲基化水平在基因组范围内存在广泛差异（Zhang et al.，2015a）。与二倍体水稻相比，四倍体水稻减少钠离子的吸收，在盐胁迫环境中有更强的存活能力。在四倍体水稻中，基因组的许多位点包括逆境胁迫相关基因的 DNA 甲基化水平下降，盐处理后盐胁迫相关基因更易被激活（Wang et al.，2021a）。普通小麦是由二倍体祖先种经历两轮杂交和基因组加倍形成的异源六倍体（AABBDD）。利用多组学技术，科学家绘制了普通小麦精细的表观组图谱，发现亚基因组部分位点的组蛋白修饰差异与基因表达偏向显著相关（Gardiner et al.，2015；Li et al.，2019；Wang et al.，2021b；Zhang et al.，2021）。研究人员还绘制了不同倍性小麦的三维基因组图谱，发现小麦细胞核中三个亚基因组在空间上相对独立，映射出功能基因组"疆域"的存在，但亚基因组之间仍然存在一定范围的互作（Concia et al.，2020；Jia et al.，2021；Yuan et al.，2022）。

目前人们对植物着丝粒形成的表观遗传基础仍不清楚，这限制了基于表观遗传的单倍体诱导率的进一步提升和广泛应用。此外，作物多倍化的表观遗传调控机制研究目前仍处于起步阶段，其具体机理仍有待研究。

2.1.2 表观遗传变异决定重要农艺性状

近 10 年来，国内外围绕表观遗传变异对农艺性状的调控作用开展了一系列研究，大量表观遗传变异的发掘为作物重要性状的改良提供了丰富的表观遗传资源。

在调控作物生长和发育方面，中国科学院遗传与发育生物学研究所李家洋课题组发现水稻理想株型基因 *IPA1* 上游的结构变异会抑制启动子区 DNA 甲基化，使得 *IPA1* 适量表达，产生分蘖减少、抗倒伏、产量增加的理想株型并提升产量（Zhang et al.，2017）。南京农业大学万建民课题组在水稻中发现一个显性矮秆突变体 *Epi-df* 具有较强的降秆能力，在 *Epi-df* 突变体中，组蛋白 H3K27 甲基转移酶 FIE1 启动子区 DNA 甲基化丢失而表观激活标记增加，导致水稻株高降低并伴随花器官变异（Zhang et al.，2012）。中国科学院遗传与发育生物学研究所曹晓风课题组和中国水稻研究所胡培松课题组合作发现在水稻表观等位突变体 *Epi-ak1* 中，AK1 启动子区甲基化水平升高，造成叶绿体发育异常及白化表型（Wei et al.，2017）。华南农业大学 Luan 等（2019）在水稻中鉴定了一个长非编码 RNA 的表观等位基因 *ESP*，由于其在转录终止区域甲基化程度的变化而影响水稻穗长及穗形。美国得克萨斯州大学奥斯汀分校 Song 等（2017）通过全基因组甲基化测序在野生棉与栽培棉中鉴定到 519 个 DNA 甲基化差异的基因与开花时间和种子休眠相关，并证明表观等位基因 *COL2D* 可调控光周期适应性。华中农业大学李青团队和美国明尼苏达大学合作通过基因组捕获在玉米群体中揭示了 DNA 甲基化变异的遗传基础，利用差异甲基化区域（DMR）与特异代谢性状进行关联分析，鉴定到与 DMR 显著关联的代谢物，且有些性状只与 DMR 关联而不与单核苷酸多态性（SNP）关联，说明 DNA 甲基化可以不依赖于 DNA 序列来调控农艺性状（Xu et al.，2019）。

综上所述，目前已鉴定获得一些决定重要农艺性状的表观遗传变异，但是对作物中的重要表观遗传变异仍未进行大规模筛选。此外，这些表观遗传变异主要由自然演化产生，还缺乏人工创制的大量作物表观遗传变异资源。

2.1.3　转座子介导的表观遗传调控是植物遗传多样性形成的重要分子基础

转座子对动植物基因组的组成、进化和基因表达调控具有重要作用。通常情况下，转座子被多种表观遗传修饰所沉默进而维持基因组的稳定性。转座子插入能在遗传和表观遗传两个层面造成变异，最终导致表型改变。转座子介导的遗传变异已被发现在物种驯化、环境适应及物种多样性形成等方面发挥重要作用。玉米是在 9000 年前的墨西哥由大刍草驯化而来。Studer 等（2011）研究发现一个 Hopscotch 转座子插入促进顶端生长的转录因子 teosinte branched 1（*tb1*）上游调控区，形成增强子，提高了玉米的顶端优势，使玉米具有少分枝的特征；中国农业大学徐明良课题组发现一个 CACTA 类转座子插入光周期敏感基因 *ZmCCT* 启动子区，改良了玉米的开花适应性（Yang et al.，2013）。

转座子也是表观遗传变异的重要源泉，由转座子介导的表观遗传变异在植物中非常普遍，很多都和重要农艺性状相关。中国农业大学秦峰课题组鉴定了一个

MITE 类转座子插入玉米转录因子 *NAC* 启动子区，通过介导表观遗传修饰抑制了该基因的表达，降低了玉米的耐旱性（Mao et al.，2015）。美国冷泉港实验室 Ong-Abdullah 等（2015）发现与正常的棕榈相比，在畸形的油棕榈中，关键持家基因 *DEFICIENS* 内含子中的 Karma 反转座子剪接位点甲基化丢失会引起错误的内含子剪切，进而生成无价值的果实。中国科学院遗传与发育生物学研究所曹晓风课题组鉴定到一个水稻天然表观遗传变异，由于一个 MITE 转座子插入调控 BR 合成关键基因 *RAV6* 的启动子区，引发 DNA 甲基化变异，导致该基因异位表达而产生大的叶夹角（Zhang et al.，2015b）。

综上所述，转座子在主要农作物中作为基因组进化/驯化驱动力的作用已被证实。然而，目前仍缺乏全面系统鉴定基因组中转座元件插入位点的技术体系，对转座子响应环境变化进而调控重要农艺性状的分子机理尚不明确。

2.1.4　表观遗传的重构决定植物再生

细胞脱分化和再生的核心是表观遗传重构。近年来，随着植物再生在作物遗传改良中的作用逐步凸显，表观遗传修饰影响细胞全能性，参与细胞命运改变的分子机制也被逐步揭示（Lee and Seo，2018）。通常，脱分化细胞的染色质更加开放。大量基因处于活跃表达状态，提供了各种分化的可能性；而分化细胞染色质状态相对封闭，仅表达有限的基因用来维持细胞的状态。美国加州大学洛杉矶分校 Stroud 等发现，水稻和玉米在愈伤组织形成中发生大量的去甲基化，并且启动子区甲基化的缺失会解除对基因表达的抑制，导致某些生物过程被激活（Stelpflug et al.，2014；Stroud et al.，2013）。美国佐治亚大学 Schmitz 团队和密苏里堪萨斯大学 Meyers 团队合作解析大豆体细胞胚胎发生过程中的表观遗传变异，发现大豆体细胞胚胎发生过程中全基因组 DNA 甲基化尤其是 CHH 甲基化水平增高，且伴随 RdDM 通路相关基因表达的增加（Ji et al.，2019）。

关于植物再生的表观遗传调控的具体过程与分子机理目前仍不清晰，且研究主要集中在拟南芥等模式植物上。目前国际上尚未报道基于表观遗传调控促进作物再生的突破性技术。

2.1.5　RNA 表观遗传具有种质创新的潜力

在 RNA 甲基化基础理论研究取得一定进展的基础上，RNA m6A 遗传育种技术取得重大突破。利用外源 RNA 去甲基化酶 FTO 对植物的 RNA 表观遗传修饰特点位点进行去修饰，可实现作物高产育种，改造后的水稻单株产量与生物量均显著增加了约 50%，水稻颗粒数目变多。同时，以马铃薯为材料开展的试验也得到了相同效果，马铃薯个头变大，小区产量与生物量也均增加约 50%。此外，该技术还可以提高光合效率（固碳能力）和抗旱能力。品质方面的测定显示改造后的水稻和马铃薯与改造前一致，表明该技术在提高产量的同时并未造成品质的下降（Yu et al.，2021），为农业育种开辟了一个新的技术和研究方向，也为开发更多的 RNA 表观遗传育种技术奠定了良好基础。

RNA 表观遗传育种技术发展的关键，是阐析 RNA 甲基化动态变化规律，鉴定关键修饰基因和重要修饰靶点。近 10 年来，围绕 RNA 甲基化修饰调控的研究呈现"井喷式"发展。但植物领域相对较少，且主要集中在模式植物拟南芥上，在作物中开展 RNA 表观遗传的研究论文发表不足 10 篇，多数以水稻为主。

2.1.6 表观遗传编辑技术促进作物改良

2015 年，Lowder 等和 Piatek 等最早在植物中建立基于 CRISPR 系统的靶向转录激活和转录抑制工具（Lowder et al.，2015；Piatek et al.，2015）。从本质上来讲，表观遗传修饰的编辑最终也体现在对靶基因表达水平的调控上。但是相比于利用转录激活/抑制因子对靶基因进行的转录调控，表观遗传编辑的优势在于它的可遗传性，即在编辑完成后，不依赖于外源载体的情况下，表观修饰水平及相应的基因表达水平都可以稳定地遗传给后代。这为表观遗传编辑在作物改良中的应用提供了很大的便利。

目前表观遗传编辑的研究最早在模式植物拟南芥中被报道，应用 dCas9-SunTag-TET1cd 系统实现了稳定可遗传的 DNA 5mC 甲基化修饰的靶向去除（Gallego-Bartolome et al.，2018）。Papikian 等（2019）利用烟草的 DNA 甲基转移酶 DRM 结合 SunTag 系统实现了靶向 DNA 甲基化。最近，中国科学院遗传与发育生物学研究所曹晓风课题组构建了一套靶向去除水稻基因组 DNA 甲基化的表观遗传编辑体系，首次在作物中实现了靶向 DNA 甲基化的去除，为作物遗传改良提供了新的工具和思路（Tang et al.，2022）。植物组蛋白修饰的表观遗传编辑工具的开发相对滞后，仅开展了初步探索。通过靶向 H3K27 乙酰基转移酶 p300 和 H3K9 甲基转移酶 KYP，可造成靶基因 *FT* 上组蛋白修饰变化，从而引起开花时间的改变（Lee et al.，2019）。此外，通过将拟南芥乙酰基转移酶 AtHAT1 与 dCas9 融合靶向转录因子 *AREB1* 可促进该基因的表达并提高植物的耐旱性（Roca Paixao et al.，2019）。

目前，针对其他重要的组蛋白修饰如 H3K4me3、H3K27me3 等的编辑工具尚未被开发，且表观遗传编辑的效率和普适性有待进一步提高。此外，作物中表观遗传修饰的编辑技术体系还有待进一步开发和完善。

2.2 知识产权分布

2012～2021 年植物表观遗传领域共申请专利 84 件，申请数量在近几年有所提高（图 4A）。其中美国申请专利数量占比最多，其次是中国，欧盟和英国及韩国也有一定数量的专利申请（图 4B）。

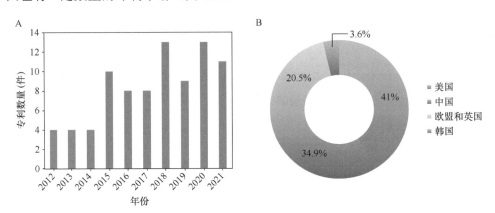

图 4　2012～2021 年植物表观遗传领域申请专利数量的逐年统计（A）和各国专利比例（B）
（彩图请扫封底二维码）

利用 incoPat 数据库合享价值度作为遴选核心专利的指标，植物表观遗传领域的核心专利共 15 件（合享价值度为 10）。在核心专利中，欧盟拥有 10 件，排名第一，美国拥有 5 件，排名第二，而我国没有核心专利。由此可见，虽然我国申请的专利数量不少，但是没有核心专利，专利的质量有待提升。拥有核心专利的单位中，企业拥有 13 件，高校拥有 2 件，其中拜耳农业科学拥有 6 件，占绝对的优势地位。

2.3　项目布局

2012～2021 年植物表观遗传领域查询到的国际研究资助超过 18 亿元，其中美国资助超过 10 亿元，英国资助超过 4 亿元，欧盟资助接近 3 亿元。在我国，2012～2021 年植物表观遗传领域获国家自然科学基金委员会资助金额为 3.8 亿元左右，基本与英国持平。而科技部国家重点研发计划中未查询到直接针对植物表观遗传的立项项目。由此可见，我国在植物表观遗传领域的研究资助与美国相比还存在较大差距。

目前，全球领先的农业生物技术公司也将表观遗传育种技术列为重点发展项目，旨在利用表观调控基因的表达水平从而实现优良品种的开发。例如，美国农业公司 Sound Agriculture 2021 年 C 轮融资后扩大了按需植物育种平台（on-demand breeding），通过表观遗传精细调控目标基因的表达，从而改善食品风味、提高营养成分、优化植物株型、改善抗病性等。这些技术和平台的开发与利用将为表观遗传育种提供市场前景。

2.4 主要研发力量

就植物表观遗传领域发文的主要单位来看，高校发表的论文数量最多，其次是科研机构，而企业发表论文数量较少。中国发表论文的单位构成比例也是相似的（图5）。其中中国科学院（Chinese Academy of Sciences）、加州大学（University of California）、法国国家科学研究中心（Centre National De La Recherche Scientifique）的发文量位居前三，分别发表 387 篇、268 篇和 227 篇论文。

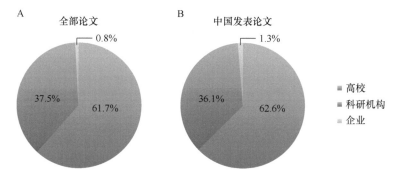

图 5 2012～2021 年植物表观遗传领域全部论文（A）和中国论文发表单位构成比例（B）
（彩图请扫封底二维码）

就专利申请单位来看，高校和企业都有较多的专利申请，而科研机构相对较少（图 6A）。中国专利申请的单位比例也存在类似的趋势（图 6B）。其中加州大学申请专利最多，达到 11 件，其次是拜耳农业科学（Bayer Crop Science）和 Sound Agriculture 公司，申请专利均达到 8 件，中国的河南多麦稼农业科技有限公司和南京农业大学也分别申请了 4 件和 3 件专利，居于中国申请植物表观遗传相关专利的前列。

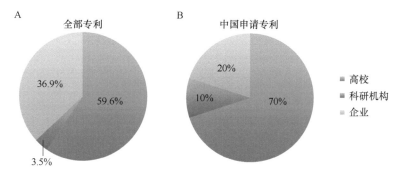

图 6 2012～2021 年植物表观遗传领域全部专利（A）和中国专利申请单位构成比例（B）
（彩图请扫封底二维码）

3 瓶颈对策分析

3.1 农作物复杂性状形成的表观遗传基础研究较薄弱

作物在进化过程中发生大量的遗传变异和表观遗传变异,这些遗传变异和表观遗传变异为作物表型变异提供了丰富的基础。我国作为农业大国,农业种质资源较为丰富。然而,我国目前在农作物表观遗传变异方面的理论基础研究仍然较少,尚无农作物表观基因组的系统研究,关于表观修饰在品种间的变异情况尚不清楚,缺乏对农作物表观基因组基础理论的详细解析,这极大地限制了表观遗传变异在育种中的应用。

对策分析: 我国农业种质资源较为丰富,为进一步改良和培育农作物新品种:①应利用组学技术手段,广泛发掘受到表观遗传变异调控的农艺性状,为理论研究提供基础;②以基因组功能解析为基础,系统研究各个农作物中表观遗传变异调控农艺性状的理论机制;③通过群体表观基因组学分析,鉴定种质资源中的表观遗传信息,明确农作物种质资源中的表观遗传变异信息及其与表型变异的关系;④广泛发掘和利用野生资源,明确野生种质资源中的表观遗传信息及其与表型的关系;⑤加强杂交理论和技术研究,为从野生资源中导入优异表观等位基因提供支持。

3.2 RNA 表观遗传育种理论与应用研究基础薄弱

RNA 表观遗传不管在基础理论研究方面还是在育种应用方面都处于刚刚起步的阶段,各国科研机构和种业跨国公司正在布局开始研究。虽然我国研究人员在作物 RNA 表观遗传育种领域中处于领先地位,但与国外育种巨头公司在速度和资源方面,存在明显不足。

对策分析: 需要加速研发和基础研究,从国家层面布局,整合相关领域优势科研力量,继续引领 RNA 表观遗传育种基础理论和技术的创新研究,推动我国农业育种技术的创新。

3.3 亟待开发以表观遗传调控为核心的倍性育种技术

单倍体诱导技术方面:CENH3 介导的单倍体诱导技术目前在小麦中的应用是由中国先正达公司属下的研究机构完成的,除此之外其他植物中的相关研究目前都还是欧美国家的研究人员发表的;目前 CENH3 介导的单倍体诱导率在作物中大都低于 10%,距离大规模运用于育种还有距离;单倍体诱导技术在多倍体植物中应用也有一定难度。

多倍体育种技术方面：关于植物不同倍性杂交常导致杂交种败育，美国和欧洲实验室发现通过改变表观遗传可以克服不同倍性杂交的障碍，我国在这方面还没有发表相关的研究成果；多倍化可以显著提升植物的耐逆性（抗旱、耐盐等），但中国及其他发达国家依然处在多倍化的表观遗传调控研究的初级阶段，大部分研究主要停留在多倍体形成过程中表观遗传变化模式的研究，对于表观遗传在多倍体耐逆性调控方面的研究较少，在如何通过表观遗传编辑促进多倍体物种的创制方面基本上是空白。

对策分析：针对单倍体诱导技术和多倍体育种技术的瓶颈：①强化针对染色体重要元件如着丝粒建立的表观遗传基础的相关研究；②应尝试利用 CRISPR/Cas9 的定点编辑技术，扰动 CENH3 表达，运输或装载有关的蛋白质，从而实现利用 CENH3 提高单倍体诱导率；③加强农作物多倍化及其耐逆性形成的表观遗传调控研究；④利用表观遗传编辑促进多倍体物种的创制。

3.4　尚缺乏作物可再生机理研究及实操工具

目前转基因作物在全球的种植面积已占全球总耕地面积的 13%，随着我国转基因农作物推广相关政策的逐步实施，以再生为基础的作物分子遗传改良将具有更加广阔的应用空间和市场需求。通过了解和控制植物细胞的全能性，来提高植物遗传转化过程中的再生能力，是利用现代基因工程手段改良作物性状的重要前提。随着单细胞测序技术的迅速发展，我们对植物再生的了解也在逐步进入单细胞水平。目前的单细胞测序主要集中于转录组的分析鉴定，而包含表观遗传标记在内的单细胞多组学检测尚未在植物中系统开展，这阻碍了植物细胞全能性的理论研究和植物再生技术的发展。在技术层面，与异源表达全能性相关的调控因子虽然可以提高植物的再生效率，但持续的异源表达通常会引起再生植株的非正常发育。同时，由于植物基因组的冗余性较高，如何高效地筛选和鉴定物种特异的细胞全能性调控因子也将是技术上的挑战之一。

对策分析：针对目前作物遗传转化过程中的理论和技术瓶颈，需要：①大力发展植物表观遗传标记的单细胞多组学检测技术，助力植物细胞全能性的理论研究；②发展精准可控的促再生因子时空表达技术，提高作物再生效率。深入研究细胞全能性和再生的分子机制，尤其是表观遗传修饰特征，将进一步提高细胞全能性的诱导效率，拓宽可再生作物品种的范围。

3.5　靶向表观基因编辑技术缺乏高效工具及原始核心专利

虽然表观遗传编辑是表观遗传育种的主要手段，但目前表观遗传编辑工具有限且效率有待提高。表观遗传编辑技术目前主要基于 CRISPR/Cas 系统，而 CRISPR/Cas 系统的原始核心专利基本掌握在美国等发达国家手中。尽管对于重要农作物的表观遗传编辑工具的开发和改良，国内的研究目前处于领先地位，但是仍局限在部分作物中，而且在农作物中的精准编辑表观遗传变异的技术仍然欠缺，这严重制约了表观遗传变异在育种中的应用。

对策分析： 需要加强相关基础研究领域的协同攻关，打破现有技术瓶颈，开发新型表观遗传编辑工具，实现植物特别是农作物表观基因组的精准、高效、可遗传编辑，打破常规育种的局限性，促进表观遗传变异在作物育种中的应用。

4 未来战略构想

4.1 发展思路

加强农作物复杂性状形成的表观遗传基础研究，重点开展农作物 DNA 元件百科全书（ENCODE）探秘，解析农作物高分辨率 3D 基因组，构建核心种质资源表观遗传图谱，开展植物单细胞表观组学、RNA 表观遗传组研究等。形成理论体系，在国际上占领作物表观遗传研究制高点，为创制高产、优质、多抗、高效、符合多元化产业需求的种质资源奠定理论基础。

加强和推动以表观遗传调控为核心的现代作物育种技术的开发及应用，重点发展倍性育种技术，突破表观基因组靶向编辑技术，加强植物再生的表观遗传调控研究和应用，助推表观遗传调控在育种技术中的应用。

4.2 发展目标

确保粮食安全是国家的重中之重，如何突破农业"卡脖子"育种技术壁垒、发展创新的农业育种技术、培育产业急需的重大品种，是我国当前急需布局的研究领域。未来作物需要具有优质高产、资源节约、环境友好、广适性、适应集约化生产等特性。植物体在生长发育过程中会受到外界环境的影响，其自身能够通过基因表达的精细调控而实现个体生长发育与环境的平衡。表观遗传调控是基因表达精确调控的重要组成部分。因此，研究作物感受和应答环境因子的遗传与分子生物学基础，深入解析作物响应环境信号的表观遗传调控网络，在农作物和野生种质资源中寻找重要的环境响应表观遗传调控模式，将为作物的分子设计育种提供理论依据，是解决农作物品种改良、保障我国粮食安全和可持续发展的迫切需求。

五年发展目标：

（1）理论层面：揭示着丝粒等重要染色体元件建立的表观遗传调控基础；深

入解析主要农作物中表观遗传变异调控重要农艺性状的机制；建立优异核心种质资源的表观基因组数据库；充分挖掘农作物野生种质资源中的表观遗传信息及其与表型的关联性；明确转座子如何响应环境变化进而调控重要农艺性状的分子机理；深入开展农作物 RNA 表观遗传调控机制基础理论研究，解析调控产量、耐逆性等重要农艺性状的分子网络；揭示植物再生过程中细胞命运决定的表观遗传路径；

（2）技术层面：在主要农作物中建立高效创制单倍体诱导系的技术手段及稳定遗传的多倍体种质资源；实现农作物表观基因组的精准、高效、可遗传编辑；在主要农作物中建立单细胞表观组学检测技术；基于植物再生过程中细胞命运决定的遗传和表观遗传研究，突破主要农作物的转化瓶颈。

十年发展目标：在作物表观遗传育种领域，引领基础理论研究，突破关键技术瓶颈，在染色体稳定性的表观遗传调控机制、农作物重要农艺性状的表观遗传基础、农作物高效再生和表观基因编辑等方面取得一系列突破性进展，并培养和形成一支在植物染色质与表观遗传学前沿领域做出突出成果的研究队伍和领军人才。

4.3　政策保障和建议

与美国等西方国家作物研发体系建立较早且市场推广较为成熟的国家相比，我国以企业为主体的作物育种研发起步较晚，研发规模和实力还处在成长阶段。与之相比，我国以科研院所为主体的植物科学基础研究实力较强。因此建议：①围绕产业链的实际需求，加大表观遗传育种基础研究和技术开发的中长期规划及科研经费投入，纳入相关领域的国家重大项目规划中；②实施揭榜挂帅、择优委托等方式开展联合攻关，加速原始创新；③利用市场资本引导和配置科研生产力，推动科研成果的落地转化；④设立青年科学家项目，大力培养表观遗传领域的新生力量；⑤鼓励社会资本参与研发投入并获得相应回报，同时提高科研人员的回报分配比例，以积极的激励机制推动我国农业的现代化、高科技化。

参 考 文 献

Birchler J A, Auger D L, Riddle N C. 2003. In search of the molecular basis of heterosis. Plant Cell, 15(10): 2236-2239.

Concia L, Veluchamy A, Ramirez-Prado J S, et al. 2020. Wheat chromatin architecture is organized in genome territories and transcription factories. Genome Biol, 21(1): 104.

Gallego-Bartolome J, Gardiner J, Liu W, et al. 2018. Targeted DNA demethylation of the *Arabidopsis* genome using the human TET1 catalytic domain. Proc Natl Acad Sci USA, 115(9): E2125-E2134.

Gardiner L J, Quinton-Tulloch M, Olohan L, et al. 2015. A genome-wide survey of DNA methylation in hexaploid wheat. Genome Biol, 16: 273.

Ji L, Mathioni S M, Johnson S, et al. 2019. Genome-wide reinforcement of DNA Methylation Occurs during somatic embryogenesis in soybean. Plant Cell, 31(10): 2315-2331.

Jia J, Xie Y, Cheng J, et al. 2021. Homology-mediated inter-chromosomal interactions in hexaploid wheat lead to specific subgenome territories following polyploidization and introgression. Genome Biol, 22(1): 26.

Jiao Y, Wang Y, Xue D, et al. 2010. Regulation of *OsSPL14* by OsmiR156 defines ideal plant architecture in rice. Nat Genet, 42(6): 541-544.

Kennedy D, Norman C. 2005. What don't we know? Science, 309(5731): 75.

Lee J E, Neumann M, Duro D I, et al. 2019. CRISPR-based tools for targeted transcriptional and epigenetic regulation in plants. PLoS One, 14(9): e0222778.

Lee K, Seo P J. 2018. Dynamic epigenetic changes during plant regeneration. Trends Plant Sci, 23(3): 235-247.

Li Z, Wang M, Lin K, et al. 2019. The bread wheat epigenomic map reveals distinct chromatin architectural and evolutionary features of functional genetic elements. Genome Biol, 20(1): 139.

Lowder L G, Zhang D, Baltes N J, et al. 2015. A CRISPR/Cas9 toolbox for multiplexed plant genome editing and transcriptional regulation. Plant Physiol, 169(2): 971-985.

Luan X, Liu S, Ke S, et al. 2019. Epigenetic modification of *ESP*, encoding a putative long noncoding RNA, affects panicle architecture in rice. Rice, 12(1): 20.

Lv J, Yu K, Wei J, et al. 2020. Generation of paternal haploids in wheat by genome editing of the centromeric histone *CENH3*. Nat Biotechnol, 38(12): 1397-1401.

Mao H, Wang H, Liu S, et al. 2015. A transposable element in a *NAC* gene is associated with drought tolerance in maize seedlings. Nat Commun, 6: 8326.

Ong-Abdullah M, Ordway J M, Jiang N, et al. 2015. Loss of Karma transposon methylation underlies the mantled somaclonal variant of oil palm. Nature, 525(7570): 533-537.

Papikian A, Liu W, Gallego-Bartolome J, et al. 2019. Site-specific manipulation of *Arabidopsis* loci using CRISPR-Cas9 SunTag systems. Nat Commun, 10(1): 729.

Piatek A, Ali Z, Baazim H, et al. 2015. RNA-guided transcriptional regulation *in planta* via synthetic dCas9-based transcription factors. Plant Biotechnol J, 13(4): 578-589.

Ravi M, Chan S W. 2010. Haploid plants produced by centromere-mediated genome elimination. Nature, 464(7288): 615-618.

Roca Paixao J F, Gillet F X, Ribeiro T P, et al. 2019. Improved drought stress tolerance in *Arabidopsis* by CRISPR/dCas9 fusion with a Histone AcetylTransferase. Scientific Reports, 9(1): 8080.

Sanei M, Pickering R, Kumke K, et al. 2011. Loss of centromeric histone H3 (CENH3) from centromeres precedes uniparental chromosome elimination in interspecific barley hybrids. Proc Natl Acad Sci USA, 108(33): E498-E505.

Song Q, Zhang T, Stelly D M, et al. 2017. Epigenomic and functional analyses reveal roles of epialleles in the loss of photoperiod sensitivity during domestication of allotetraploid cottons. Genome Biol, 18(1): 99.

Stelpflug S C, Eichten S R, Hermanson P J, et al. 2014. Consistent and heritable alterations of DNA methylation are induced by tissue culture in maize. Genetics, 198(1): 209-218.

Stroud H, Ding B, Simon S A, et al. 2013. Plants regenerated from tissue culture contain stable epigenome changes in rice. eLife, 2: e00354.

Studer A, Zhao Q, Ross-Ibarra J, et al. 2011. Identification of a functional transposon insertion in the maize domestication gene *tb1*. Nat Genet, 43(11): 1160-1163.

Tang S, Yang C, Wang D, et al. 2022. Targeted DNA demethylation produces heritable epialleles in rice. Sci China Life Sci, 65(4): 753-756.

Wang L, Cao S, Wang P, et al. 2021a. DNA hypomethylation in tetraploid rice potentiates stress-responsive gene expression for salt tolerance. Proc Natl Acad Sci USA, 118(13): e2023981118.

Wang M, Li Z, Zhang Y, et al. 2021b. An atlas of wheat epigenetic regulatory elements reveals subgenome divergence in the regulation of development and stress responses. Plant Cell, 33(4): 865-881.

Wang M, Yu Y, Haberer G, et al. 2014. The genome sequence of African rice (*Oryza glaberrima*) and evidence for independent domestication. Nat Genet, 46(9): 982-988.

Wang N, Gent J I, Dawe R K. 2021c. Haploid induction by a maize *cenh3* null mutant. Sci Adv, 7(4): eabe2299.

Wei X, Song X, Wei L, et al. 2017. An epiallele of rice AK1 affects photosynthetic capacity. J Integr Plant Biol, 59(3): 158-163.

Xu J, Chen G, Hermanson P J, et al. 2019. Population-level analysis reveals the widespread occurrence and phenotypic consequence of DNA methylation variation not tagged by genetic variation in maize. Genome Biol, 20(1): 243.

Yang Q, Li Z, Li W, et al. 2013. CACTA-like transposable element in *ZmCCT* attenuated photoperiod sensitivity and accelerated the postdomestication spread of maize. Proc Natl Acad Sci USA, 110(42): 16969-16974.

Yu Q, Liu S, Yu L, et al. 2021. RNA demethylation increases the yield and biomass of rice and potato plants in field trials. Nat Biotechnol, 39(12): 1581-1588.

Yuan J, Sun H, Wang Y, et al. 2022. Open chromatin interaction maps reveal functional regulatory elements and chromatin architecture variations during wheat evolution. Genome Biol, 23(1): 34.

Zhang J, Liu Y, Xia E H, et al. 2015a. Autotetraploid rice methylome analysis reveals methylation variation of transposable elements and their effects on gene expression. Proc Natl Acad Sci USA, 112(50): E7022-E7029.

Zhang L, Cheng Z, Qin R, et al. 2012. Identification and characterization of an epi-allele of *FIE1* reveals a regulatory linkage between two epigenetic marks in rice. Plant Cell, 24(11): 4407-4421.

Zhang L, Yu H, Ma B, et al. 2017. A natural tandem array alleviates epigenetic repression of *IPA1* and leads to superior yielding rice. Nat Commun, 8: 14789.

Zhang Q J, Zhu T, Xia E H, et al. 2014. Rapid diversification of five *Oryza* AA genomes associated with rice adaptation. Proc Natl Acad Sci USA, 111(46): E4954-E4962.

Zhang X, Sun J, Cao X, et al. 2015b. Epigenetic mutation of *RAV6* affects leaf angle and seed size in rice. Plant Physiol, 169(3): 2118-2128.

Zhang Y, Li Z, Zhang Y, et al. 2021. Evolutionary rewiring of the wheat transcriptional regulatory network by lineage-specific transposable elements. Genome Res, 31(12): 2276-2289.

专题八 递送与再生

肖　军[1*]　王延鹏[1]　关春梅[1]　王佳伟[2]　焦雨铃[3]　张宪省[4]

1. 中国科学院遗传与发育生物学研究所，北京，100101
2. 中国科学院分子植物科学卓越创新中心，上海，200032
3. 北京大学生命科学学院，北京大学-清华大学生命科学联合中心，北京，100871
4. 山东农业大学生命科学学院小麦育种全国重点实验室，泰安，271018
*联系人 E-mail：jxiao@genetics.ac.cn

摘　　要

作物育种技术的革新需要对遗传物质进行精准、定向操作，这依赖于高效的遗传操作元件递送与植物细胞的再生技术。传统的遗传物质递送主要由农杆菌与基因枪介导，技术成熟、应用广泛，但同时也存在效率、承载量及物种限制等制约因素。新一代的纳米材料及作物特异性病毒介导的递送呈现出简便、高效、广适的特征，具有助推作物育种技术革新的潜力。再生机理的持续研究为植物细胞全能性特征在作物遗传转化中的应用奠定了基础，再生因子的解析助力于作物遗传转化效率的提升。本专题重点关注传统及新兴的递送方式及植物再生机制的研究进展，并对我国及国际发展态势进行了研判，以及对新一代递送与高效再生技术未来的发展趋势进行了展望。同时，针对目前我国在递送与再生领域研究的瓶颈提出了应对策略，对未来5～10年的研究进行了战略布局。

1　背景与需求分析

民以食为天，粮食安全是国家稳定的基础。在耕地面积有限的大前提下，提升粮食的单位产量是保障国家粮食安全的必经之路。作物新品种的培育对于粮食单产的提升有很大贡献，这得益于不断更新的育种技术。育种技术迭代升级，目前已由杂交育种、诱变育种向转基因育种和近年来兴起的基因编辑育种升级，将来可能还会实现快速从头驯化、合成生物学等育种技术的产业化（Gao，2021）。自转基因技术开始，后续出现的多种生物育种新技术都离不开对遗传物质的定向操作，需要将 DNA/RNA 或者遗传操控元件，如基因编辑工具 CRISPR/Cas 系统递送到植物细胞中,并在水稻、小麦、玉米、大豆、番茄等绝大多数作物中依赖**再生**的过程获得可遗传的性状改良的新品种。因此**遗传物质的递送与植株的再生是未来生物育种技术的底层支撑技术,是实现前沿育种技术的基石**。

1.1 植物细胞递送与植株再生助力作物育种技术的更新

与杂交育种和诱变育种相比,转基因育种和基因编辑育种具有周期短、效率高、可操作多个位点、定向改良等优点。然而,这两种育种技术都需要对目的基因进行遗传操作,以实现对其功能的优化,从而达到对作物性状改良的目的。该过程需要借助植物的遗传转化系统。除拟南芥等少数植物外,植物遗传转化通常需要经历两个重要的阶段,分别是遗传操作元件的递送和植株再生(Shrawat and Lorz,2006;Ran et al.,2017;Song et al.,2019)。20 世纪 80 年代中期,科学家发现农杆菌能在自然条件下趋化性地感染大多数双子叶植物和部分单子叶植物的受伤部位,是一种天然的植物遗传物质递送载体(Kudirka et al.,1986)。随后,**农杆菌介导的遗传转化**方法被建立并广泛用于转基因植物的培育,**这推动了转基因育种技术的出现**。基因枪法转化起始于 1987 年(Klein et al.,1987),是一种直接将遗传物质轰击进入植物细胞的方法,具有不受宿主限制的明显优点,极大地**拓展了遗传转化可操作物种**的范围,进一步促进了转基因育种技术的推广。自2012 年以来,基因编辑技术蓬勃发展,也被用于作物的育种改良。类似于转基因技术,复杂的**基因编辑操作元件**也需要借助**直接或者间接的递送方式**进入植物细胞,并在大多数作物中依赖**植株再生过程**获得可遗传的、包含基因编辑的植株。

1.2 递送与再生效率成为新型育种技术的制约因素

目前遗传转化体系中多采用基因枪或农杆菌介导的递送系统,但二者均存在一些缺陷。例如,农杆菌介导的递送系统受物种的严格限制,且能够递送的遗传操作元件单一;而基因枪的操作复杂,成本高,且插入片段随机性高。同时,两种方法也存在一些共性的操作短板,如转化效率低、都依赖于再生过程、无法做到通量的提升、在某些作物中甚至完全不能操作。如何**提升作物的再生效率和革新遗传物质的递送方式**是遗传育种改良的"卡脖子"问题。

对于一些重要的农作物,如大豆、玉米及基因组结构复杂的六倍体小麦(IWGSC et al.,2018),遗传转化仍然是生物育种过程中的主要技术瓶颈(Altpeter et al.,2016;Gao,2021)。通常,小麦的遗传转化需要使用大量的幼胚作为初始材料,利用基因枪轰击或者农杆菌转化的方式将外源基因转化到幼胚中,此后需要经历长达数周至数月的组织培养和体外再生以获得完整的植株。在此过程中,通常还需要利用诸如除草剂抗性基因之类的筛选标记进行阳性株的富集和筛选（Shan et al., 2014; Zhang et al., 2014; Howells et al., 2018），整个过程周期长、成本高、技术门槛较高。而且，以小麦为代表的作物还普遍存在遗传转化效率低、品种间差异大的问题，这严重制约了通过遗传操作的育种改良进程，如基因编辑育种。

1.3 新一代递送与高效再生技术成为种业科技创新的驱动力

随着基础研究的发展，科学家对模式植物再生过程的分子调控机制的解析愈加清晰，一些重要的影响再生效率的因子被鉴定及应用于作物再生效率的提升，并取得了显著的效果，如 WIND1、WOX5、BBM、GRF4-GIF1 等（Lowe et al., 2016; Debernardi et al., 2020; Qiu et al., 2022; Suo et al., 2021; Wang, 2021）。同时，伴随着 21 世纪初材料科学的兴起，以纳米材料为介质的新兴遗传物质递送系统在动物细胞系统中得到了广泛的应用，具有操作简单、承载量大、效率高等优势。在不同类型的植物细胞中开展纳米材料介导的遗传物质递送的初步研究，均呈现出一定的潜力（Yan et al., 2022）。此外，一些基于植物病毒的递送系统可以将基因编辑元件如 Cas9 蛋白和/或 gRNA 导入植物细胞中实现基因编辑。部分病毒载体可以将 sgRNA 携带到植物的生殖细胞或者胚中，从而在 Cas9 过表达的背景下绕开了植物细胞再生的过程，实现可遗传的基因编辑（Yin et al., 2015; Oh et al., 2021）。近期，一种利用基因枪直接将遗传操作元件递送到小麦顶端分生组织"干细胞"层的方法被开发出来，实现了无须体外组织培养、细胞再生过程的"递送-编辑一步式"的遗传操作（Imai et al., 2020）。基于原生质体的再生系统有望突破植物细胞再生的通量制约，拓展遗传操作的应用空间。因此，这些新兴的方法体系构成了"新一代"的递送和高效再生技术，为育种技术提升带来了遗传操作环节的高效性、简便性和广适性。

综上所述，**新一代递送和高效再生技术**的研究将**推动其他前沿育种技术**如基因编辑育种、快速驯化育种、合成生物学育种等的**蓬勃发展**，是未来**作物生物技术育种**不可或缺的**一个重要环节**。

2 发展态势分析

2.1 传统递送技术发展进入瓶颈期，中国明显落后于美国

农杆菌介导的递送和遗传转化技术从 20 世纪 80 年代开始在植物中得到应用，这极大地促进了基因功能的研究和作物性状的遗传改良。经历了近 40 年的发展，

该技术的研究和应用都取得丰硕的成果，产生了9078篇文章，以及1513件相关的专利。其中，中国在总体发表文章数量上位于全球第一（3308篇，占总数的36.4%），远远超过第二的美国（1467篇，占总数的16.2%）和印度、日本等国（图1）。在申请专利的总体数量上美国（166件）和中国（123件）分列前两位，中美差距不大（图2）。然而，在**高被引论文（486篇，被引用次数≥100）及核心专利（200件，合享价值度为10）**上，美国遥遥领先（**212篇高被引论文，69件核心专利**），**中国与之差距很大（36篇高被引论文，8件核心专利）**。这也奠定了美国在当前农业转基因领域的领先地位。同时从年度的发文量和专利数量可以研判，农杆菌介导的植物遗传转化体系趋于饱和。年度发文量在2011～2015年这一区间达到顶峰，之后略有下降；而专利申请也在2019年达到峰值，2020年和2021年开始回落。

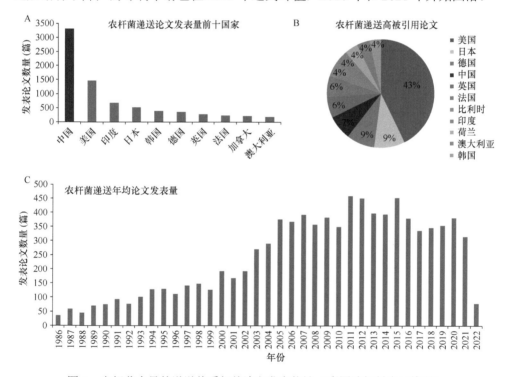

图1　农杆菌介导的递送体系相关论文发表统计（彩图请扫封底二维码）

基因枪介导的递送和遗传转化技术因其不受植物材料的基因型限制，且遗传物质递送形式多样的特点，也是目前应用较为广泛的一种技术。从20世纪90年代以来，共检索到1361篇相关文章、266件相关专利。其中美国（340篇）、中国（337篇）、日本（80篇）的论文发表总数分居前三位，中美差别很小。但是高被引论文数量差别巨大，美国占据了55%的高被引论文（54/98篇，被引用次数≥100），而中国只有2篇入选（图3）。

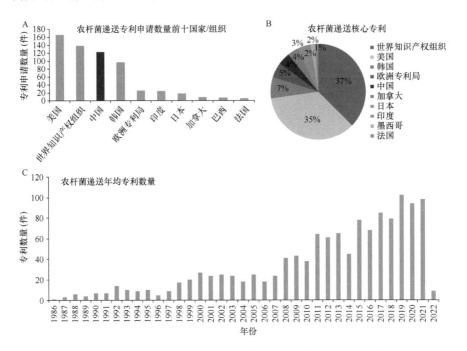

图 2　农杆菌介导的递送体系相关专利统计（彩图请扫封底二维码）

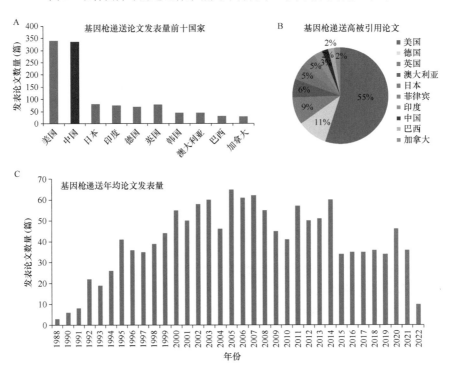

图 3　基因枪介导的递送体系相关论文发表统计（彩图请扫封底二维码）

在专利授权方面，美国获得 86 件，占世界的 32.3%，中国有 38 件，占世界的 14.3%，中美差距显著。而在核心专利（95 件，合享价值度为 10）数上，中美差距巨大（美国 34 件，占比为 35%；中国 3 件，占比为 4%）（图4）。因此，美国无论是在发文的数量还是质量，以及专利的数量和核心专利上都处于绝对的领先位置。**中国的发文和专利总量与美国差距明显，重要论文和核心专利差距巨大。**同时，从年度发文量上看，基因枪介导的遗传转化在 2005 年以后出现下降趋势，近 5 年的年度发文量只有顶峰时期的一半左右，而专利的申请数每年的波动较大。总体来看，相关基础理论研究已经呈现下降趋势，而基因枪介导遗传转化的应用价值因为不同时期承载了不同的遗传操控元件，随着基因编辑技术的兴起，仍有很好的应用潜力。

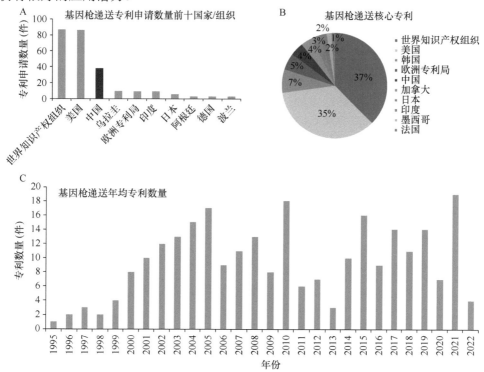

图4　基因枪介导的递送体系相关专利统计（彩图请扫封底二维码）

农杆菌和基因枪介导的主要递送方式，**美国在论文发表的总数上与中国差别不大，但是在高被引论文上占据绝对优势；而在专利申请方面，无论数量和质量美国都有明显的优势。**同时，这两种递送方式的**发展也趋于饱和，急需新一代的递送技术。**

2.2　我国在新一代递送技术的研究与应用领域与美国的差距正在缩小

由于以农杆菌和基因枪为代表的递送体系存在一些共性的缺点和各自的局限，新一代递送体系的研发也逐步展开。随着材料科学的高速发展，以纳米材料为介质的遗传物质递送体系得到快速发展。用"Nanomaterial delivery"及类似的关键词进行检索，从 2002 年开始至今共发表 1557 篇论文，年均发表论文数量持续增长，近几年增幅尤为显著，显示出新一代递送技术的极大潜力。其中美国（466篇）、中国（410 篇）、印度（153 篇）的发文量居世界前三，中美差距不大（图 5）。

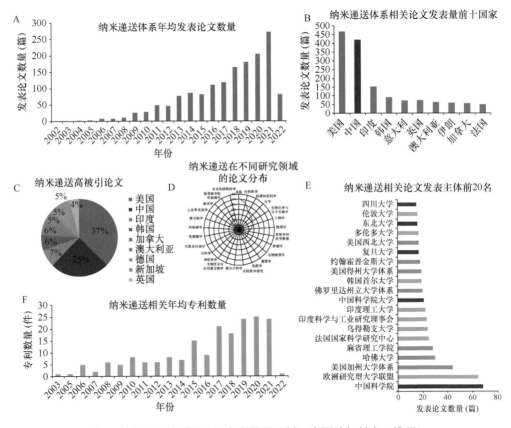

图 5　纳米递送体系论文及专利数量分析（彩图请扫封底二维码）

从研究机构来看，中国科学院发文居首，欧洲研究型大学联盟及美国的加州大学、哈佛大学和麻省理工学院排名前五。排名前 20 的研究单元，中国有 5 家科研机构入选，美国有 7 家研究机构入选。在高被引的 152 篇论文（被引用次数≥100）中，美国（57 篇）、中国（38 篇）、印度（11 篇）依然排名前三，中美有一定的差距（图 5）。在发表的纳米递送的相关论文中，涉及农业或者植物科学的仅

70 篇，只占总体发文的 4.5% 左右，显示纳米递送技术在农业中的研究仍处于起步阶段。同样，美国（20 篇）、中国（14 篇）、印度（9 篇）依然位居前三。在研究成果的应用上，纳米递送技术相关专利从 2003 年开始至今有 192 项，且近几年专利数目大幅增长。其中，与植物或农业中应用相关的专利仅 6 件，占比为 3.1%，美国有 4 件，中国和印度各 1 件。

目前纳米材料已成功介导外源性 DNA 在动物细胞内的递送和表达，也有少量纳米材料可结合包括 DNA、RNA、蛋白质等在内的生物大分子并递送到植物体内（Cunningham et al.，2018）。研究表明，偶联了遗传物质的特异纳米材料，可在无须额外设备和化学试剂的情况下，通过被动扩散的方式跨过细胞壁和细胞膜进入细胞，介导遗传物质进入小麦、烟草、棉花等植物的成熟叶肉细胞，实现外源遗传物质在细胞中的瞬时表达（Demirer et al.，2019；Kwak et al.，2019；Yan et al.，2022）。

此外，基于植物病毒介导的基因编辑（virus mediated gene editing，VMGE）也在近几年取得一些进展，特别是在递送基因编辑载体工具的应用方面。由于文献较少，以列举为主展示如下。2014 年，Baltes 等报道了首个基于植物双生病毒 BeYDV 复制子的 VMGE 载体，用于 CRISPR/Cas 组分的表达和递送。该载体成功对本氏烟草的内源基因 *ALS* 进行了编辑，从而首次证明了植物病毒在 CRISPR/Cas 组分递送中的应用。此后，基于该系统实现了在番茄和马铃薯基因打靶中的应用（Cermak et al.，2015；Butler et al.，2016；Dahan-Meir et al.，2018）。除了双子叶植物，基于双生病毒小麦矮缩病毒（wheat dwarf virus，WDV）的 VMGE 载体也被用于单子叶植物基因打靶，包括水稻（Wang et al.，2017）和小麦（Gil-Humanes et al.，2017）。近期，一种基于棉花皱叶病毒（cotton leaf crumple virus，CLCrV）的 DNA VMGE 载体也被开发出来，并被报道可以在拟南芥中实现可遗传的基因编辑（Lei et al.，2021）。

除了以双生病毒为代表的 DNA 病毒，植物 RNA 病毒也被用来递送基因编辑组分。例如，烟草脆裂病毒（tobacco rattle virus，TRV）和豌豆早褐病毒（pea early-browning virus，PEBV）（Ali et al.，2015）。值得一提的是，这种 TRV VMGE 载体具有直接编辑植物的生殖细胞或胚而绕开组培操作，快速获得基因编辑的突变体子代植株的潜力。然而无论是 TRV 还是烟草花叶病毒（tobacco mosaic virus，TMV），均只能用于表达和递送 gRNA，而未能表达和递送完整的 SpCas9 蛋白。Kaya 等（2017）将金黄色葡萄球菌（*Staphylococcus aureus*）Cas9（SaCas9）拆分为两部分（Split-SaCas9），并成功利用番茄花叶病毒（tomato mosaic virus，ToMV）在本氏烟草中表达。2019 年，Gao 等首次利用一种植物负链 RNA 病毒大麦黄条点花叶病毒（barley yellow striate mosaic virus，BYSMV）在本氏烟草接种叶中表达了完整的 SpCas9 蛋白和 gRNA，实现了对本氏烟草接种叶的基因编辑。之后，另一种植物弹状负链 RNA 病毒苣苣黄网弹状病毒（*Sonchus* yellow net rhabdovirus，SYNV）也被开发为 VMGE 载体，其可以在本氏烟草中同时表达和递送完整的 Cas9 蛋白和 gRNA 且能够保留系统侵染的能力，通过采集系统侵染的叶片进行体外组培，在 T_0 代幼苗中即可高效获得纯合的突变植株（Ma et al.，2020）。有研究人员借助植物开花控制基因 *Flowering Locus T（FT）* mRNA 和 tRNA 在植物内的远距离运动能力（Li et al.，2009；Zhang et al.，2016），在基于 TRV 的 VMGE 载体的基础上，在 sgRNA 中融合上述元件，促进了 sgRNA 进入寄主植物的分生组织细胞进行编辑，得到发生编辑的子代植株（Ellison et al.，2020）。借助于相同的策略，马铃薯 X 病毒（potato virus X，PVX）VMGE 载体也被报道可以在拟南芥中实现可遗传的基因编辑（Uranga et al.，2021）。Li 等（2021）开发了基于大麦条纹花叶病毒（barley stripe mosaic virus，BSMV）的 sgRNA 递送载体系统——BSMV-sg。通过将 BSMV-sg 接种于多个不同品种的 Cas9 过表达小麦，均能够直接从收获的种子中，高效地获得发生靶标基因编辑的突变体子代。

以上分析显示，相较于上一代的递送系统，**中国在新一代纳米材料递送技术的基础研究领域与美国的差距有所缩小**，而纳米递送技术**在植物/农业中的应用刚刚起步**，对于我国来说是一个**追赶、超越**的时机。同时，在**植物病毒介导的递送和遗传转化研究**中，我国科学家也取得了一些**原创性成果**，为后续的应用奠定了基础。

2.3 植物再生机制的研究与应用是持续热点，我国有体量的优势而美国有核心理论和技术

再生机制的相关研究是生命科学的一个持续热点，被 *Science* 杂志列为"125 个重要科学问题"。植物再生机制的研究论文数量从 21 世纪初以来持续增长，特别是近几年发文量进一步加速增长，到目前共检索到 26 499 篇文献，其中**小麦、水稻、玉米、大豆**等作物的研究相对比重较少，共 1718 篇，占发文总数的 6.5%。从植物再生研究发文总量来看，中国（5680 篇）和美国（3884 篇）位居前两位，分别占论文总数的 21.4%和 14.7%，中国发文量显著大于美国（图 6）。美国农业部和中国科学院的科研机构是最大的两个论文贡献单元。对植物再生机制相关 238 篇农业领域高被引文献（被引用次数≥100）的分析发现，美国占据了绝对的优势，共有 99 篇入选；而中国只有 15 篇，呈现了在核心研究论文上与美国的显著差距（图 6）。

在植物再生在农业领域的应用方面，共检索到 3267 件专利，近几年保持迅速增长的总体趋势，展现出持续的应用价值（图 7）。其中中国贡献了专利的主体，

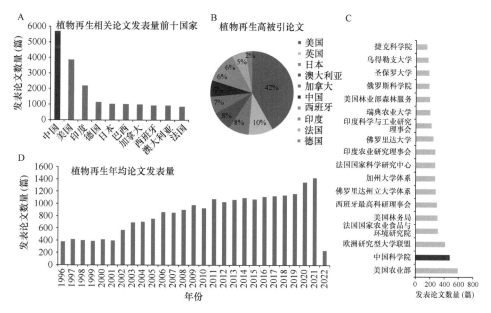

图 6　植物再生相关论文统计（彩图请扫封底二维码）

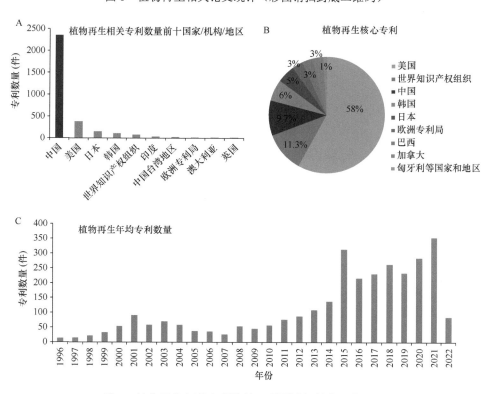

图 7　植物再生相关专利统计（彩图请扫封底二维码）

具有 2354 件，占比为 72.1%，而美国位居第二，有 377 件，占比为 11.5%，中国具有绝对的数量优势。但是，核心专利（207 件，合享价值度为 10）大部分被美国掌握（120 件，占比为 58.0%），而中国只有 20 件，占比为 9.7%（图 7）。由此可见，我国在植物再生领域的绝大部分专利都没有得到很好的应用。

综上可见，植物再生机制的研究**以模式植物为主，作物相对较少，亟须加强**。中国在研究论文和专利的总量方面远超美国，但是在**高被引论文和核心专利申请上截然相反，与美国有较大的差距**。**植物再生**的研究是**持续的科学热点，需不断产生应用专利**。

2.4 我国在作物再生基础研究领域具有一定的亮点

目前其他转化技术尚未取得颠覆性突破，基于再生的作物遗传转化仍是转基因或基因编辑的主要导入方式。我国科学家在小麦、水稻的再生基础研究中发文总量居世界首位，是美国的 2～3 倍，且在高被引文章数目上与美国差距不大，特别是小麦再生的相关研究（中国 9 篇、美国 11 篇）（图 8）。近期，中美科学家（中国科学院遗传与发育生物学研究所、美国加州大学戴维斯分校）相继发现共转

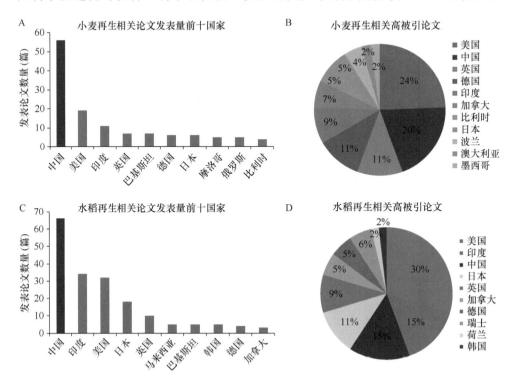

图 8 小麦、水稻再生相关论文发表数量分析（彩图请扫封底二维码）

GRF4-GIF1 促进农杆菌及基因枪介导的小麦遗传转化及再生过程，并且还能降低受体小麦品种的限制，也可以提高其他小麦属物种的再生效率（Debernardi et al.，2020；Qiu et al.，2022）。中国科学家（中国农业科学院作物科学研究所、华南农业大学）发现表达 *TaWOX5* 可以促进多种作物再生效率，且能改善不同品种小麦的再生效率，包括一些之前不能进行遗传操作的主栽品种（Wang et al.，2022）；在水稻和玉米愈伤组织中表达玉米 *GOLDEN2* 可提高转化再生效率（Luo et al.，2023）。

除了用幼胚作为再生诱导的来源，还可以在离体培养条件下，从完全分化的叶肉细胞分离得到原生质体，经过愈伤组织形成和芽分化过程完成植株的再生。这种方式极大地丰富了外植体的来源并降低了成本，拓展了遗传物质递送的方式，同时也具有高通量的特征，可用于突变体诱导和筛选。然而原生质体产生再生植株的频率很低，我国科学家（中国科学院遗传与发育生物学研究所）近年研究发现了一些关键的转录因子如 WUS 和 DRN 可以提升再生效率，并且改变表观修饰状态如染色质开放程度也可以促进再生（Xu et al.，2021）。

综上所述，我国在一些特定的作物如小麦、水稻的再生机制研究领域与美国相比各有特色，在高通量的原生质体再生机制研究方面有较好的基础。

3　瓶颈对策分析

传统的植物细胞递送和再生技术的理论研究起始于 20 世纪 80 年代，我国由于研究起步晚等因素与以美国为代表的国家存在明显的差距。新一代纳米材料和植物病毒递送系统及作物高效再生相关研究刚刚起步，我国在基础研究上与美国的差距有所缩小，但是在应用上已然与美国存在显著差距。因此迫切需要加强研究新一代递送系统在作物中的应用，形成我国的原创性、具有自主知识产权的核心技术。同时，植物再生机制的研究是生命科学领域的持续热点，作物与模式植物拟南芥的再生机制存在差异，作物再生效率低，这是作物遗传操作的育种技术更新的瓶颈。纳米材料及植物病毒介导的递送和再生在农业领域的应用也需要建立安全评价措施和监管政策，才能确保该技术在育种中的安全应用。以下列举新一代递送与高效再生技术的瓶颈和相应的对策分析。

3.1　我国新材料和新介质的基础研究不足，新一代递送技术开发具有一定瓶颈

纳米材料表面积大，可负载大片段的遗传材料，递送效率高，且不受限于受体材料，具有很高的生物相容性和可降解性，不会损伤受体细胞，具有很好的应

用前景。纳米材料介导的遗传物质递送技术在动物细胞中应用广泛,与动物细胞相比,植物细胞具有细胞壁,这极大地限制了外源分子的递送。虽然已有少数报道纳米材料介导遗传物质进入植物成熟叶肉细胞,实现外源遗传物质在细胞中的瞬时表达(Demirer et al.,2019)。但是,获得稳定遗传的基因修饰植株需要偶联基因编辑系统,目前在植物中还难以实现(Yan et al.,2022)。**如何实现纳米介质高效递送复杂的遗传操作元件进入植物细胞,是新一代递送技术能否在作物育种中应用的核心技术瓶颈。我国在纳米材料的基础研究及学科交叉方面的研究不足,缺乏针对植物细胞进行递送的纳米材料修饰、改造的研究基础,未来在技术上存在一定的瓶颈。**

病毒递送系统展现出操作简单,可以绕开组织培养环节的优势,如前面提及的 VMGE 技术。然而该系统存在病毒-宿主的特异性,操作物种受限。且目前的技术体系,需要受体为已经含有 Cas9 过表达蛋白的植物材料。**如何突破病毒-宿主的物种限制及优化载体系统**,实现**同时递送完整基因编辑元件**(sgRNA 和 Cas蛋白)是该技术能否广泛应用的**限制因素**。

对策分析:纳米材料研究领域高速发展,需要加强学科交叉,**联合攻关**,促进材料科学家与植物科学家联手突破纳米递送技术在作物细胞中的应用瓶颈,需要政府加强对于交叉科学的支持力度。病毒递送系统需要加强基础研究,**探究病毒-宿主识别的机制,突破宿主特异性**,同时**优化病毒载体系统**,扩大 VMGE 等载体的承载量,实现容纳复杂基因编辑元件的同时,保留病毒的系统侵染能力。

3.2 新一代递送技术安全隐患和监管体系不明确,在植物/作物中的应用会受到制约

新一代递送技术展现出高效、物种限制少、操作简单、可一定程度绕开组织培养的优势。随着技术的成熟,将有可能广泛地搭载多种新兴的育种技术,如基因编辑育种、合成生物学育种等,应用于作物育种的产业化。然而,纳米材料和植物病毒介导的递送系统具有一定的安全隐患,是否对植物体带来损害及作为粮食消费的主体——人类的健康产生影响需要进行有效的评估和监测。

对策分析:在发展新一代递送技术的同时,需要构建完整科学的风险评定系统,连同基因编辑、合成生物学等育种技术的监管体系,保障育种产品商业化和产业化发展的同时降低/消除安全隐患。

3.3 植物/作物再生过程的分子机制尚不明确

只有少数植物可以在受到伤害时自然再生整个植株,但是很多物种的外植体

在有外源生长素和细胞分裂素存在的培养条件下都可以完成器官或植株的离体再生（Skoog and Miller，1957）。该现象已经发现了 60 多年，然而精准的分子调控机制仍然没有被解析清楚，特别是在重要的作物中，这也极大地限制了作物遗传转化的效率和育种技术的提升。植物再生是由多种细胞活动协同完成的复杂过程，其中既包括细胞周期的重新激活，也包括细胞重编程等，受到多维度的协同调控。并且不同的细胞类型具有不同的再生能力，细胞之间的异质性对再生效率影响很大。**深入解析植物，特别是重要作物的再生过程的分子网络是提升作物育种能力的迫切需求。**

对策分析：随着单细胞多维组学测序技术的发展，植物细胞异质性对再生能力的影响将得到新的解析，目前在模式植物拟南芥中已有相关初步报道（Mironova and Xu，2019；Zhai and Xu，2021）。近年来，复杂作物基因组（如多倍体小麦）的释放为基因功能解析提供了可能。未来需加强单细胞测序技术在作物再生机制解析方面的研究，解析再生过程的多维调控网络，挖掘影响再生效率的重要因子，**为提升作物的遗传转化效率及育种技术提供核心理论基础支撑。**

3.4 影响不同作物再生效率的关键调控机制有待挖掘

不同植物具有不同的再生效率，同一物种的不同品种/生态型，如水稻的亚种粳稻和籼稻，存在差异显著的再生能力。同时，同一株植物的不同组织部位也有显著不同的再生能力，这导致了外植体的选择存在很强的偏好性。例如，小麦目前主要利用授粉后未发育成熟的幼胚作为再生的来源，而水稻可以用萌发种子的成熟胚作为外植体，从而大大降低了成本，以及拓展了遗传转化的时间窗口。因此，针对不同的作物**拓展不同外植体的再生能力限制，以及突破品种的局限性**是作物遗传育种改良的前提。

对策分析：对比分析不同外植体再生过程调控的差异，优化外植体的选择；比较分析不同品种的再生差异机制，鉴定关键再生因子，突破作物不同品种的再生效率限制。

3.5 作物中缺乏无须组织培养的高效递送-遗传转化技术体系

依赖于组织培养的递送和再生体系操作复杂，植株再生周期长，有物种的限制性，对操作者有较高的专业基础和经验要求，且组培过程中往往伴随受体组织的突变等一系列副作用，因此有很多不足。在模式植物拟南芥中广泛应用的蘸花法转化就是一种不依赖于组织培养的转化体系。在作物如水稻、小麦和苜蓿中也有通过花芽浸泡获得转化植株的案例。利用花粉管通道使 DNA 通过珠心进入胚囊整合到未分裂的合子细胞中也在玉米和棉花中有成功的例子。用基因枪直接轰击大豆、棉花或小麦的茎尖分生组织可以获得可育的转化个体。但是以上方法都有效率低下的缺陷。因而**探索高效的、不依赖于组织培养的遗传物质递送和转化体系**具有重要的应用价值。

对策分析：最近的研究发现，将 DNA、RNA 或蛋白质用**纳米颗粒**包裹，用这些颗粒轰击茎尖分生组织，可以实现无须组织培养的再生过程，成功获得遗传转化的小麦（Imai et al.，2020）。这些技术突破了物种限制，有望在改进纳米材料后提升转化效率及推动基因编辑育种技术的发展。同时，病毒介导的基因编辑递送体系如 BSMV-sg，在一定程度上可以实现无须组培的小麦遗传转化，虽然仍需受体材料过表达 Cas9 酶促系统（Li et al.，2021），并受物种特异性限制。

4　未来战略构想

目前，国际范围内多种新兴的育种技术如基因编辑育种、快速从头驯化育种、合成生物学育种等不断涌现并高速发展。作为承载这些新兴育种策略的底盘技术，"遗传物质的递送和再生技术"也正经历进化到新一代高效、高通量、高载量、无物种限制、无外源 DNA 整合，甚至于无须组织培养的阶段。我国应抓住新一代高效递送和再生技术刚刚起步的机遇，加大对再生基础理论研究的投入，加强材料科学和植物学等的交叉融合，加快将新一代递送和再生技术应用于作物育种科技创新的实践，从而实现对以美国为代表的在上一代递送和再生技术中先行国家的追赶和超越，助力我国作物育种产业的跨越式发展。

4.1　发展思路

加强作物再生过程分子机制研究，形成理论体系，突破作物再生的物种限制、品种差异和外植体来源选择的局限，在国际上占领作物再生基础研究高地。

推进多学科的交叉融合，实现新型递送技术从理论到应用的过渡，产生具有自主知识产权的新一代高效递送核心技术，推动其承载的前沿育种技术的优化。

创新性地建立高效、不受物种限制且无须组织培养的一步到位式递送-转化体系，打造全新的遗传转化方式，助推前沿育种技术的迭代升级。

4.2　发展目标

由于我国在上一代递送与再生领域的研究起步晚，原创的理论和核心的技术体系都被以美国为代表的国家把持。因此，我们需要抓住新一代递送与再生技术刚涌现的机会，加大对基础理论的研究，获得重要的原创理论突破；开展多学科交叉，实现主要作物中高效便捷、突破物种限制且无外源 DNA 整合的递送系统，以及无须组织培养的一步到位式的转化体系。

五年发展目标：

（1）加强主要作物再生过程的分子机制研究，实现作物再生理论的突破，挖掘 3～5 个可提升作物再生效率的重要因子，建立 2～3 套具有自主知识产权的高效转化体系；

（2）拓展作物再生起始材料的选择，建立周期短、操作简单、通量高的再生体系，实现主要作物不同品种的高效遗传转化；

（3）加强多学科交叉，实现新型递送系统在作物中的应用，打破物种局限、大幅提升传递效率，为基因编辑育种技术提升保驾护航；

（4）建立并优化无须组织培养的直接递送和转化技术体系，提升效率和突破物种瓶颈。

十年发展目标：在新一代递送和高效再生技术领域，占据原创的理论突破和核心的技术专利引领地位，使我国成为新一代递送和再生技术的中心；推动基因编辑育种、快速从头驯化育种、合成生物学育种等新兴育种技术的更新迭代，成为我国作物种业科技创新的底层驱动力，保障国家粮食安全和社会稳定。

4.3　政策保障和建议

作为多种前沿育种技术的**底盘支撑体系**，遗传物质的**递送和再生**是一个**持续的研究热点**。过去几十年的研究表明，植物**再生效率**的大幅提高不是取决于个别决定因子，而是需要大量优化微效因子的累加。这决定了再生效率的提升需要进行长期的摸索，需要对一定体量的研究群体进行长期攻关、积累来逐步实现。因此，对再生的研究需要稳扎稳打，**确保研究的延续性和可继承性**，实现再生技术提升从量变到质变，真正服务于农业生物技术。而**递送技术**的革新需要融合多种学科，特别是材料科学的技术优势，需要**鼓励交叉合作，持续支持**，才能实现递送技术的优化和变革，为前沿育种技术的更新换代提供保障。

参 考 文 献

Ali Z, Abul-faraj A, Li L X, et al. 2015. Efficient virus-mediated genome editing in plants using the CRISPR/Cas9 system. Mol Plant, 8(8): 1288-1291.

Altpeter F, Springer N M, Bartley L E, et al. 2016. Advancing crop transformation in the era of genome editing. Plant Cell, 28(7): 1510-1520.

Baltes N J, Gil-Humanes J, Cermak T, et al. 2014. DNA replicons for plant genome engineering. Plant Cell, 26(1): 151-163.

Butler N M, Baltes N J, Voytas D F, et al. 2016. Geminivirus-mediated genome editing in potato

(*Solanum tuberosum* L.) using sequence-specific nucleases. Front Plant Sci, 7: 1045.

Cermak T, Baltes N J, Cegan R, et al. 2015. High-frequency, precise modification of the tomato genome. Genome Biol, 16: 232.

Cunningham F J, Goh N S, Demirer G S, et al. 2018. Nanoparticle-mediated delivery towards advancing plant genetic engineering. Trends Biotechnol, 36(9): 882-897.

Dahan-Meir T, Filler-Hayut S, Melamed-Bessudo C, et al. 2018. Efficient *in planta* gene targeting in tomato using geminiviral replicons and the CRISPR/Cas9 system. Plant J, 95(1): 5-16.

Debernardi J M, Tricoli D M, Ercoli M F, et al. 2020. A GRF-GIF chimeric protein improves the regeneration efficiency of transgenic plants. Nat Biotechnol, 38(11): 1274-1279.

Demirer G S, Zhang H, Matos J L, et al. 2019. High aspect ratio nanomaterials enable delivery of functional genetic material without DNA integration in mature plants. Nat Nanotechnol, 14(5): 456-464.

Ellison E E, Nagalakshmi U, Gamo M E, et al. 2020. Multiplexed heritable gene editing using RNA viruses and mobile single guide RNAs. Nat Plants, 6(6): 620-624.

Gao C X. 2021. Genome engineering for crop improvement and future agriculture. Cell, 184(6): 1621-1635.

Gao Q, Xu W Y, Yan T, et al. 2019. Rescue of a plant cytorhabdovirus as versatile expression platforms for planthopper and cereal genomic studies. New Phytol, 223(4): 2120-2133.

Gil-Humanes J, Wang Y P, Liang Z, et al. 2017. High-efficiency gene targeting in hexaploid wheat using DNA replicons and CRISPR/Cas9. Plant J, 89(6): 1251-1262.

Howells R M, Craze M, Bowden S, et al. 2018. Efficient generation of stable, heritable gene edits in wheat using CRISPR/Cas9. BMC Plant Biol, 18(1): 215.

Imai R, Hamada H, Liu Y L, et al. 2020. *In planta* particle bombardment (iPB): a new method for plant transformation and genome editing. Plant Biotechnol, 37(2): 171-176.

International Wheat Genome Sequencing Consortium (IWGSC), Appels R, Eversole K, et al. 2018. Shifting the limits in wheat research and breeding using a fully annotated reference genome. Science, 361(6403): eaar7191.

Kaya H, Ishibashi K, Toki S. 2017. A split *Staphylococcus aureus* Cas9 as a compact genome-editing tool in plants. Plant Cell Physiol, 58(4): 643-649.

Klein T M, Wolf E D, Wu R, et al. 1987. High-velocity microprojectiles for delivering nucleic-acids into living Cells. Nature, 327: 70-73.

Kudirka D, Colburn S, Hinchee M, et al. 1986. Interactions of *Agrobacterium tumefaciens* with soybean (*Glycine max* (L.) Merr.) leaf explants in tissue culture. Canadian Journal of Genetics and Cytology, 28(5): 808-817.

Kwak S Y, Lew T T S, Sweeney C J, et al. 2019. Chloroplast-selective gene delivery and expression *in planta* using chitosan-complexed single-walled carbon nanotube carriers. Nat Nanotechnol, 14(5): 447-455.

Lei J F, Dai P H, Li Y, et al. 2021. Heritable gene editing using *FT* mobile guide RNAs and DNA viruses. Plant Methods, 17(1): 20.

Li C Y, Zhang K, Zeng X W, et al. 2009. A *cis* element within *Flowering Locus T* mRNA determines its mobility and facilitates trafficking of heterologous viral RNA. J Virol, 83(8): 3540-3548.

Li T D, Hu J C, Sun Y, et al. 2021. Highly efficient heritable genome editing in wheat using an RNA virus and bypassing tissue culture. Mol Plant, 14(11): 1787-1798.

Lowe K, Wu E, Wang N, et al. 2016. Morphogenic regulators *Baby boom* and *Wuschel* improve monocot transformation. Plant Cell, 28(9): 1998-2015.

Luo W, Tan J, Li T, et al. 2023. Overexpression of maize *GOLDEN2* in rice and maize calli improves regeneration by activating chloroplast development. Science China Life Sciences, 66(2): 340-349.

Ma X N, Zhang X Y, Liu H M, et al. 2020. Highly efficient DNA-free plant genome editing using virally delivered CRISPR-Cas9. Nat Plants, 6(7): 773-779.

Mironova V, Xu J. 2019. A single-cell view of tissue regeneration in plants. Curr Opin Plant Biol, 52: 149-154.

Oh Y, Kim H, Kim S G. 2021. Virus-induced plant genome editing. Curr Opin Plant Biol, 60: 101992.

Qiu F T, Xing S N, Xue C X, et al. 2022. Transient expression of a TaGRF4-TaGIF1 complex stimulates wheat regeneration and improves genome editing. Sci China Life Sci, 65(4): 731-738.

Ran Y D, Liang Z, Gao C X. 2017. Current and future editing reagent delivery systems for plant genome editing. Sci China Life Sci, 60(5): 490-505.

Shan Q W, Wang Y P, Li J, et al. 2014. Genome editing in rice and wheat using the CRISPR/Cas system. Nat Protoc, 9(10): 2395-2410.

Shrawat A K, Lorz H. 2006. Agrobacterium-mediated transformation of cereals: a promising approach crossing barriers. Plant Biotechnol J, 4(6): 575-603.

Skoog F, Miller C O. 1957. Chemical regulation of growth and organ formation in plant tissues cultured *in vitro*. Symp Soc Exp Biol, 11: 118-130.

Song G Q, Prieto H, Orbovic V. 2019. Agrobacterium-mediated transformation of tree fruit crops: methods, progress, and challenges. Front Plant Sci, 10: 226.

Suo J Q, Zhou C L, Zeng Z H, et al. 2021. Identification of regulatory factors promoting embryogenic callus formation in barley through transcriptome analysis. BMC Plant Biol, 21(1): 145.

Uranga M, Aragones V, Selma S, et al. 2021. Efficient Cas9 multiplex editing using unspaced sgRNA arrays engineering in a *Potato virus X* vector. Plant J, 106(2): 555-565.

Wang K, Shi L, Liang X N, et al. 2022. The gene *TaWOX5* overcomes genotype dependency in wheat genetic transformation. Nat Plants, 8(2): 110-117.

Wang K L. 2021. A novel approach for fractal Burgers-BBM equation and its variational principle. Fractals, 29(03): 2150059.

Wang M G, Lu Y M, Botella J R, et al. 2017. Gene targeting by homology-directed repair in rice using a geminivirus-based CRISPR/Cas9 system. Mol Plant, 10(7): 1007-1010.

Xu M X, Du Q W, Tian C H, et al. 2021. Stochastic gene expression drives mesophyll protoplast regeneration. Sci Adv, 7(33): eabg8466.

Yan Y, Zhu X J, Yu Y, et al. 2022. Nanotechnology strategies for plant genetic engineering. Adv Mater, 34(7): e2106945.

Yin K Q, Han T, Liu G, et al. 2015. A geminivirus-based guide RNA delivery system for CRISPR/Cas9 mediated plant genome editing. Scientific Reports, 5: 14926.

Zhai N, Xu L. 2021. Pluripotency acquisition in the middle cell layer of callus is required for organ regeneration. Nat Plants, 7(11): 1453-1460.

Zhang H, Zhang J S, Wei P L, et al. 2014. The CRISPR/Cas9 system produces specific and homozygous targeted gene editing in rice in one generation. Plant Biotechnol J, 12(6): 797-807.

Zhang W N, Thieme C J, Kollwig G, et al. 2016. tRNA-related sequences trigger systemic mRNA transport in plants. Plant Cell, 28(6): 1237-1249.

专题九　杂种优势与无融合生殖

李红菊[1*]　吴　昆[1]　赵　丽[1]　方　军[2]　赖锦盛[3]　王克剑[4]

1. 中国科学院遗传与发育生物学研究所，北京，100101
2. 中国科学院东北地理与农业生态研究所，长春，130102
3. 中国农业大学，北京，100193
4. 中国水稻研究所，杭州，311401
*联系人 E-mail：hjli@genetics.ac.cn

摘　　要

　　作物杂种优势现象普遍存在，利用该现象培育杂交种，可以显著提高农作物的产量、品质和抗逆性，进而保障我国的粮食安全。要进一步挖掘杂种优势的潜力，并在更多农作物中推广和应用，需要更深入地认识杂种优势的遗传调控机理。传统的杂交制种过程烦琐且成本高，通常受限于保持系、不育系和恢复系的建立，以及光照和温度等环境条件。此外，由于杂交种不能留种，每年重复制种成本高。这些不利因素限制了杂种优势在农业生产中的应用。无融合生殖技术有望克服上述杂交制种过程中的限制因素，摆脱烦琐的杂交制种程序，实现直接从少量杂交种进行无限量"克隆"繁殖。因此，该技术有着巨大的应用潜力，被誉为农业研究领域的"圣杯"，预计在不远的未来会开启全新的"无性育种"革命。

1　背景与需求分析

1.1　杂种优势显著提高作物产量、品质和抗逆性

　　杂交育种是自 20 世纪开始应用的一种传统的育种方式。利用植物杂交第一代具有杂种优势的特性，显著提高作物产量和品质，对保障粮食安全起到了重要作用。预计到 2050 年，世界食品供应需要在目前的基础上增长 50%～70%，才能满足全人类需求。由于气候变化和可耕种土地的限制，培育具有水肥利用更高效、更高产、抗病虫害、抗逆等优良性状的作物品种是未来粮食安全的关键。杂交育种可以利用作物的杂种优势，最大化优异性状，是培育上述优异品种的重要手段。因此，高效利用杂种优势是进一步挖掘作物潜力、提高作物产量和品质的重要途径。

20 世纪 30 年代，美国开始将玉米天然开放授粉品种自交成纯合的自交系材料，通过进一步杂交制种，到 50 年代实现了高产杂交玉米的商业化。目前，我国种植的玉米也以杂交玉米为主。但农作物大都是自花授粉植物，需要手工去除花粉以配制杂交种，这极大地限制了在自花授粉作物中广泛利用杂种优势。20 世纪 60 年代，基于花粉不育水稻的发现，我国科学家和育种家通过"三系"法和"两系"法培育出了杂交稻，并实现了广泛的推广应用，推动了水稻产量的大幅提高，保障了我国的粮食安全。在其他作物中，如大豆、小麦等，存在杂交难度大和制种成本高等因素，这是限制杂种优势广泛应用的重要因素。因此，提高杂交制种技术水平，并改变杂交种的生产模式以降低成本，是实现作物杂种优势利用的关键。

1.2 杂交制种的困境

杂种优势现象的发现和应用已经长达一个多世纪，但依然存在许多理论和技术上的瓶颈。第一，人们对杂种优势的分子基础仍然缺乏清晰的认识，因此无法准确地大规模选择杂交配组。第二，在杂交制种过程中需要避免作物的自交授粉，这通常需要使用生物、人工或化学方法去除花粉。生物方法受自然环境和政策法规的限制，而人工和化学方法的应用则必然会增加成本。第三，杂交不亲和性经常导致远缘杂交结实率低，造成制种量低。第四，杂交后代会出现性状分离，杂种优势由此丧失。因此，农民无法保留杂交种子用于下一季的农耕，需要每年购买新的种子。对于育种家和种子企业而言，每年都需要进行烦琐的杂交制种过程，耗费大量的时间、人力、物力和土地资源。这些不利因素严重限制了杂种优势的进一步推广与利用。最近，备受关注的无融合生殖技术是一种有望从根本上解决上述问题的新兴制种技术。

1.3 无融合生殖技术有望克服杂交制种困境

无融合生殖是在一些野生植物中发现的一种无性生殖现象，但在主要作物中不存在。无融合生殖不发生雌雄配子核融合，能产生亲本克隆的后代。简单来说，就是通过无性繁殖产生种子。这些种子都是母本的克隆，其遗传背景与母本完全相同。因此，若该技术应用于杂交种生产，则可以避免烦琐的杂交制种过程。进行无融合生殖的杂交种植株开花后产生克隆种子，这些克隆种子可以无限繁殖，从而实现从 1 到"无穷"，从而绕过上述杂交制种中的技术瓶颈，这将极大地节约制种成本，大大推动杂种优势的利用。如果在水稻等主要作物中实现无融合生殖，那么每年仅就节约繁殖和制种费用一项就可达上百亿元人民币。截至目前，大豆杂交育种还没有应用于农业生产，一个主要原因就是杂交困难，杂交种获得率太低，如果能在大豆中建立无融合生殖体系，则可以将杂交大豆推广普及，预计可以提高大豆单产 10%～20%。同时，无融合生殖技术也可以避免病毒在以无性繁殖方式保种的植物中的代际转移，通过彻底改变这类作物的繁殖方式，来大大降低成本。因此，无融合生殖育种有着巨大的农业应用的潜力，被誉为农业研究领域的"圣杯"，预计该技术的成功推广应用将在未来开启"无性育种"革命。

1.4 无融合生殖技术长期受到国际关注

人们对无融合生殖的研究有着很长的历史。1987 年，袁隆平先生在《杂交水稻》杂志上发表了《杂交水稻的育种战略设想》一文，其中提出了杂交水稻的育种可以分为三系法、两系法和一系法三个战略发展阶段。一系法即通过无融合生殖来固定杂种优势的育种方法。同年，863 计划项目"水稻无融合生殖的研究"正式启动，由此国内开始了利用无融合生殖培育杂交水稻的探索工作。20 世纪 90年代，国际上掀起了对植物无融合生殖研究的热潮。在美国洛克菲勒基金会等机构的支持下，全世界有几十个国家、200 余个实验室开始从事无融合生殖研究。2020 年，欧盟"地平线 2020"计划设立了"无融合生殖发育机制"的研究项目，用于资助来自欧洲、美国和澳大利亚等国家的 12 个实验室开展植物有性生殖和无融合生殖研究的联合攻关。此外，比尔及梅琳达·盖茨基金会第一期投入 1450万美元用于支持无融合生殖攻关。2020 年，该基金会又投入了 1866 万美元资助高粱和豇豆的无融合生殖研究，旨在帮助发展中国家的农民保存性状优良的杂交种子。近 5 年来，越来越多无融合生殖相关基因被发现。2019 年，美国和中国科学家在无融合生殖固定杂种优势领域取得了重要突破，他们相继在杂交稻中创建了无融合生殖体系。这两项研究分别获得了杂交稻的克隆种子，从而实现了杂交水稻无融合生殖从无到有的突破（Khanday et al.，2019；Wang et al.，2019），也证明了杂交稻进行无融合生殖的可行性。

因此，解析无融合生殖的分子调控机理，在不同作物中建立无融合生殖技术体系，最终将该技术应用于繁殖杂交种，将成为未来 10 年国际上的研究热点，很有可能改变目前杂交育种的产业模式。

2 发展态势分析

2.1 基础研究进展

2.1.1 不同作物杂种优势的基础研究不均衡

杂种优势概念的提出及其在农业生产中的应用已经有超过一个世纪的历史。

目前关于杂种优势遗传基础的理论和假说包括显性互补假说、超显性假说和上位效应假说等。这些假说是建立在等位基因之间及非等位基因之间相互作用的基础上。在不同的杂交水稻组合中，显性作用、超显性作用和上位性互作效应都得到了体现，但在不同的遗传背景中，它们各自的贡献不尽相同，甚至有明显的差异。目前的研究表明，杂种优势与抗逆基因的表达下调、光合作用调控、表观遗传调控等有关，并且在水稻和玉米中已经鉴定到多个与杂种优势相关的遗传位点（刘杰和黄学辉，2021）。然而，与水稻相比，小麦和大豆等其他作物中不育系基因的鉴定和机制研究还相对滞后（欧阳亦聘和陈乐天，2021），这限制了杂种优势在这些作物中的应用。

目前，杂交玉米和杂交水稻的应用比较成功，种植面积最广。我国油菜种植总面积中约 70%是杂交油菜，达到了国际先进水平。我国率先发现了油菜雄性不育系，并建立了三系配套，育成了国际第一个油菜杂交种。加拿大由于在油菜自交系中引入了抗除草剂基因，建立了机械化制种体系，大大降低了生产成本。杂交小麦可以提高 10%～20%的产量，在欧洲有一定的种植面积，但在我国还没有进入规模化应用阶段，生产上应用的主要仍是常规小麦。对于大豆而言，尽管杂交大豆的产量比常规大豆有明显提高，但由于其特殊的株型和花型等内在原因，杂交大豆的技术体系还尚未建立。下面以杂交玉米和水稻为例，分析其在专利和研发方面的力量。

根据近 30 年发文量的分析，全球玉米杂种优势相关论文共有 1390 篇，可以分为两个阶段：第一个阶段是 1992～2004 年，年均发文量为 20 余篇；第二个阶段是 2005 年及以后，年发文量翻倍（图 1A）。美国的发文量占全球的 38.2%，占绝对优势；中国起步较晚，研究力量相对薄弱，全球占比仅为 1.8%，位列第九（图 1B）。然而，在高被引论文（80 篇，被引用次数≥100）方面，美国发表了 41 篇，占绝对优势；中国以 14 篇位居第二，并且其中的 10 篇都发表于 2005 年及以后。这表明我国在玉米杂种优势利用的基础研究方面发展势头强劲。

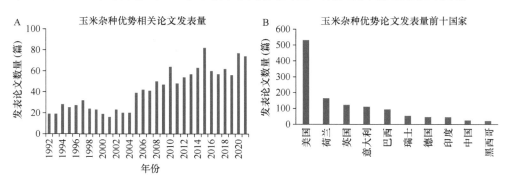

图 1　玉米杂种优势论文发表数量

近10多年来，水稻杂种优势相关文章的发表量明显提高，我国的发展趋势和全球的发展趋势基本一致（图2A）。自2013年起，我国的发文量一直占据全球的50%以上（图2B）。从高被引论文（被引用次数≥100）数量来看，从2010～2019年，水稻杂种优势领域共发表了20篇高被引论文。其中我国发表了14篇，包括中国农业大学2篇、华中农业大学4篇、上海交通大学1篇、武汉大学1篇、华南农业大学1篇、中国科学院3篇、中国农业科学院2篇，这表明我国在水稻杂种利用的基础研究方面处于全球领先地位。

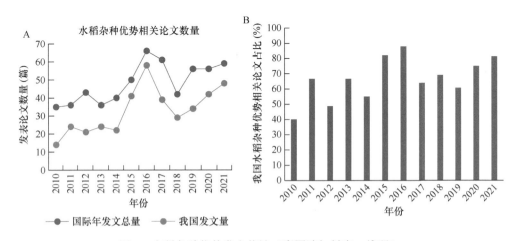

图2　水稻杂种优势发文统计（彩图请扫封底二维码）

2.1.2　无融合生殖基础研究进展缓慢

无融合生殖现象是在180年前在一种冬青植物中首次被发现的（Bicknell and Koltunow，2004）。在大约150年前，遗传学之父孟德尔通过豌豆杂交实验发现了杂种后代的性状分离现象，提出了遗传分离和连锁定律。同时，他还使用无融合生殖山柳菊进行了杂交实验，发现杂种的后代性状与杂交种完全一样，不符合遗传定律（van Dijk and Ellis，2016）。80多年前，人们提出了在作物中建立无融合生殖的思路，即通过基因工程手段改造参与有性生殖过程的关键基因或导入外缘无融合生殖基因，直接在作物中创造无融合生殖，从而实现无融合生殖的从头设计，即合成无融合生殖技术（synthetic apomixis）。

无融合生殖的遗传调控机理非常复杂，人们对其理解还非常有限。无融合生殖是在有性生殖的基础上，由基因变异引起的发育程序的改变（Grimanelli，2012；Koltunow and Grossniklaus，2003；Schmidt，2020；Sharbel et al.，2010）。通过比较关键基因在无融合生殖和有性生殖植物中的表达，发现两个发育过程的分子调控机制有很高的相似性。因此，寻找差异表达基因是解析无融合生殖性状的分子基础的重要途径。最近，通过这种方法，科学家克隆了启动孤雌生殖的非洲狼尾

草基因 *PsASGR-BBML* 和蒲公英基因 *PAR*，并将这两个基因分别在珍珠粟和莴苣的卵细胞中表达，成功地启动了种子的发育（Conner et al.，2015；Underwood et al.，2022）。这些研究证实了将天然无融合基因导入有性生殖植物中，启动无融合生殖的可行性。

2002～2011 年，我们在无融合生殖领域的发文数量排名全球第五，仅次于美国、巴西、阿根廷和德国（图 3A）。2012～2021 年，我国在该领域的相关发文数量跃居全球第一，紧随其后的是美国、德国、巴西和印度（图 3B）。从各国的年度发文量趋势来看，我国虽然起步晚，但从 2015 年开始发文量呈现出迅速增长的趋势，尤其是 2021 年迎来了一个飞跃，超过美国跃居第一（图 3C）。发文单位主要集中在科研院所和大学，如中国农业大学、中国农业科学院、华中农业大学、沈阳农业大学等。在 6 篇高被引论文（被引用次数≥100）中，中国有 2 篇（分别发表于 2017 年和 2019 年），分别来自中国农业大学和中国农业科学院；另外 2 篇来自美国的加州大学和跨国公司（2019 年），还有 2 篇来自德国和荷兰（分别发表于 2012 年和 2014 年）。这说明，近几年内中美两国在该领域都有较强劲的势头，而我国在无融合生殖领域已经具备了并跑，甚至领跑的潜力。

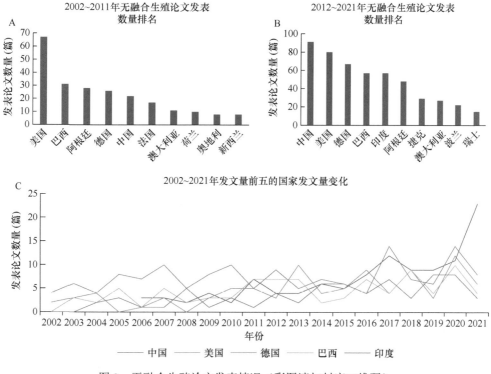

图 3　无融合生殖论文发表情况（彩图请扫封底二维码）

2.1.3 合成无融合生殖技术进入快速发展阶段

近 5 年来,单倍体诱导技术和相关基因的克隆大大促进了无融合生殖技术的发展。单倍体诱导技术利用有性生殖调控基因的突变干扰正常有性生殖过程,从而在有性生殖植物种子群体中产生一定比例的单倍体种子。法国科学家发现将三个减数分裂调控基因同时进行突变后,可以使植物减数分裂转变为类似有丝分裂的分裂过程,这一突变被称为 *MiMe*(d'Erfurth et al., 2009)。美国和我国科学家将 *MiMe* 突变和单倍体诱导技术相结合,在水稻中建立了人工无融合生殖技术路线,实现了杂交种的克隆繁殖(Khanday et al., 2019;Wang et al., 2019;Wang, 2020)。然而,这些技术仍面临着许多问题,如杂交种结实率低、克隆种子诱导率低、基因组加倍和非整倍体等问题,这些问题需要在未来得到解决。目前,在小麦、玉米、拟南芥、狼尾草、苜蓿和番茄等植物中,已经发现了多个基因,这些基因在突变或激活后可以诱导一定比例的单倍体种子。一般来说,单个基因的缺失通常会导致较低的单倍体诱导率,而多个基因组合突变虽然可以提高单倍体诱导率,但结实率又会大幅降低(Li et al., 2021)。未来,基于多基因编辑技术实现多基因突变聚合,有可能进一步提高单倍体的诱导效率。

2.2 专利及主要研发力量分析

2.2.1 主要农作物杂种优势分析

2.2.1.1 玉米杂种优势相关知识产权分布及主要研发力量

纵观近 20 年全球玉米杂交育种相关专利申请情况,在 2015 年以前,美国的专利数量几乎等同于全球专利数量,其专利几近全部为玉米杂交育种材料(图 4A)。我国的玉米杂交育种相关专利主要集中在 2015 年以后,并且基本代表了全球玉米杂交育种新生专利的情况,总量处于第二位(图4B)。我国相关专利主要涉及玉米育种材料的选育方法、杂种优势及农艺性状等相关基因的利用、玉米雄性育性基因及其在育种和制种中的应用、分子标记在杂种优势和基因分型中的开发和应用等。

从玉米杂种优势相关专利的权利人角度分析,先锋良种公司以占全球专利总量 76.25% 的比例遥遥领先,其专利主要集中于对玉米杂交育种相关材料的保护。全球 191 件核心专利(合享价值度为 10)的当前权利人均为美国杜邦先锋公司,体现了该跨国公司在玉米种业领域的绝对优势。与国外以企业为主体相比,我国玉米杂交育种专利的保有机构以科研院所为主(图 4C)。专利数量排名第 2~8 位的均为我国机构,除第三位是北京首佳利华科技有限公司外,其余均为科研院校。其中,排名第二位的北京科技大学和第三位的北京首佳利华科技有限公司所拥有

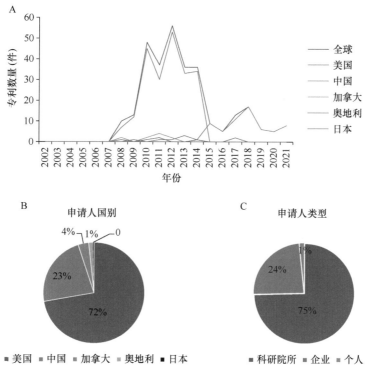

图 4 玉米杂种优势利用的知识产权统计（彩图请扫封底二维码）

的专利主要集中在玉米雄性育性基因的克隆和在不育系杂交制种中的应用等方面，排名第四位的北京市农林科学院的专利则主要集中在玉米育种材料的选育方法上。国外的专利内容主要集中在玉米育种材料等杂交育种的应用阶段，而我国头部机构的专利内容主要集中在基础研究领域，落地到玉米杂交育种应用阶段的专利占比较低。

2.2.1.2 水稻杂种优势相关知识产权分布及主要研发力量

2011～2021 年，全球共检索到 150 件与水稻杂种优势相关的专利，其中中国占据 147 件。从申请专利数量来看，中国在该领域占据绝对优势，而国际专利数量相对较少（图5A、B）。我国专利申请依然以科研院所为主（图5C），其中有 36 件核心专利（合享价值度≥9），当中上海交通大学和浙江大学表现突出，分别占有 7 件和 4 件。值得关注的是，虽然专利申请以科研院所为主，但企业在专利价值上表现更加突出，其中 7 件核心专利来自企业。此外，我国在生物技术育种原始创新方面存在弱势，如第三代杂交水稻育种的核心技术是基于美国杜邦先锋公司在上述技术路线的基础上，在玉米中开发的基于核不育突变材料的新型杂交种子生产技术（seed production technology，SPT）体系。

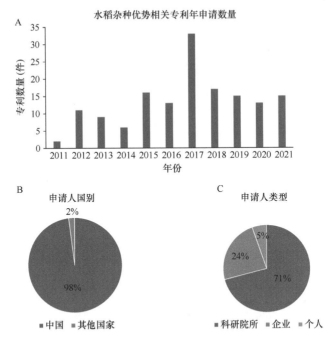

图 5　水稻杂种优势利用相关知识产权统计（彩图请扫封底二维码）

2.2.2　无融合生殖相关专利及主要研发力量

在无融合生殖相关的专利申请方面，有效期内检索到 124 件专利，其中中国 62 件，占 50%。其中 79 件核心专利（合享价值度为 10），中国仅占其中的 5%。从专利申请的发展趋势来看，中国起步较晚，主要从 2015 年开始，但每年申请量都占全球专利申请的绝大部分（图 6），表明我国在这一领域的研究呈上升势头。中国专利申请主要集中在高校和研究机构，占总量的 85.5%，而企业申请量只占 14.5%；与此相对，在美国、德国、瑞士、荷兰、澳大利亚等国家，企业申请比例相对较高，均占 35% 以上（表 1）。

表 1　无融合生殖专利申请单位分布

排序	国家/地区	专利总量	占全球专利总量比例（%）	企业占比（%）	大专院校、事业单位占比（%）
1	中国	62	50	14.5	85.5
2	美国	20	16.13	35	65
3	德国	21	16.94	57	43
4	法国	10	8.06	0	100
5	瑞士	4	3.23	100	0
6	韩国	3	2.42	33.3	66.7
7	荷兰	2	1.61	100	0
8	澳大利亚	2	1.61	100	0
	全球	124			

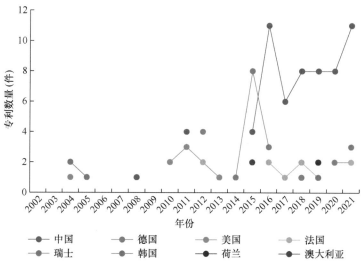

图 6 无融合生殖相关专利申请情况（彩图请扫封底二维码）

3 瓶颈对策分析

3.1 玉米杂种优势利用效率有待提高

玉米是应用杂种优势最早、最普及的作物之一，但玉米杂种优势的基础研究却远远落后于应用，并且其分子机制也尚未完全清楚。育种者通常采用系谱法和经验育种来利用杂种优势，这导致育种效率低、周期长，并且成功培育出表现优异的杂优组合具有一定的偶然性。因为对玉米遗传基础的认识不够深入，很难有针对性地高效培育杂交种。玉米遗传资源丰富，不同材料之间基因组差别较大，从众多材料中确定最优的杂交组合，是玉米杂交育种面临的长期难题。遗传资源的性状表现和基因组信息掌握不足是准确判断杂交种表现的一大障碍。目前，对杂种优势相关基因的挖掘鉴定工作开展较少，对有利于杂种优势的等位变异也知之甚少，这些因素均限制杂种优势的利用。

我国玉米杂交种的遗传多样性较窄，导致遗传背景同质化现象十分严重，因此玉米育种难以取得显著突破。由于玉米是异花授粉作物，天然异交率在90%以上，自然群体材料中分散着大量优异位点，但各位点对性状的贡献相对较小。此外，作物遭遇干旱、盐碱、洪涝、冷热等逆境越来越频繁。在同等逆境下，玉米杂交种的表现明显优于玉米自交系，但其机理仍不明确。玉米杂交育种的问题更为突出。首先，基础研究与育种应用脱节。基础研究滞后于实际应用，而生产实际问题又缺乏相关基础研究的理论支持。育种需要与科研相结合，材料与技术要形成互补。其次，玉米育种材料同质化现象十分严重，且组配的杂交组合相似。因此，需要扩大、改良和创新种质资源，对种质资源的性状进行精准鉴定，发掘相应等位基因，以及创建骨干亲本渐渗系等。再次，我国缺乏玉米杂交育种的关键核心技术。我国玉米杂交育种以常规育种为主，缺少核心专利，且全基因组选择和人工智能育种等新技术还处于研究阶段，而美国已进入产业化或产业化前期。

对策分析：第一，需要提高对玉米杂种优势形成的分子基础的认识，有的放矢地进行杂交配组。通过基因组分析、预测及挖掘优异杂种优势的等位变异等方法，深入了解杂种优势形成的分子机制，才能实现亲本组合的最优选择。第二，需要拓展遗传资源的利用范围。在遗传多样性丰富的基础材料中挖掘杂种优势位点和优异变异，并根据其杂种优势机理的不同，将所需单倍型聚合到对应自交系中，从而培育出优良自交系，这是组配优异杂交组合的基础和关键。第三，需要提高对玉米耐逆和产量杂种优势之间相互作用的研究，推动稳产和高产玉米杂交种的培育。

3.2 水稻杂种优势利用体系有待优化

我国在水稻杂交育种研究和利用方面处于国际前列。水稻栽培中的两大亚种籼稻和粳稻，其杂交育种中籼-粳杂交的杂种优势十分明显，可提高15%~30%的单产，并且在米质、抗寒等性状上也比传统籼-籼杂交水稻有所提高。不过，两系法受温度制约，育性波动较大，制种风险较高，种子纯度难以保证。在第三代杂交水稻育种技术中，需要解决转基因手段及遗传工程中的专利所有权等问题，才能在国内大规模推广。

中国的杂交育种，尤其是水稻杂交育种的应用，已经取得了世界瞩目的成就。矮化育种使我国水稻单产提高约20%，之后三系、两系杂交水稻技术逐渐应用，进一步使水稻单产提高了约20%。最近，基于籼粳亚种间杂种优势，我国培育出一系列杂交稻品种，如"甬优系列"和"春优系列"，使产量进一步提升。虽然杂交水稻品种已经广泛应用于生产，但水稻杂种优势形成的基础理论研究较为薄弱。全基因组测序技术的发展为解析水稻杂种优势形成的分子遗传机制提供了有利条件。因此，需要进一步投入加强杂种优势的分子机制研究，并开发简化杂交制种流程的突破性技术。

基于全球目前的技术水平，大跨步的产量提升面临瓶颈，进一步的产量增长依赖于新技术和新理论的出现。目前的技术瓶颈主要体现在：第一，在利用三系和两系杂交技术生产杂交种的过程中，存在制种程序复杂、成本高、风险性高、普适性低等问题，且育种工作重经验和技术，缺少理论指导；第二，针对新的优异性状基因位点的挖掘和不同基因位点的聚合及产量预判，缺乏更为深入的基础研究做支撑；第三，上游基础研究和下游育种实践严重脱钩。

对策分析：第一，加强投入，吸引高素质人才队伍来开展相应的基础研究，深入理解杂种优势的分子机制及实现有的放矢的杂交配组。当前杂交稻育种工作的重点是"三系"与"两系"并举，在研究和利用高产、优质、抗逆等农艺性状基因的基础上，要开展籼粳稻杂种不育与亲和性的分子遗传机理研究。同时积极利用水稻亚种间杂种优势，研发新型的不育系和杂交制种技术体系。以进一步提高产量。第二，需要深入解析水稻杂种优势的分子基础，在此基础上通过分子设计育种打破遗传累赘，精准地创制花时、育性等符合需求的材料，将有望实现杂种优势的充分利用。第三，从整个农业链条去布局，既要有长期和稳定的人员及对基础研究经费的投入，又要有稳定支持的参与下游生产的一线育种人员。只有真正认识到杂交育种的实际生产问题，才有可能产出革命性理论和技术突破，从而改变传统杂交育种和种子生产程序，探索新的育种模式，抢占世界农业科学的战略制高点。

总之，通过加强基础研究和育种实践的结合，深入理解水稻杂种优势的分子机制，创新杂交配组和新型育种模式，有望实现杂交种产量的进一步提高，从而为全球粮食安全和农业可持续发展做出更大的贡献。

3.3 无融合生殖基础研究瓶颈

3.3.1 我国基础投入和力量相对薄弱

国际上，无融合生殖领域的研究主要集中在欧洲、澳大利亚和美国。这些国家的研究已经奠定了无融合生殖的理论基础和未来应用框架，并且核心专利多掌握在西方国家的研究机构和企业手里。欧美政府和一些基金组织已经布局多个专项，许多种子公司如先锋、KWS 和 Keygene 等都拥有专门的无融合生殖研发团队。相比之下，我国进行无融合生殖研究的时间较短，科研力量也相对薄弱。30 多年来，我国没有国家级的研究专项投入。无融合生殖技术需要借助孤雌生殖或单倍体诱导技术，因为单倍体诱导技术可以快速获得纯合自交系，缩短杂交育种周期，这推动该技术成为一个新的研究热点。近年来，新的单倍体诱导基因不断被克隆。在该技术的助力下，合成无融合生殖技术将得以快速发展。

对策分析：近 5 年来，我国在单倍体诱导和筛选技术方面已经申请了多项专利，这表明我国无融合生殖研究在起步晚的情况下，也有了比较好的发展势头。随着近年来我国植物科学的快速发展，亟待加强我国在无融合生殖领域的基础科研布局，并重视新基因和新技术的知识产权保护，以尽快在该领域的研发和应用上取得先机。

3.3.2 我国天然无融合生殖研究几乎空白

一直以来，由于缺乏基因组信息，国际上对天然无融合生殖的研究仅限于少数物种，我国目前还缺少相关的分子基础研究。澳大利亚一个研究团队已经成功建立了无融合生殖研究的模式植物山柳菊的遗传转化和基因编辑体系，这将加速无融合生殖基因的克隆和功能研究（Henderson et al.，2020）。目前已知的两个天然无融合基因，即非洲狼尾草中的 *PsASGR-BBML* 和蒲公英中的 *PAR* 分别由美国和荷兰研究人员克隆（Conner et al.，2015；Underwood et al.，2022）。随着各种组学技术和基因编辑技术的发展，无融合生殖基础研究正逐渐成为新的研究热点。随着测序技术的进步和成本的下降，全基因组测序和比较基因组分析将应用于多个无融合生殖物种及其有性生殖的近缘物种。结合转录组和生殖细胞单细胞转录组、表观组、染色体开放性等分析，利用最新的基因编辑技术，有望揭示自然界无融合生殖性状的分子基础和调控机制。

对策分析：为了加速我国在该领域的研究进展，应利用我国丰富的遗传资源，选择几个合适的天然无融合生殖物种，开展有性生殖过程的细胞学和遗传学研究，并结合多种组学和分子生物学技术，定位并克隆相关基因，进而探索关键基因的应用技术。

3.3.3 高效的合成无融合生殖技术体系有待建立

目前发现的很多单倍体诱导基因和减数分裂相关基因都是通过有性生殖发育相关研究发现的，并非来自天然无融合生殖的研究。目前已发现的单倍体诱导基因诱导率低、对育性干扰大、适用物种范围窄。另外，引起减数分裂缺陷的 *MiMe* 突变的适用物种范围还有待研究。

对策分析：第一，目前发现的单倍体诱导基因多与双受精和种子发育相关，但对分子机理并不清楚。因此，深入解析有性生殖过程中双受精前后的分子调控机制，有助于挖掘更多的单倍体诱导基因，并明晰有性与无性生殖过程的根本差异，指导建立高效的单倍体诱导体系。第二，将不同基因进行聚合，同时通过分子设计优化不同基因的组合，有望进一步提高人工无融合生殖效率。第三，在不同作物中建立高通量的筛选体系，以保障克隆种子的纯度，以适合大田种植。第四，*MiMe* 突变的作用只在拟南芥、水稻和番茄等少数植物中被验证，是否可以作为普适性技术还有待进一步研究，并且减数分裂过程被改变后造成的结实率下降问题也有待解决。这些都是比较大的课题，涉及多个物种，需要有力的经费投入和多课题组协同攻关。综上所述，无融合生殖的研究要双管齐下，一方面解析其背后的分子基础，另一方面开发其在作物中的应用。

3.3.4　不同作物的无融合生殖研究的不均衡性

目前，在水稻中已经建立了 2 条无融合生殖的技术路线，但在一些杂交育种技术还未建立或难以建立的作物中，建立无融合生殖技术体系的需求更为迫切，也更有生产上的重大意义。

我国大豆年产量不到 2000 万吨，但每年消费量高达 1 亿多吨，产需缺口巨大，对外依存度超过 80%。在我国人多地少的国情下，大豆仅靠国内生产难以满足需求，高度依赖进口的局面难以改变。面对国际政治经济形势的不确定性，作为全球最大的大豆进口国，稳定供应面临严峻考验。如果大豆杂种优势得以利用，至少可以把产量提高 10%～20%，从而降低进口量。

大豆特殊的花序和花的结构造成了大豆难以像其他作物一样进行大规模杂交育种。如果在大豆中建立无融合生殖体系，将绕过杂交育种，直接将少量人工授粉得到的珍贵的优异种子进行克隆繁殖，实现杂交种的批量化生产。

对策分析：开发大豆无融合生殖技术。鉴定大豆单倍体诱导基因，建立大豆 *MiMe* 技术，并结合基因编辑技术，建立和优化大豆无融合生殖技术体系。

4　未来战略构想

面对全球粮食短缺、国际环境日益复杂化、可耕种土地数量有限等问题，保障国内粮食安全显得至关重要。未来 50 年，全球食品供应需要翻倍才能满足需求，这个数量是自农业文明开始一万年来总产量的二倍。我国稻谷可以自给自足，但粮食生产的结构性矛盾比较突出，每年需要大量进口大豆、玉米和小麦，其中大豆和玉米等杂粮缺口尤为突出。大幅提高农作物产量，尤其是对外依存度较高的农作物的产量，需求尤为迫切。经过第一次和第二次绿色革命后，我国粮食产量从大幅提高到进入了增长乏力期，急需新一代绿色革命的开启。在未来 5～10 年耕地面积固定的情况下，为实现产量的大幅提高，一方面需要进一步挖掘杂种优势的潜力，另一方面需要加快无融合生殖的基础研究和技术的开发。

4.1　发展思路

在杂交种的繁殖过程中，筛选和创制性状优异的杂交种，以及优化杂交种的组合是必不可少的步骤。与此同时，无融合生殖技术的开发也应平行进行。我们需要建立高效而广泛适用的无融合生殖技术体系，并不断进行种质资源的创新和优化，以获得更多优势杂交种。需要强调的是，无融合生殖技术是未来繁殖珍贵杂交种的利器，而优异杂交种本身则是关键所在。

4.2 发展目标

未来几年内,有望突破技术瓶颈,在不同作物中建立无融合生殖技术体系。五年内找到若干个关键基因,并建立几套无融合技术体系,十年内实现该技术体系在生产中的应用。

五年发展目标:

(1)进一步挖掘杂种优势利用中的关键调控基因,尤其是水稻亚种间和种间杂种不育与亲和性基因,建立分子调控网络,为远缘杂种优势利用奠定分子基础;

(2)对种质资源开展更深入的挖掘工作,寻找更多的具有杂种优势的亲本材料,并通过基因编辑技术创制不育系材料和新一代杂交制种技术体系;

(3)发现更多、更高效的可以用于从头无融合生殖设计的基因和基因组合;

(4)在水稻之外的作物,如玉米、小麦,尤其是大豆中,建立高效的合成无融合生殖技术,并解决结实率低、诱导率低等问题;

(5)解析孤雌生殖和单倍体诱导的分子机理,实现有的放矢的高效单倍体设计;

(6)建立高效的克隆种子的筛选体系;

(7)基于新基因和新技术的研究,尽快布局关键技术专利。

十年发展目标:杂交种的制备是限制杂种优势利用的关键瓶颈之一,突破传统的杂交种制备技术,固定杂种优势,是杂种优势利用的重要突破口。长期而言,在上述几个主要作物中建立成熟的"种子克隆"技术体系,实现杂交种快速制备的产业化;在杂种优势利用关键技术的研发上,要进一步掌握核心技术专利,保障产业化落地。

4.3 政策保障和建议

由于杂种优势的普遍存在,无融合生殖技术可能是下一个"绿色革命"的技术引擎,也是一个被育种家和农民期待已久的技术。无融合生殖技术的从头设计依赖于对有性生殖和天然无融合生殖现象背后的分子调控机制的深入认识。我国虽然在无融合生殖方面的研究起步晚,但已经与美国同步进入了快速发展阶段。目前,无融合生殖技术框架已初步建立,而关键生物技术的突破通常基于少数基因的工程化操作。这些基因和基因工程操作技术的知识产权是未来该技术产业化的保障。目前我国在该领域投入的人力和经费还比较少,因此有必要尽快加强专项投入,抢占先机。

无融合生殖技术需要依赖基因编辑等技术,对基因组进行修改。因此,有必要加快相关政策法规的制定和审批流程,以保障最新的技术能够快速走向生产应用。

提高我国杂交育种和繁种创新能力具有战略意义,要统一规划,全国一盘棋。通过改革现有体制和机制,实现真正的产、学、研分工协作,加强上下游的合作攻关,发挥各自优势、利益共享、风险共担、建立连续的战略型种子研发和产业链条。同时,要加强薄弱环节的基础研究投入,改变考核模式,使科研人员能够安心攻克难题,敢于啃难题。唯有强大的基础创新,才能够支持我国在未来科技农业竞争中取得优势。

参 考 文 献

刘杰, 黄学辉. 2021. 作物杂种优势研究现状与展望. 中国科学: 生命科学, 51(10): 1396-1404.

欧阳亦聃, 陈乐天. 2021. 作物育性调控和分子设计杂交育种前沿进展与展望. 中国科学: 生命科学, 51(10): 1385-1395.

Bicknell R A, Koltunow A M. 2004. Understanding apomixis: recent advances and remaining conundrums. Plant Cell, 16(Suppl 1): S228-S245.

Conner J A, Mookkan M, Huo H, et al. 2015. A parthenogenesis gene of apomict origin elicits embryo formation from unfertilized eggs in a sexual plant. Proc Natl Acad Sci USA, 112(36): 11205-11210.

d'Erfurth I, Jolivet S, Froger N, et al. 2009. Turning meiosis into mitosis. PLoS Biol, 7(6): e1000124.

Grimanelli D. 2012. Epigenetic regulation of reproductive development and the emergence of apomixis in angiosperms. Curr Opin Plant Biol, 15(1): 57-62.

Henderson S W, Henderson S T, Goetz M, et al. 2020. Efficient CRISPR/Cas9-mediated knockout of an endogenous *PHYTOENE DESATURASE* gene in T1 progeny of apomictic *Hieracium* enables new strategies for apomixis gene identification. Genes (Basel), 11(9): 1064.

Khanday I, Skinner D, Yang B, et al. 2019. A male-expressed rice embryogenic trigger redirected for asexual propagation through seeds. Nature, 565(7737): 91-95.

Koltunow A M, Grossniklaus U. 2003. Apomixis: a developmental perspective. Annu Rev Plant Biol, 54: 547-574.

Li Y, Lin Z, Yue Y, et al. 2021. Loss-of-function alleles of *ZmPLD3* cause haploid induction in maize. Nat Plants, 7(12): 1579-1588.

Schmidt A. 2020. Controlling apomixis: shared features and distinct characteristics of gene regulation. Genes (Basel), 11(3): 329.

Sharbel T F, Voigt M L, Corral J M, et al. 2010. Apomictic and sexual ovules of *Boechera* display heterochronic global gene expression patterns. Plant Cell, 22(3): 655-671.

Underwood C J, Vijverberg K, Rigola D, et al. 2022. A *PARTHENOGENESIS* allele from apomictic dandelion can induce egg cell division without fertilization in lettuce. Nat Genet, 54(1): 84-93.

van Dijk P J, Ellis T H. 2016. The full breadth of Mendel's genetics. Genetics, 204(4): 1327-1336.

Wang C, Liu Q, Shen Y, et al. 2019. Clonal seeds from hybrid rice by simultaneous genome engineering of meiosis and fertilization genes. Nat Biotechnol, 37(3): 283-286.

Wang K. 2020. Fixation of hybrid vigor in rice: synthetic apomixis generated by genome editing. aBIOTECH, 1(1): 15-20.

专题十 倍性育种

张春芝[1*] 刘晨旭[2*] 陈绍江[2] 鄢文豪[3]

1. 中国农业科学院农业基因组研究所，广东，518120
2. 中国农业大学，北京，100083
3. 华中农业大学，湖北，430070
*联系人 E-mail: zhangchunzhi01@caas.cn，liucx@cau.edu.cn

摘　要

倍性育种是通过改变植物染色体倍性来选育新品种的方法，主要包括染色体数目减半的单倍体育种和染色体数目增加的多倍体育种。近年来，单倍体育种技术发展迅速，多个具有单倍体诱导能力的基因相继被克隆，该技术已在玉米中实现商业化应用，但是在其他作物中尚停留在试验阶段。基于单倍体诱导技术的新型育种技术不断涌现，如诱导编辑、无融合生殖等。多倍体物种受基因组复杂性的限制，性状改良周期长，育种技术相对落后，通过降低倍性来实现多倍体作物快速改良已经成为新趋势。总体而言，我国在倍性育种的基础研究和专利布局方面有一定优势，但在核心知识产权和商业化应用方面与欧美有一定差距。因此，需进一步突破倍性育种的关键核心共性技术，促进倍性育种与其他前沿育种技术的交叉融合，实现倍性育种技术在主要农作物中的商业化应用，为确保国家粮食安全、打好种业"翻身仗"提供科技支撑。

1 背景与需求分析

1.1 倍性育种的定义

粮食安全是事关民生和国家长治久安的国之大者。种子是农业的"芯片"，作物新品种的培育在保障国家粮食安全方面发挥着举足轻重的作用。近年来，随着生活水平的日益提高，人们对粮食、肉类等农产品的需求日益增大。据统计，2021年我国粮食进口总量达 1.6 亿吨，相当于国内总产量的 24%，创历史新高。另外，我国主要的农作物育种存在种质资源创新速度慢、推广品种同质化严重、重大创新品种少等问题。因此，只有创新育种技术，加快重大品种选育和迭代速度，才能从根本上突破我国粮食生产及种业发展的瓶颈，缓解我国在粮食供应上的对外依存度，确保粮食安全。

倍性育种是通过研究植物染色体倍性变异的规律和方法，根据育种目标利用倍性变异选育新品种的方法。 经过几十年的发展，倍性育种已经成为一项重要的育种技术，在商业化育种中发挥了重要的作用。根据**染色体数目变异的方向**，倍性育种可被分为染色体数目减半的**单倍体育种**和染色体数目增加的**多倍体育种**。

1.2 倍性育种技术在作物育种中举足轻重

在现代育种中，无论是培育玉米等杂交种，还是小麦等常规品种，纯系的选育既是其中不可或缺的关键步骤，又是耗时久、投入大的"卡脖子"环节。因此，突破育种中"纯系选育"这一共性关键技术难题，发展高效、快速的纯系选育方法，有望从根本上加速作物改良速度，践行"藏粮于技"战略。

单倍体育种技术是近年来逐渐发展起来的一项关键育种技术，只需单倍体诱导和加倍两个环节即可获得纯系，因此能够大大缩短育种进程，提高育种效率，是作物育种跨入 4.0 时代的核心技术。目前，玉米单倍体育种已经实现大规模商业化应用，但是其他主要作物的单倍体育种技术尚处于研究阶段，未实现产业化应用。

多倍体是指体细胞中含有 3 个或 3 个以上染色体组的个体，在自然界中普遍存在，常见于高等植物。多倍体的形成主要有两种途径：体细胞加倍和未减数配子的形成。体细胞加倍与细胞有丝分裂异常有关，如核内复制。目前人工诱导多倍体普遍采用物理或化学处理促使体细胞加倍，在自然形成多倍体的过程中体细胞加倍的作用不是很大，未减数配子的形成占据主导（Ramsey and Schemske，1998）。未减数配子是指染色体数目和体细胞相同的配子，是由细胞减数分裂异常导致的。未减数配子与其他的未减数配子或正常配子杂交均会产生多倍体。

多倍化是植物进化和新物种形成的主要驱动力之一，现存的植物中有 70% 的物种以多倍体形式存在。相对于二倍体，多倍体生物经常表现出更高的生物量、更大的产品器官、更好的品质、更强的抗逆性或更多的代谢产物（Fawcett et al.，2009；Rauf et al.，2021；Sattler et al.，2016；Van de Peer et al.，2009）。例如，饲草大多是多倍体，多倍化可以提高牧草的产量及叶片蛋白质含量、可溶性固形物含量（Abd El-Naby et al.，2012；Niazi et al.，2015）。多倍体的这些优势备受育种家青睐，自 20 世纪以来育种家利用自然发生或人工诱导的多倍化技术进行了大量作物的改良。目前，多倍化已在粮食、园艺、林木、饲草、药用等植物的商业育种中得到了广泛应用（Sattler et al.，2016）。虽然多倍体具有诸多优势，但是由于基因组的复杂性，多倍体物种普遍面临着遗传解析困难的问题，这严重限制了种质创新和遗传改良的速度。

综上所述，应该继续研发改变植物染色体倍性的技术，利用倍性操作拓展作物育种技术的发展空间，提升多倍体作物的基础研究水平和育种技术，为民族种业自主创新提供支撑。

2 发展态势分析

2.1 基础研究进展

以"单倍体育种（haploid breeding）""单倍体诱导（haploid induction）""染色体加倍（chromosome doubling）""多倍体育种（polyploid breeding）"等为关键词，对 2012~2021 年的相关论文进行检索，共获得 1479 篇文献，呈缓慢增长的趋势（图 1A）。按照通讯作者国别进行统计，我国发表的论文数目最多，有 372 篇，占总数目的 25%，美国和德国分居二、三位（图 1B）。按照论文的引用次数从高到低进行排序并以前 10% 的作为核心论文。在核心论文中，我国依然占据第一位，美国和德国分居二、三位。但是，我国核心论文占总发表论文的比例为 10%，低于美国和德国的 15% 和 17%。总体而言，我国在倍性育种领域的论文发表数量方面具有较强的优势。

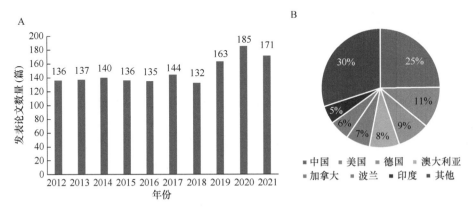

图 1 倍性育种相关文献检索结果分析（彩图请扫封底二维码）

A. 2012~2021 年倍性育种相关文献数目统计；B. 不同国家发表的倍性育种相关文献比例

基于文献检索结果，本研究对倍性育种的发展态势进行了系统分析，主要总结为以下几点。

2.1.1 单倍体育种技术研究进展迅速

玉米是应用单倍体育种技术最为成熟的作物。这得益于 1959 年 Coe Jr 等报道的 *Stock6* 突变体，该材料无论在自交还是在杂交过程中，均能够有效诱导产生 2%～3%的单倍体后代。目前全球共有公开报道单倍体诱导系 50 余份，所有的单倍体诱导系材料均直接或间接来源于 *Stock6*（Hu et al.，2016）。这些诱导系已经成为玉米单倍体育种的关键材料。

我国在玉米单倍体育种研究上虽起步较晚，但发展较快。20 世纪 90 年代中国农业大学育成了我国首个单倍体诱导系 CAUHOI，效率为 2%～8%。随后**中国农业大学陈绍江团队先后育成了系列单倍体诱导系 CAU2～CAU6，诱导效率达到 10.00%～15.38%**。具有代表性的诱导系是 CAU5，该诱导系 2009 年育成，在全国范围内得到了广泛应用，是我国目前应用最为广泛的单倍体诱导系。此外，中国农业大学还创制了高油型系列单倍体诱导系材料，如 H1～H3、H4～H5 等，上述诱导系为我国单倍体育种奠定了重要材料基础。

随着单倍体诱导遗传研究的不断深入，单倍体诱导基因相继被克隆。目前已经被克隆的主要单倍体诱导基因有 *ZmPLA1/MaTL/NLD*、*ZmDMP* 和 *ZmPLD3*，其中 *ZmPLA1/MaTL/NLD* 为先正达公司、中国农业大学和法国里昂大学三家单位同月先后报道，*ZmDMP* 和 *ZmPLD3* 均为中国农业大学独家报道（Li et al.，2021；Zhong et al.，2019）。基于单倍体诱导基因在不同物种的保守性，单倍体诱导技术在不同物种中得以拓展。中国农业大学陈绍江团队报道了通过 *ZmPLA1* 基因敲除在小麦中诱导获得单倍体的方法（Liu et al.，2020）；先正达公司报道了利用 *OsMTL* 突变体在水稻中诱导获得单倍体的方法（Yao et al.，2018）；中国农业大学随后基于 *ZmDMP* 基因在拟南芥、番茄、油菜和烟草等物种中建立了单倍体诱导技术（Zhong et al.，2020，2021，2022）；中国农业科学院生物技术研究所和作物科学研究所也分别利用 *ZmPLA1* 和 *ZmDMP* 基因的保守性，在谷子和苜蓿中分别建立了单倍体诱导技术（Cheng et al.，2021；Wang et al.，2022）。综上所述，玉米的单倍体育种技术有望进一步拓展成为主要农作物单倍体育种共性关键技术。

此外，其他类型的单倍体诱导技术也取得了一定的突破。例如，利用**异源花粉刺激可以诱导单倍体**，该技术在小麦中得到了较好的应用。研究发现，将玉米的花粉授予小麦后，部分胚囊能够发育形成胚和胚乳等组织，进而利用幼胚拯救和离体培养操作，使单倍体胚继续发育形成单倍体植株，这种方式在生产上已经较为成熟。另外，美国科学家报道了**利用修饰后的 *CENH3* 在拟南芥中诱导获得单倍体的方法**，该方法具有诱导效率高等特点，但同时也伴随一定比例的非整倍体产生（Ravi and Chan，2010）。进一步研究表明，将同样的技术路线在玉米中实施并不能高效地诱导获得玉米单倍体，因此难以应用（Kelliher et al.，2016）。然而，通过利用杂合基因型的 *CENH3/cenh3* 作为母本，可以在小麦和玉米中有效诱导获得单倍体（Li et al.，2021；Lv et al.，2020），这大大提高了单倍体诱导产生的比例。目前，该技术能否在育种产业中进行规模化应用仍需进一步研究。

2.1.2 基于单倍体诱导的育种新技术不断涌现

以单倍体诱导技术为基础，通过与其他技术融合形成的新型育种技术不断涌现。近年报道的**诱导编辑技术 Hi-Edit/IMGE** 是将**单倍体诱导技术与基因编辑技术结合**，将基因编辑载体转化到具有单倍体诱导能力的诱导系中，再将转化的诱导系与拟编辑种质进行杂交，在杂交后代中可以筛选到目标基因编辑的单倍体（Kelliher et al.，2019；Wang et al.，2019a）。利用引导编辑技术，只需要 2 代就可以实现目标性状的改良和育种材料的纯化，而且避免了传统基因编辑方法受制于不同基因型再生和转化效率的限制，这极大地提高了作物遗传改良的速度。**单倍体育种技术与现代化的工程化设施和管理结合，可以实现 DH 系创制的平台化和标准化**，实现全年不间断生产，进一步提高生产效率并降低成本；单倍体育种技术高通量生产 DH 系与全基因组选择模型结合，同时解决了评价不完全和选不准的两大问题，实现高效精准育种。**无融合生殖技术**是将单倍体诱导与 *MiMe* 技术（有丝分裂替代减数分裂）相结合，可以**实现杂交种子的克隆**，进而固定杂种优势（Wang et al.，2019b）。综上所述，单倍体诱导技术已经成为当前作物育种的关键共性核心底盘技术之一。

2.1.3 多倍体作物遗传改良难的困境一直没有突破

多倍体植物在自然界中广泛存在，根据染色体来源的不同，多倍体可以分为异源多倍体和同源多倍体。异源多倍体（allopolyploid）是指不同物种杂交产生的杂种后代经过染色体加倍形成的多倍体，而同源多倍体（autopolyploid）增加的染色体组来自同一物种。在异源多倍体中，来自不同物种的染色体在减数分裂时不会发生配对，所以遗传规律与二倍体类似，较为简单。例如，普通小麦（*Triticum aestivum*）是异源六倍体，其基因组为 AABBDD，在减数分裂时三个亚基因组（A、B 和 D）内部会发生重组，而亚基因组间几乎不会重组。相比之下，同源多倍体在减数分裂时，同源染色体之间可以相互配对，形成多价体，后代的分离复杂。例如，同源四倍体马铃薯基因组为 $A_1A_2A_3A_4$，4 条同源染色体之间均会发生相互交换，导致遗传分析非常困难（Chen et al.，2021）。

虽然多倍体有诸多优势，但是伴随着多倍化，**同源多倍体植物的育性会受到不同程度的影响**。这主要是因为在减数分裂过程中同源多倍体会产生多价体及其他一些染色体异常行为，是一个共性的问题（Stebbins，1971）。例如，奇数倍的多倍体，如三倍体西瓜、三倍体香蕉等，几乎是完全不育的；偶数倍的多倍体，如四倍体马铃薯等，也会表现出一定程度的育性降低。因此，同源多倍体作物的产品器官主要是无性器官，如叶片、茎、根、无籽或少籽果实等。由于育性降低，难以产生大量种子，为了保持品种的优良特性，这些**同源多倍体主要以无性繁殖为主**（Paterson，2005）。另外，多倍体的生长速度也会降低，导致开花延迟或花期延长，这在花卉育种中是一种理想特性。综上，同源多倍体育种主要集中在蔬菜、瓜果、花卉等作物育种中，在以种子为食用器官的谷物类作物中少见。相比之下，异源多倍体的育性不受影响，所以在种子作物中非常普遍，如小麦、油菜、花生等。

由于染色体数目的增加及减数分裂过程中复杂的染色体行为，多倍体作物的遗传分析相对复杂，给品种的更新迭代带来挑战。特别是无性繁殖的同源多倍体作物，长期的无性繁殖过程累积了大量的变异，基因组高度杂合，导致遗传研究困难，育种技术落后，**仍以传统杂交育种或诱变育种为主，品种更新换代的速度慢**。例如，我国栽培面积最大的国产马铃薯品种"克新1号"为20世纪50年代培育，至今已经沿用了60多年；四倍体的"巨峰"葡萄由日本育种家在20世纪30年代选育，自50年代被引入中国后大面积种植，至今仍是主栽品种。

近10年来，基因编辑技术在多倍体育种中逐渐得到应用，可以实现性状的精准改良（Weeks，2017）。对于大多数种子植物而言，其可以通过自交等方式淘汰外源DNA片段，实现无外源DNA插入的基因编辑，这类编辑作物生态安全风险小，随着基因编辑作物监管措施的细化，其有望成为理想的育种材料。值得一提的是，对于基因组高度杂合的多倍体而言，无论杂交还是自交的后代都是分离的，淘汰外源DNA的同时也会改变基因组，造成其他性状的丢失。因此，**构建无外源DNA插入的基因编辑体系对于多倍体的改良至关重要**。目前，已经在马铃薯中建立了基于愈伤组织和原生质体转化的无外源DNA插入的编辑体系（Andersson et al.，2018；González et al.，2021），其他多倍体作物的相关研究有待加强。

2.1.4 降低倍性已经成为多倍体作物改良的新趋势

早期对植物多倍体的研究主要集中在形态表型及其对生态环境的适应性等方面，随着20世纪30年代细胞生物学的发展，植物多倍化研究转向染色体组进化分析。近10年来，随着DNA测序技术的发展，植物多倍化研究进入了基因组学时代（李霖锋和刘宝，2019）。植物基因组按照大小、倍性和复杂度可被分为简单基因组和复杂基因组，多倍体属于复杂基因组的范畴。早期，由于测序技术和组装算法的限制，多倍体作物基因组研究主要以解析二倍体祖先种或倍性降低后的二倍体为主（Li et al.，2014；Ling et al.，2018；Potato Genome Sequencing Consortium，2011；Wang et al.，2012；Zhao et al.，2017）。随着测序技术的发展，复杂多倍体基因组的解析也不断取得突破（Sun et al.，2022；Zhang et al.，2018）。

与多倍体作物基因组研究的快速发展相比，**多倍体的基础生物学研究和育种相对落后**。近 10 年来，在马铃薯中出现了一种新型的育种方式，即**将马铃薯由四倍体无性繁殖作物改造成二倍体种子繁殖作物**（Jansky et al.，2016；Lindhout et al.，2011；Zhang et al.，2021），也称作杂交马铃薯育种。通过降低倍性，可以解决遗传复杂的问题，加快基础研究和育种速度。因为马铃薯种子的繁殖系数很高（可达 1∶10 000），利用种子繁殖可以解决薯块无性繁殖成本高、易感染病虫害等问题。因此，**二倍体育种可以使马铃薯的育种和繁殖方式发生变革，这将带来产业的"绿色革命"**。二倍体马铃薯育种的**国际竞争非常激烈**，国外主要由商业育种公司开展，如荷兰 Solynta 公司和 HZPC 公司、德国的 KWS 公司、美国的 Simplot 公司等，国内则主要由中国农业科学院组织相关优势单位开展，并取得一定的国际竞争优势。该思路为其他同源多倍体作物的育种提供了参考，可以通过倍性操作解决目前多倍体育种困难的问题。

2.2　知识产权分布

采用和文献检索同样的关键词，对倍性育种领域的国内外专利进行检索，共获得 798 件专利。按照申请人国别进行统计，我国申请的专利数量最多，有 321 件，占总数的 40%，美国和荷兰分居二、三位（图 2A）。从所有专利中提取"合享价值度"为 10 的专利，共 128 件，作为核心专利集合。由此可见，**我国申请的专利数量虽然很多，但核心专利少，仅占申请专利数目的 7%，专利的质量有待进一步提升**。

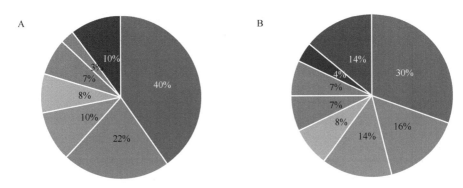

图 2　倍性育种相关专利的总专利占比（A）和核心专利占比（B）的国别统计分析

（彩图请扫封底二维码）

玉米单倍体育种的相关知识产权主要集中在单倍体诱导系材料的品种权和关

键技术环节的专利保护，以及近年来出现的单倍体诱导关键基因的相关专利。在国际上应用较多的单倍体诱导系如 UH400 和 RWS，其产权归属于德国霍恩海姆大学。**我国诱导系选育单位以中国农业大学为主**，代表性的具有自主知识产权的诱导系有 CAU1～CAU6 及 CHOI1～CHOI5 系列。此外华中农业大学、吉林省农业科学院和北京市农林科学院也有其育成的单倍体诱导系的报道。就玉米育种的关键技术环节而言，**中国农业大学在该领域专利覆盖较为全面，具有从单倍体诱导、鉴别到加倍的全技术链系列专利**，这有效保障了我国在单倍体育种技术应用领域不受制于人。在单倍体诱导基因专利上，中国农业大学拥有 *ZmPLA1* 基因在国内应用的相关专利及 *DMP* 基因在玉米和双子叶植物中应用的国际专利。近年来出现的诱导编辑技术及种子克隆技术的相关专利已由先正达、中国农业科学院生物技术研究所及中国水稻研究所等申报，目前尚未见批复信息。油菜跨倍性杂交诱导单倍体的专利主要由四川省农业科学院获得。

　　在多倍体育种方面，将马铃薯由同源四倍体作物改造成二倍体种子作物，即杂交马铃薯育种，已经成为全球的研究热点。**杂交马铃薯育种这一概念的核心专利被荷兰 Solynta 公司申报，目前已经在欧洲和中国被授权，在美国尚未被授权。为了制衡 Solynta 公司的专利，中国农业科学院农业基因组研究所在杂交马铃薯相关的理论研究和育种技术方面申请了多项专利合作条约（PCT）专利，目前已在国内被授权 4 件，欧洲和美国正处于审查阶段。**

2.3　项目布局

　　据不完全统计，"十三五"期间国家重点研发计划在"七大农作物育种"重点专项中有 3 个项目的研发内容涉及单倍体育种及多倍体育种，并给予资助，它们是"主要农作物染色体细胞工程育种""玉米杂种优势利用技术与强优势杂交种创制""西北耐密高产抗旱玉米新品种培育"。在国外，欧洲主要以商业育种公司利用自有资金或融资等方式开展杂交马铃薯育种研究；美国威斯康星大学在2017 年和 2019 年获得美国农业部批准的总额分别为 185 万美元和 600 万美元的两个项目来开展杂交马铃薯育种研究。总体而言，**国内对倍性育种资助力度相对较小**。

3　瓶颈对策分析

3.1　不同作物的单倍体育种关键共性技术有待突破

　　目前，多个具有单倍体诱导能力的基因已经被克隆，而且这些基因在不同的物种中也具有一定的保守性，通过对这些基因的基因编辑已经在多个主要物种中建立了单倍体诱导体系，但是诱导效率较低，尚未达到商业化应用的水平。如何建立不同作物通用的单倍体育种共性关键技术是当前技术创新研究所需要解决的重要问题。

对策分析：针对以上问题，需要继续在玉米或其他具有天然单倍体诱导现象的物种（特别是之前关注较少的多倍体物种）中挖掘新的单倍体诱导基因，提高主要作物中单倍体诱导的效率。另外，还需要建立不同作物中成熟的单倍体鉴别和加倍的技术体系，为倍性技术在育种中的规模化应用提供技术支撑。

3.2 大规模 DH 系的表型评价困难

虽然已经在玉米中建立了成熟的单倍体育种技术体系，但是大规模的 DH 系和杂交组合需要进行表型评价，消耗的人力物力巨大，效率低下。

对策分析：需要基于现有的全基因组选择预测技术，继续开发新型 DH 系和杂交种预测模型，大幅提高 DH 系及杂交种选择效率，降低单倍体育种成本。

3.3 多倍体作物遗传育种难度大

由于多倍体作物自身基因组的复杂性，生物学性状的遗传解析困难，导致遗传改良的难度大。在进行基因编辑时，大多数多倍体作物，特别是基因组高度杂合只能无性繁殖的同源多倍体作物，无法像二倍体种子作物那样简单地通过自交淘汰外源载体 DNA 片段，会面临转基因作物而不是基因编辑作物的监管。

对策分析：需要加强基因编辑技术在多倍体中的应用，提升多倍体的改良速度。急需研发无外源 DNA 插入的基因编辑技术，加快基因编辑多倍体作物的释放。另外，可以通过将多倍体降倍为二倍体或利用二倍体原始种进行基础研究，挖掘关键性状基因，再通过倍性操作将优良等位基因转育到多倍体中。同时，也可以通过降低倍性来进行遗传改良，在二倍体水平上进行从头驯化。

4　未来战略构想

近年来，我国对基础与应用技术研究投入不断增加，相关领域发展迅速。我国科学家已经在单倍体育种领域、无融合生殖领域及多倍体育种的研究上奠定了很好的研究基础。倍性育种关键核心基因挖掘、融合基因编辑、智能化育种模型等新关键育种技术的开发，以及不同作物共性关键技术的研发等工作的推进，将有力促进我国由育种大国到育种强国的转变。

4.1　发展思路

在玉米、小麦、马铃薯等重要作物中开展倍性育种的关键基因挖掘、跨倍性转换方法开发与调控机理研究，获取实现高效倍性育种的关键基因与技术手段，突破倍性育种的关键共性技术，结合基因编辑技术、全基因组选择技术等，创建倍性育种与其他前沿育种技术融合的新型作物改良方法，实现倍性育种技术在主要农作物中的商业化应用，为确保国家粮食安全、打好种业"翻身仗"提供科技支撑。

4.2　发展目标

五年发展目标：实现倍性育种关键理论研究与共性技术的突破，主要包括：

（1）建成作物共性的单倍体育种技术体系：通过单倍体育种关键环节优化与效率提升，建成效率更高、成本更低的新型单倍体育种技术体系。根据不同作物育种的特点与规律，在借鉴玉米单倍体育种技术研发经验的基础上，突破不同作物的单倍体育种关键技术，深入挖掘控制倍性育种的关键新基因2～3个。

（2）开展基于倍性育种与其他技术融合的育种新技术：挖掘控制倍性转换的关键基因，研发基于单倍体诱导的新型育种技术，如杂种优势固定技术、骨干自交系快速定向改良技术及基于规模化 DH 系的智能育种决策技术等。

（3）创新多倍体作物的育种技术：通过降低倍性加速基础研究和育种速度，提高基因组预测和基因编辑在多倍体育种中的应用，探索同源多倍体无性繁殖作物的种子繁殖技术。

十年发展目标：实现倍性育种在主要农作物中的规模化应用，主要包括：

（1）取得倍性育种关键理论研究与共性技术的进一步突破：深入挖掘 3～5 个控制倍性育种的关键新基因，开发 1～2 项作物倍性转变技术，强化倍性育种关键技术的研发和优化，实现跨作物单倍体育种技术等倍性育种技术在主要农作物上的熟化与高效应用。

（2）实现主要农作物倍性育种技术的商业化应用：加强产学研一体化，在玉米、马铃薯等主要农作物中开展倍性育种的大规模商业化应用，为培育突破性重大品种提供技术支撑，

4.3　政策保障和建议

（1）建议加强自主知识产权单倍体诱导新基因的挖掘、新型技术开发与推广的支持力度，加快主要作物的育种速度。

（2）建议加强基因组复杂的多倍体作物的基础研究和育种技术研发的支持力

度，特别是多倍体基因编辑作物的审批和释放。

（3）当前和未来，企业是作物新品种选育和新技术应用的主体，建议相关部门增加对种子企业引进和应用新技术的支持力度，促进我国新研发技术的高效产业化与应用，从根本上提高我国育种研发的实力与竞争力。

参 考 文 献

李霖锋, 刘宝. 2019. 植物多倍化与多倍体基因组进化研究进展. 中国科学, 49(4): 327-337.

Abd El-Naby Z M, Mohamed N A, Radwan K H, et al. 2012. Colchicine induction of polyploid in Egyptian clover genotypes. Journal of American Science, 8(10): 221-227.

Andersson M, Turesson H, Olsson N, et al. 2018. Genome editing in potato via CRISPR-Cas9 ribonucleoprotein delivery. Physiol Plant, 164(4): 378-384.

Chen J, Leach L, Yang J, et al. 2021. A tetrasomic inheritance model and likelihood-based method for mapping quantitative trait loci in autotetraploid species. New Phytol, 230(1): 387-398.

Cheng Z, Sun Y, Yang S, et al. 2021. Establishing *in planta* haploid inducer line by edited *SiMTL* in foxtail millet (*Setaria italica*). Plant Biotechnol J, 19(6): 1089-1091.

Coe Jr EH. 1959. A line of maize with high haploid frequency. The American Naturalist, 93(873): 381-382.

Fawcett J A, Maere S, Van de Peer Y. 2009. Plants with double genomes might have had a better chance to survive the Cretaceous-Tertiary extinction event. Proc Natl Acad Sci USA, 106(14): 5737-5742.

González M N, Massa G A, Andersson M, et al. 2021. Comparative potato genome editing: *Agrobacterium tumefaciens*-mediated transformation and protoplasts transfection delivery of CRISPR/Cas9 components directed to *StPPO2* gene. Plant Cell, Tissue and Organ Culture, 145: 291-305.

Hu H, Schrag T A, Peis R, et al. 2016. The genetic basis of haploid induction in maize identified with a novel genome-wide association method. Genetics, 202(4): 1267-1276.

Jansky S H, Charkowski A O, Douches D S, et al. 2016. Reinventing potato as a diploid inbred line-based crop. Crop Science, 56(4): 1412-1422.

Kelliher T, Starr D, Su X, et al. 2019. One-step genome editing of elite crop germplasm during haploid induction. Nat Biotechnol, 37(3): 287-292.

Kelliher T, Starr D, Wang W, et al. 2016. Maternal haploids are preferentially induced by *CENH3-tailswap* transgenic complementation in maize. Front Plant Sci, 7: 414.

Li F, Fan G, Wang K, et al. 2014. Genome sequence of the cultivated cotton *Gossypium arboreum*. Nat Genet, 46(6): 567-572.

Li Y, Lin Z, Yue Y, et al. 2021. Loss-of-function alleles of *ZmPLD3* cause haploid induction in maize. Nat Plants, 7(12): 1579-1588.

Lindhout P, Meijer D, Schotte T, et al. 2011. Towards F_1 hybrid seed potato breeding. Potato Research, 54: 301-312.

Ling H Q, Ma B, Shi X, et al. 2018. Genome sequence of the progenitor of wheat A subgenome *Triticum urartu*. Nature, 557(7705): 424-428.

Liu C, Zhong Y, Qi X, et al. 2020. Extension of the *in vivo* haploid induction system from diploid maize to hexaploid wheat. Plant Biotechnol J, 18(2): 316-318.

Lv J, Yu K, Wei J, et al. 2020. Generation of paternal haploids in wheat by genome editing of the centromeric histone *CENH3*. Nat Biotechnol, 38(12): 1397-1401.

Niazi I A K, Rauf S, Teixeira da Silva J A, et al. 2015. Induced polyploidy in inter-subspecific maize hybrids to reduce heterosis breakdown and restore reproductive fertility. Grass and Forage Science, 70(4): 682-694.

Paterson A H. 2005. Polyploid, evolutionary opportunity, and crop adaption. Genetica, 123(1-2): 191-196.

Potato Genome Sequencing Consortium. 2011. Genome sequence and analysis of the tuber crop potato. Nature, 475(7355): 189-195.

Ramsey J, Schemske D W. 1998. Pathways, mechanism, and rates of polyploid formation in flowering plants. Annual Review of Ecology and Systematics, 29: 467-501.

Rauf S, Ortiz R, Malinowski D P, et al. 2021. Induced polyploidy: a tool for forage species improvement. Agriculture, 11(3): 210.

Ravi M, Chan S W L. 2010. Haploid plants produced by centromere-mediated genome elimination. Nature, 464(7288): 615-618.

Sattler M C, Carvalho C R, Clarindo W R. 2016. The polyploidy and its key role in plant breeding. Planta, 243(2): 281-296.

Stebbins G L. 1971. Chromosomal Evolution in Higher Plants. London: Addison-Wesley.

Sun H, Jiao W B, Krause K, et al. 2022. Chromosome-scale and haplotype-resolved genome assembly of a tetraploid potato cultivar. Nat Genet, 54(3): 342-348.

Van de Peer Y, Maere S, Meyer A. 2009. The evolutionary significance of ancient genome duplications. Nat Rev Genet, 10(10): 725-732.

Wang B, Zhu L, Zhao B, et al. 2019a. Development of a haploid-inducer mediated genome editing system for accelerating maize breeding. Mol Plant, 12(4): 597-602.

Wang C, Liu Q, Shen Y, et al. 2019b. Clonal seeds from hybrid rice by simultaneous genome engineering of meiosis and fertilization genes. Nat Biotechnol, 37(3): 283-286.

Wang K, Wang Z, Li F, et al. 2012. The draft genome of a diploid cotton *Gossypium raimondii*. Nat Genet, 44(10): 1098-1103.

Wang N, Xia X, Jiang T, et al. 2022. *In planta* haploid induction by genome editing of *DMP* in the model legume *Medicago truncatula*. Plant Biotechnol J, 20(1): 22-24.

Weeks D P. 2017. Gene editing in polyploid crops: wheat, camelina, canola, potato, cotton, peanut, sugar cane, and citrus. Prog Mol Biol Transl Sci, 149: 65-80.

Yao L, Zhang Y, Liu C, et al. 2018. *OsMATL* mutation induces haploid seed formation in indica rice. Nat Plants, 4(8): 530-533.

Zhang C, Yang Z, Tang D, et al. 2021. Genome design of hybrid potato. Cell, 184(15): 3873-3883.

Zhang J, Zhang X, Tang H, et al. 2018. Allele-defined genome of the autopolyploid sugarcane *Saccharum spontaneum* L. Nat Genet, 50(11): 1565-1573.

Zhao G, Zou C, Li K, et al. 2017. The *Aegilops tauschii* genome reveals multiple impacts of transposons. Nat Plants, 3(12): 946-955.

Zhong Y, Chen B, Li M, et al. 2020. A *DMP*-triggered *in vivo* maternal haploid induction system in the dicotyledonous *Arabidopsis*. Nat Plants, 6(5): 466-472.

Zhong Y, Chen B, Wang D, et al. 2021. *In vivo* maternal haploid induction in tomato. Plant Biotechnol J, 20(2): 250-252.

Zhong Y, Liu C, Qi X, et al. 2019. Mutation of *ZmDMP* enhances haploid induction in maize. Nat lants, 5(6): 575-580.

Zhong Y, Wang Y, Chen B, et al. 2022. Establishment of a dmp based maternal haploid induction system for polyploid *Brassica napus* and *Nicotiana tabacum*. J Integr Plant Biol, 64(6): 1281-1294.

四、重点突破篇

专题十一　基因编辑

王延鹏[1*]　赵玉胜[1*]　谢传晓[2]　刘耀光[3]　高彩霞[1]

1. 中国科学院遗传与发育生物学研究所，北京，100101
2. 中国农业科学院作物科学研究所农作物基因资源与基因改良国家重大科学工程，北京，100081
3. 华南农业大学亚热带农业生物资源保护与利用国家重点实验室，广州，510642
*联系人 E-mail: yanpengwang@genetics.ac.cn, yusheng.zhao@genetics.ac.cn

摘　　要

　　基因编辑可对生物遗传物质进行精准修饰，是当前生命科学领域最受瞩目的颠覆性技术。基于基因编辑技术的新一代育种技术已成为种业关键核心技术，基因编辑创新与农作物种业应用研究将为保障国家种业安全提供重要技术支撑。对国内外基因编辑领域研究的现状和态势分析发现，我国与发达国家相比存在巨大差距，我国的研究更多属于跟踪型或应用拓展型，未掌握相关领域的核心技术，缺乏具有自主知识产权的专利，我国将面临美国等专利持有国的"卡脖子"制约，未来产业安全存在严峻挑战。对此，我国应加强基因编辑基础研究，聚焦基因编辑源头创新，多维度、多学科交叉，系统有效地开发引领性的基因编辑新工具和新技术，形成我国的原创性、具有自主知识产权的基因编辑核心技术，推动动植物重大产品的迭代升级，摆脱国外核心专利的制约。同时，开展突破性基因编辑种质创新和利用，保障我国基因编辑产业安全。最后，制定适合我国的并具有国际竞争力和引领性的政策，为我国抢占未来生物技术经济制高点提供保障和竞争力。

1　背景与需求分析

　　生物技术是推动种子更新换代、实现新一代绿色革命的技术保障。目前传统育种技术的局限性已难以承载未来粮食安全面临的巨大挑战。传统的育种技术，如杂交育种和诱变育种，其获得的突变都是随机的，育种过程耗时费力、周期长、效率低。转基因育种是作物育种技术的重大突破，它将外源基因或优良性状引入农作物，加速了农作物遗传改良进程，但由于植物基因组中整合了外源 DNA，转基因植物受到各国政府的严格监管，目前只有少数转基因作物被商业化利用。**基**

因编辑技术无须导入外源基因就能对植物基因组进行靶向修饰从而获得新的性状,它与转基因植物有本质不同,而与传统育种获得的产品实质等同(Huang et al.,2016)。基因编辑已成为高效、安全的新一代作物育种技术,并迅速地应用于水稻、小麦、玉米、大豆、番茄、马铃薯、木薯、西瓜和棉花等作物,对未来农业生产将产生巨大影响。

1.1 基因编辑是生命科学领域的颠覆性技术

基因编辑可对生物遗传物质进行精准修饰,是当前生命科学领域最受瞩目的颠覆性技术。基因编辑技术已经经历了 ZFN、TALEN、CRISPR 三代工具发展。其中,得益于其易操作性,CRISPR 技术从基因编辑技术中脱颖而出,发展非常迅猛,是新一代最具潜力的基因编辑技术,对生命科学及生物技术的发展带来革命性变革。CRISPR/Cas 技术的原创者获得了 2020 年诺贝尔化学奖。基因编辑技术属于国际前沿技术,是世界各国在生命科学领域竞争的关键技术制高点。当前,以 CRISPR/Cas 技术为基础,开发了多种编辑工具和编辑策略,包括基因敲除、基因插入、大片段基因替换、染色体大片段结构变异、碱基编辑、转录活性调控、DNA 表观修饰、RNA 编辑、引导编辑等编辑技术(Liu et al.,2022),并且形成了以人类医学健康和农产品新品种培育为主的产业化方向。

1.2 基因编辑技术在作物种业科技创新中的地位

育种技术已开启分子育种 4.0 时代,将会打破常规育种技术瓶颈,快速、精准、高效地对动植物进行定向遗传改造,从而实现育种模式的根本变革。**基于基因编辑技术的新一代育种技术让作物育种"按需定制"成为可能,可以快速定向聚合高产、优质、抗病抗虫等优异性状,大大地缩短育种进程,为保障粮食安全带来了前所未有的发展机遇。**以 CRISPR/Cas 为代表的基因编辑技术开创了农业领域新一轮革新,可以在不引入外源基因的前提下,高效率和高特异性地对基因组 DNA 的特定核酸序列进行删除、插入和替换等操作,是当前具有颠覆性、引领性的生物育种前沿技术(Zhu et al.,2020)。2016 年,"植物基因精准编辑技术"被《麻省理工科技评论》评为对未来农业生产有重大影响的十大技术突破之一,有望用于生物安全的作物遗传改良和定向育种,从而提高农业生产率,满足日益增长的人口需求。

1.3 基因编辑创新与应用在保障种业安全中的战略需求和形势

国以农为本,农以种为先。种子是基础性农业生产的资料,种业是农业现代化的基础,处在整个农业产业链的源头,是农业的"芯片",也是潜在的卡点。2000年以来,国际种业巨头持续关注我国庞大的玉米籽种市场规模,积极投资与布局,我国作物种业正面临国际种业巨头品种激烈的竞争与冲击。当前,基因编辑技术已成为种业关键核心技术,基因编辑创新与农作物种业应用研究将为保障国家种业安全提供重要技术支撑。

目前基因编辑技术的原始专利主要由外国控制,如 ZFN 技术核心专利主要由美国企业垄断,TALEN 技术专利主要由美国和法国机构持有,而具有高效率、高特异性和低成本优势的 CRISPR 技术核心专利则主要由美国研究机构掌握。主要跨国种业企业均已与专利持有者签署了授权许可协议,以合法利用基因编辑技术,开发有重要应用价值的基因编辑产品,占领产业竞争制高点。**而我国企业在现有基因编辑底层技术的国际授权方面普遍滞后,在未来的产业竞争中已处于不利地位。一旦基因编辑产品进入产业化广泛应用,我国将面临美国等专利持有国的"卡脖子"制约,产业安全存在严峻挑战。**

2 发展态势分析

2.1 全球基因编辑研究和专利态势分析

自 2010 年以来,基因编辑技术蓬勃发展,在医药、健康、农业、工业等领域产生了深远的变革性影响,是世界强国积极布局和激烈角逐的竞争制高点。**美国是基因编辑技术的发源地,拥有底层技术的核心专利,在疾病治疗和农业育种等重要领域形成了源头创新、技术研发、产业转化全链条。**通过统计和分析,2010~2021 年,美国在基因编辑领域发表文章 11 478 篇(图 1),中国为 7724 篇,具有一定的差距(图 1A);中国在 2014 年开始发文量急剧增加,并且 2020 年开始

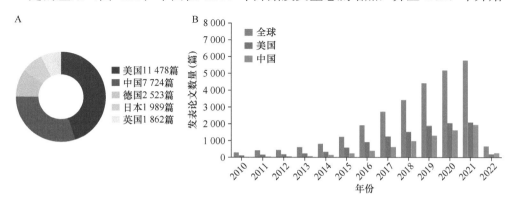

图 1 世界主要国家在基因编辑领域发表文章的分布(彩图请扫封底二维码)
A. 世界各国基因编辑发文量统计(2010~2022 年);B. 2010~2022 年中国和美国基因编辑领域发文量趋势

具有追赶美国的趋势。此外，2010~2021 年，美国高影响力（影响因子 IF＞15）的文章近 3000 篇，远高于中国的 980 篇；美国高被引论文（被引用次数＞300）为 228 篇，中国仅为 43 篇（图 2）。

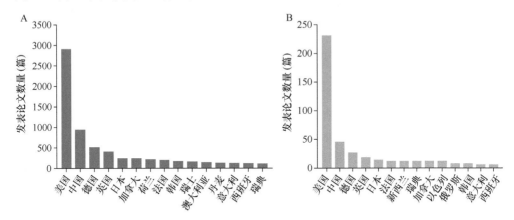

图 2　世界主要国家在基因编辑高影响力文章分布
A. IF＞15 的文章数量；B. 被引用次数＞300 文章数量

在基因编辑专利方面，CRISPR 原始核心专利为美国 Broad 研究所拥有，美国哈佛大学和 Broad 研究所还拥有碱基编辑和引导编辑两大核心技术的专利。1991~2021 年，美国申请的基因编辑专利总数为 7340 件，我国近 3000 件，分列世界第一、第二位，但是我国申请的核心专利（合享价值度为 10）113 件，仅为美国（2369 件）的 4.8%（图 3）；此外，美国授权的基因编辑专利总数为 1170 件，我国为 757 件，二者具有一定的差距（图 4A），而我国授权的核心专利 77 件，仅为美国（949 件）的 8.1%（图 4B），位居世界第二，差距较大。

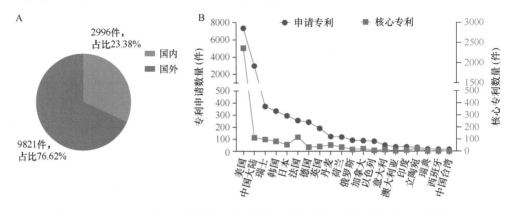

图 3　1991~2021 年全球基因编辑专利总体申请情况（彩图请扫封底二维码）
资料来源于中国科学院文献情报中心 2022 年统计数据. A. 中国和国外基因编辑专利申请数量；B. 不同国家/地区专利申请数量统计

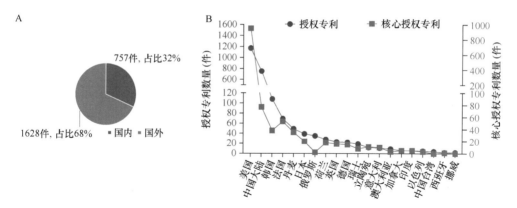

图 4 1991～2021 年全球基因编辑专利总体授权情况（彩图请扫封底二维码）

资料来源于中国科学院文献情报中心 2022 年统计数据。A. 中国和国外基因编辑授权专利数量；B. 不同国家/地区授权专利数量统计

2.2 中国在农作物基因编辑领域具有一定的优势地位

在农业领域，我国科学家在农业生物基因编辑技术活跃创新和推进精准育种应用上均取得连续突破，紧随美国处于国际第一梯队，主要动植物基因编辑技术与产品数量明显多于美国。截至 2019 年底，我国申请的动植物基因编辑技术专利位居全球第一（Martin-Laffon et al.，2019）。我国相继在水稻、小麦、玉米、大豆、棉花、番茄、苜蓿、烟草、柑橙等作物中建立了基因替换或插入、基因转录调控、碱基编辑等编辑技术体系，并实现了野生植物驯化、杂交育种新方案等多种育种技术创新（Chen et al.，2019）。我国在植物基因编辑工具和辅助软件系统方面也是亮点纷呈。例如，刘耀光团队开发的植物多基因编辑系统和一站式在线分析平台 CRISPR-GE 已被国内外广泛利用（Ma et al.，2015；Xie et al.，2017）。

从发文量上看，2010～2019 年我国农业基因编辑技术研究论文数量与美国相当。且我国在农业基因编辑研究方面的论文量增长快速，自 2017 年起已超过美国，排名全球第一（图 5A）。从机构上看，我国的研究机构在全球农业基因编辑研究领域表现优异。发文量排名前十的机构中，排名前四的均为中国机构，包括中国科学院（288 篇）、中国农业科学院（179 篇）、中国农业大学（140 篇）和华中农业大学（115 篇）（Martin-Laffon et al.，2019）。

中国在全球农业领域基因编辑的专利数量方面具有非常明显的领先优势，中国（259 件）是第二名美国（61 件）的 4 倍之多，是第三名欧洲（18 件）的 14 倍之多（图 5B）。更重要的是，2017 年后中国相关专利数量保持持续增长，而欧美则停滞不前。中国在农业基因编辑知识产权与竞争力方面占据世界领先地位（Martin-Laffon et al.，2019）。

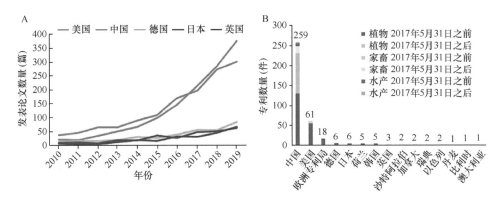

图 5　全球主要国家/组织农业领域基因编辑技术论文（A）和专利（B）态势
（彩图请扫封底二维码）

借力我国在动植物科学上的杰出成就，中国在全球农业领域做出了许多引领性和突破性的工作。2014 年，高彩霞团队与邱金龙团队合作首次对基因组复杂的六倍体小麦中 *MLO* 基因的 3 个拷贝同时进行了突变，创制了持久、广谱白粉病抗性小麦。实现了对多倍体小麦同源基因的精准编辑及基于近缘物种基因信息的作物品种分子设计（Wang et al.，2014）。其研究被认为是小麦分子育种生物技术的重大突破，将为主粮作物新品种培育带来革命性影响。2016 年，他们的文章入选 *Nature Biotechnology* 创刊 20 周年最具有影响力的 20 篇文章之一。2022 年该团队继续对 *MLO* 基因进行改造，"改写"白粉病感病基因，实现小麦抗病与丰产双赢，使主栽小麦品种快速获得广谱抗白粉病且高产的优异性状，小麦产量提升 15%以上（Li et al.，2022）。

无融合生殖是一种通过种子进行无性繁殖的生殖方式，可以随着世代更迭而不改变杂交品种的杂合基因型，使得杂交后代不发生性状分离，从而实现杂种优势的固定。王克剑团队利用基因编辑技术在杂交水稻中同时敲除了 4 个水稻生殖相关基因，建立了水稻人工无融合生殖系，得到了杂交稻的低频率克隆种子，向杂种优势的固定利用的目标迈出了一步（Wang et al.，2019）。

许操与高彩霞团队以天然耐盐碱和抗细菌疮痂病的野生醋栗番茄（*Solanum pimpinellifolium*）为材料，利用 CRISPR/Cas9 多基因编辑精准靶向多个产量和品质性状控制基因的编码区及调控区，在不牺牲其天然抗逆性状的前提下将产量和品质性状精准地导入了野生番茄，加速了野生植物的人工驯化（Li et al.，2018）。此外，李家洋团队首提出了异源四倍体野生稻快速从头驯化的新策略，该研究为应对未来粮食危机提出了一种新的可行策略，开辟了新的作物育种方向（Yu et al.，2021）。在未来，通过基因编辑实现野生植物的快速驯化，为精准设计和创造全新作物提供了新的技术途径。

刘耀光团队在利用基因编辑对水稻 *Wx* 基因的启动子区及其 5′UTR 内含子剪

接点（5′UTR intronic splicing site，5′UISS）进行多种策略的编辑，在转录水平和转录后水平对胚乳直链淀粉含量进行定量和微量调控，获得了多个实用性的 *Wx* 新等位基因，创制了产生不同直链淀粉含量的籼稻新种质（Zeng et al.，2020）。此外，在品质方面，中国农业科学院谢传晓团队对玉米的淀粉合成途径基因 *Wx* 与 *SH2* 进行编辑，获得了 *SH2* 与 *Wx* 单基因与双基因突变的突变系，实现超甜玉米与糯玉米材料的高效创制（Dong et al.，2019）。这些研究为植物品质育种提供了新的思路和研究方法。

2.3　我国农业生物基因编辑技术仍受制于国外核心专利

我国在基因编辑技术的应用领域处于国际领先水平，同时作为全球最大的基因编辑技术的应用市场，我国还具有明显的"科技聚合"优势。但必须正视的是，**我国在原创技术研发方面，与发达国家相比存在巨大差距，我国的研究更多属于跟踪型或应用拓展型，未掌握相关领域的核心技术，缺乏具有自主知识产权的原始创新成果。** 由于长期以来相关基础研究薄弱，未形成稳定的基因编辑技术研发团队，缺乏可编程核酸识别元件、核酸修饰功能元件等核心专利，导致我国在相关技术的应用研发优势没有底层知识产权支撑，未来产业化应用仍需源头技术专利持有者授权。

2.4　我国农业生物基因编辑产业化发展缓慢

世界各国积极布局基因编辑研发与配套政策，大幅推进了基因编辑产品的商业化进程，新一轮生物育种技术革命正在兴起。美国农业部对若干基因编辑作物授予转基因监管豁免权，阿根廷、加拿大、巴西、澳大利亚、日本等国相继认同基因编辑产品无须监管即可上市。我国在基因编辑产品的监管政策制定上处于较为谨慎的状态，截至 2019 年尚无基因编辑产品进入产业化（Chen et al.，2019）。

新思界产业研究中心的《2019 年全球及中国基因编辑产业深度研究报告》显示，2019 年全球基因编辑产业市场规模约为 38 亿美元，到 2024 年将达到 63 亿美元，复合年增长率为 10.6%；其中北美洲是最大的市场，其次是亚洲、欧洲。**新时期保障国家粮食安全、生态安全和农业可持续发展面临严峻挑战，基因编辑技术应用前景巨大。目前，我国在基因编辑的产业化方面发展缓慢，相关研发和转化的公司较少。**

3　瓶颈对策分析

我国在农业基因编辑技术领域的应用研发处于国际领先水平，但我国缺乏具有自主知识产权的源头编辑技术，迫切需要加强基础研究，系统、有效地开发和建立具有源头创新的基因编辑新工具，形成我国的原创性、具有自主知识产权的基因编辑核心技术，推动动植物重大产品的迭代升级，摆脱国外核心专利的制约。此外，由于作物细胞具有细胞壁，如何高效地将基因编辑组分递送到植物细胞并实现高效编辑，是植物基因编辑的重要瓶颈。植物基因编辑为一种新兴技术，针对其在农业领域的应用和其相关产品也需要及时建立全新的安全评价措施和监管政策，这是推动基因编辑育种的重要举措。以下从我国基因编辑的几个瓶颈和应对的策略进行分析。

3.1 基础研究薄弱、理论创新不足、原始创新乏力

长期以来存在的相关基础研究薄弱、整体认识不够等问题，导致**我国在关键核酸酶底盘工具的挖掘方面缺乏原始技术，基因编辑核心专利被欧美发达国家控制**，这成为我国未来基因编辑技术产业化应用的制约因素。例如，几大重要的基因编辑技术如 ZFN、TALEN、CRISPR 系统的核心技术都由欧美国家开发。我国基因编辑产业化及商业竞争将面临受制于人的局面，产业安全存在严峻挑战。基因编辑技术更因其战略重要性也被列为制约我国发展的"卡脖子"技术之一。

对策分析：需加强我国基因编辑的基础研究和投入，凝聚国内优势团队对原创性技术开发进行攻关研究，利用全新的设计理念结合最前沿技术，解析遗传分子操作的新原理，挖掘可编程的新型生物大分子、修饰功能模块等新系统，创建基因编辑新工具，形成原创性底层技术模型，为我国未来生物育种提供重要的核心竞争力和技术保障。

3.2 相关学科融合不足，原创性共性技术研发乏力

基于基因编辑底盘工具开发的一系列共性技术，如碱基编辑、引导编辑、转录调控、表观修饰、DNA 成像等，带动了新一轮的基因编辑热潮。我国在这些相关衍生技术方面也做出了一系列成绩，包括挖掘和优化了新的碱基编辑器及其他相关基因编辑技术体系，以及利用这些技术创制了一批重要农业生物新种质，**但必须正视的是这些基因编辑技术的核心专利依然大多由国外机构所拥有**，如新型基因编辑技术碱基编辑系统和引导编辑系统都由美国麻省理工学院和哈佛大学开发和掌握。

对策分析：需聚焦多维度、多学科交叉，基于蛋白质结构的解析、人工智能深度学习和理性设计，对重要功能结构域进行全新设计和改造，获得全新的具有切割、脱氨、反转录、整合、转换、表观修饰、RNA 编辑等修饰元件，解析修饰

功能复合体结构特征，研究其与编辑模块的耦合效应，开发碱基编辑、核苷酸删除、表观编辑及 RNA 编辑等原创新共性编辑技术。

3.3 缺乏高效的基因编辑组分递送技术

当前植物基因编辑面临的一个最重要限制性瓶颈是如何将基因编辑组分导入植物细胞中，并高效地实现个体植物的基因编辑。目前，主要的导入方法是基于已经建立的植物遗传转化系统，主要包括农杆菌介导法和基因枪介导法，它们已成功应用于多种模式植物、农作物及经济作物。其优点在于操作简便、成本较低，缺点是转化效率依赖于特定的受体基因型（Li et al.，2021）。**无论基因枪法还是农杆菌法，都需要对导入的组织进行愈伤的诱导和再生的诱导，这个过程需要进行漫长的组织培养，这不仅限制了植物基因编辑的应用，而且对于一些再生较为困难的作物，如小麦、玉米和大豆，限制了其应用。**此外，许多重要的作物遗传转化核心技术由一些国外公司拥有，需要购买专利才能使用，如我国大部分小麦遗传转化技术都是利用日本烟草公司的技术，需交付昂贵的专利费。

对策分析：加强植物细胞再生和递送技术的研究，探索和建立不受物种和基因型限制及不经过组织培养过程的作物基因编辑的新导入方法，将会提高植物基因编辑的使用效率，推动基因编辑技术在未来农业中的发展和应用。

3.4 基因编辑产品监管及产业化政策滞后

随着基因编辑技术及其应用研究的不断推进，基因编辑技术的产业化前景越来越广阔。截至 2020 年，美国等发达国家已批准包括水稻、小麦、玉米、棉花、油菜等 70 多种基因编辑农作物商业化生产。例如，美国成功培育了高油酸基因编辑大豆、耐贮存基因编辑马铃薯、不易褐变基因编辑白蘑菇及基因编辑糯玉米等多种新品种；日本目前正在开发的基因编辑品种包括增加降血压成分的西红柿和更加肥美的真鲷等。我国目前虽然已经培育了部分基因编辑作物品系，包括高抗除草剂的水稻、高维生素 C 含量的生菜、香味糯玉米、高产的水稻、高油酸的大豆、抗褐化的马铃薯、高番茄红素含量的番茄等，**但我国基因编辑技术应用及产品的监管体系不够明确，政策谨慎，目前尚无进入市场的基因编辑产品。**另外，全球基因编辑技术的产业已逐渐形成，多个专注于基因编辑的公司成功上市。我国基因编辑技术的相关基础研究与应用研究的水平均位于世界第一梯队，但产业链条不完整，大多数企业处于产业链的中游，还未进入商业化进程。

对策分析：基因编辑育种与传统育种获得的产品没有本质差异，因此需构建完整科学的基因编辑产品分级监管体系，如参照多个国家实行的政策，对没有食用安全和环境安全风险的基因编辑产品实行豁免监管的备案制度，有利于我国基因编辑产品的商业化和产业化及技术的发展。此外，鼓励资本市场的投入，以加快基因编辑产品进入市场，形成以市场为导向的竞争体系和产业链。

4 未来战略构想

目前，国际基因编辑产业蓬勃发展，在医药、健康、农业、工业等各个领域都产生了影响深远的变革，已成为当前全球生物技术领域的竞争制高点。未来，基因编辑将成为生物技术种业发展的主要推动力，世界也将迎来以基因编辑生物经济为主导的经济结构更新和国家实力大洗牌。如何抓住这一颠覆性新型技术带来的经济发展先机，使我国抓住未来国际经济话语权，是实现跨越发展的关键。

4.1 发展思路

加强基因编辑基础研究，开发原始创新技术，摆脱国外技术制约。 聚焦基因编辑基础研究和源头创新，多维度、多学科交叉，系统有效地开发和建立可编程靶向识别特定基因组序列的新型核酸酶系统，研发源头创新的基因编辑新工具和共性技术，形成我国的原创性、具有自主知识产权的基因编辑核心技术，推动动植物重大产品的迭代升级，摆脱国外核心专利的制约。

推进生物育种技术创新和新种质的创制。 围绕关键农业物种，开展突破性基因编辑种质创新和利用，将有利于我国在农作物基因编辑核心技术研究领域抢占国际制高点，保障我国基因编辑产业安全。

4.2 发展目标

由于我国缺位原始专利，底层技术受制于人，核心产品创新落后，我国基因编辑发展受制于人。基因编辑技术更因其战略重要性也被美国列为制约我国发展的"卡脖子"技术之一，产业安全存在严峻挑战。因此，加快推动基因编辑研究是国家发展和战略布局的迫切需求。聚焦基因编辑基础研究和源头创新，通过多维度、多学科交叉实现基因编辑底层技术的突破，可推进我国基因编辑技术的自主可控，为我国抢占未来生物技术制高点提供核心竞争力。

五年发展目标：

（1）加强基因编辑基础研究，获得1～2套具有自主知识产权的基因编辑技术，实现底层技术的重大突破，打破国际专利壁垒；

（2）加强学科交叉融合，开发2～5套原创性基因编辑共性技术，促进新学科的形成和发展；

（3）开发高效的植物基因编辑组分递送技术，打破当前递送技术的瓶颈；

（4）健全基因编辑产品监管政策，推进基因编辑产品向市场化迈进。

十年发展目标：取得前沿生物技术"0到1"的原创性突破，引领基因编辑领域"无人区"的探索，使我国成为基因编辑更新迭代的策源地，促进新学科的形成和发展；健全我国基因编辑产品管理体系，实现基因编辑种业的兴起和产品的规模化和商业化。

4.3　政策保障和建议

基于我国在农业基因编辑领域的技术优势，应加大支持力度，促进相关领域的持续发展。基因编辑的研究日新月异，要在未来的发展中占据优势地位，掌握话语权，迫切需要开展具有自主知识产权的基因编辑新工具的研发，而要抢占下一代生物技术育种的发展先机，全方位、多角度地深入进行多种植物基因编辑技术的研究，储备相关技术尤为重要。

作为一种新兴技术，针对基因编辑技术在农业领域的应用及其相关产品需要及时建立全新的安全评价措施和监管政策。基因编辑育种与传统育种获得的终产物没有本质差异，因此在美国等国家按照常规品种监管。**科学的安全评价及监管应该兼顾保障我国生物安全及粮食安全，从中国国情出发，制定适合我国的并具有国际竞争力和引领性的政策，同时也应充分发挥我国在农业基因编辑领域国际领先的技术优势，为我国抢占未来生物技术经济制高点提供保障和竞争力。**

参 考 文 献

Chen K, Wang Y, Zhang R, et al. 2019. CRISPR/Cas genome editing and precision plant breeding in agriculture. Annu Rev Plant Biol, 70: 667-697.

Dong L, Qi X, Zhu J, et al. 2019. Supersweet and waxy: meeting the diverse demands for specialty maize by genome editing. Plant Biotechnol J, 17(10): 1853-1855.

Huang S, Weigel D, Beachy R N, et al. 2016. A proposed regulatory framework for genome-edited crops. Nat Genet, 48(2): 109-111.

Li S, Lin D, Zhang Y, et al. 2022. Genome-edited powdery mildew resistance in wheat without growth penalties. Nature, 602(7897): 455-460.

Li T, Hu J, Sun Y, et al. 2021. Highly efficient heritable genome editing in wheat using an RNA virus and bypassing tissue culture. Mol Plant, 14(11): 1787-1798.

Li T, Yang X, Yu Y, et al. 2018. Domestication of wild tomato is accelerated by genome editing. Nat Biotechnol, 36: 1160-1163.

Liu G, Lin Q, Jin S, et al. 2022. The CRISPR-Cas toolbox and gene editing technologies. Mol Cell, 82(2): 333-347.

Ma X, Zhang Q, Zhu Q, et al. 2015. A robust CRISPR/Cas9 system for convenient high-efficiency multiplex genome editing in monocot and dicot plants. Mol Plant, 8(8): 1274-1284.

Martin-Laffon J, Kuntz M, Ricroch A E. 2019. Worldwide CRISPR patent landscape shows strong geographical biases. Nat Biotechnol, 37(6): 613-620.

Wang C, Liu Q, Shen Y, et al. 2019. Clonal seeds from hybrid rice by simultaneous genome engineering of meiosis and fertilization genes. Nat Biotechnol, 37(3): 283-286.

Wang Y, Cheng X, Shan Q, et al. 2014. Simultaneous editing of three homoeoalleles in hexaploid bread wheat confers heritable resistance to powdery mildew. Nat Biotechnol, 32(9): 947-951.

Xie X, Ma X, Zhu Q, et al. 2017. CRISPR-GE: a convenient software toolkit for CRISPR-based genome editing. Mol Plant, 10(9): 1246-1249.

Yu H, Lin T, Meng X, et al. 2021. A route to *de novo* domestication of wild allotetraploid rice. Cell, 184(5): 1156-1170.

Zeng D, Liu T, Ma X, et al. 2020. Quantitative regulation of *Waxy* expression by CRISPR/Cas9-based promoter and 5′UTR-intron editing improves grain quality in rice. Plant Biotechnol J, 18(12): 2385-2387.

Zhu H, Li C, Gao C. 2020. Applications of CRISPR-Cas in agriculture and plant biotechnology. Nat Rev Mol Cell Bio, 21(11): 661-677.

专题十二 智能育种

梁承志[1*] 赵宇慧[1] 王开义[2] 王建康[3] 严建兵[4] 黄学辉[5]

冯献忠[6] 王春英[7] 赵春江[2]

1. 中国科学院遗传与发育生物学研究所，北京，100101
2. 国家农业信息化工程技术研究中心，北京，100097
3. 中国农业科学院作物科学研究所，北京，100081
4. 华中农业大学作物遗传改良全国重点实验室，武汉，430070
5. 上海师范大学生命科学学院，上海市植物分子科学重点实验室，上海，200234
6. 中国科学院东北地理与农业生态研究所，长春，130102
7. 北京新锐恒丰种子科技有限公司，北京，100091
*联系人 E-mail：cliang@genetics.ac.cn

摘 要

种子是农业的"芯片"。育种技术的突破对保障我国的粮食安全和满足"大食物观"战略需求具有重大意义。在世界范围内，农业育种在生物技术和信息技术联合推动下正在进入一个崭新的发展阶段，即智能育种时代：通过精准基因组设计和选择，对农艺性状进行精准控制和快速定向改良，实现种子的快速"按需定制"。本专题对智能育种相关理论和技术进行了简单介绍，并对相关领域的研究进展进行了文献计量分析和重点阐述，针对我国智能育种发展所面临的技术和政策瓶颈及对策进行了讨论，提出了面向未来 10 年的战略规划，以期为我国智能育种发展的顶层设计提供参考，加快我国跨入智能育种时代的步伐。

1 背景与需求分析

种业是粮食生产的基石。据测算，良种对我国粮食增产的贡献率超过 40%（孙强等，2013），被称为农业的"芯片"。尽管我国人口总数在最近几年已达到峰值，但人民生活水平的提升对粮食总量的需求将在很长一段时期内居高不下，如 2021 年粮食进口总额超过 1.6 亿吨（其中大豆近 1 亿吨），平均每人 110kg 以上，而世界人口的持续增长将对我国的粮食进口造成严重威胁。此外，目前我国的粮食生产仍存在下列问题：①我国玉米和大豆等主粮作物的单产与美国有很大差距（田志喜等，2018；赵久然等，2016），食物中蛋白质缺口极大。②近年来我国为保障粮食安全已付出了巨大的生态代价。例如，农业用水消耗了大量水资源，化肥、农药、抗生素等的使用量占世界总量的 30%～50%（孔庆洋和闵继胜，2020；于伟和张鹏，2018），但化肥的有效利用率只有 40%（远不及发达国家的 60%）（郭江江，2015），造成极大的环境污染，生态安全面临严重威胁。③气候变化和土壤退化等问题将持续存在。④新的产业需求的发展、人口老龄化和人们对更高生活水平的追求，引发对新式耕作（如直播稻）和收割（机收玉米）技术，以及食味品质俱佳、功能多样的食物和饲料的需求。总之，这些问题的解决都需要农业育种技术上的新突破。

然而，目前我国作物育种仍以传统技术为主，过于依赖人海战术在田间进行碰运气式的材料选择，效率偏低，培育一个主粮作物优异新品种经常需要 10 年以上，而培育在"大食物观"下所需的优质肉类、蔬菜、水果、水产等动植物新品种则经常需要更长的时间。这种旧的育种方式一是难以应对快速变化的环境和市场需求，二是人口老龄化导致的劳动力减少已使其无法持续。因此，亟须发展高效、应用广泛的新型（智能）育种技术，在育种队伍规模急剧缩小的情况下实现种子的快速"按需定制"，满足"大食物观"战略需求，在保障我国粮食安全的基础上稳步提高人们的生活水平，为实现中华民族伟大复兴提供坚实的基础。

1.1 智能育种是作物育种技术发展的高级阶段，将推动育种从"经验"走向"科学"、从"运气"走向"精准"

1.1.1 育种的核心问题

为了便于理解育种技术的革新需求，我们先了解一下育种背后的科学问题是什么。育种是对农业物种性状的改良，通过育种可产生具有更好表型（高产、优质、耐逆等）的优良品种。育种的过程可被分为两个基本步骤：一是创制材料，二是选择材料。根据遗传学理论，生物体的表型既受到基因的控制，又受到环境的影响，即由基因和环境共同决定（可简写为 $P=G+E$）。遗传学和基因组学研究表明，作物基因数目众多，如水稻有 3 万多个基因及大量调控因子，玉米、小麦等则更多。重要农艺性状都具有一效多因（即一个性状由多个基因控制）和一因多效（即一个基因可控制多个性状）的现象。假设在一个作物中控制产量、品质、抗性等性状的基因变异位点有 1000 个，每个位点上都存在有利变异和不利变异两种形式，则这些基因变异的潜在组合数（基因型）就有 2^{1000} 个（$>10^{300}$ 个）。每个种质材料代表了其中一个组合，优良品种就是其中极少部分含有大量优良基因变异的种质材料（图 1）。**育种的过程是将适合于某些环境的优良基因变异聚合到一个材料中形成一个品种的过程。如何才能高效地得到或聚合这些优良的变异并**

筛选到材料呢？这是育种家一直期待解决的问题。

图 1　在不同环境下各种基因组合的表型值（包括育种值）分布简化模拟图
（彩图请扫封底二维码）

本图显示了对 $P=G+E$ 进行一种简化模拟时的表型值（P）分布（由周健提供）。图中每个点代表了某个育种材料在某个环境下的表型值（如产量或品质或综合育种值）。当图中 P 为育种值时，红色区域的育种材料聚合了多个优异基因变异，也种在合适的环境中，具有较高的育种值。需要注意的是，在现实中最优的基因变异组合（基因型）是无法得到的，但在育种中可以接近或得到一些"理想的基因型"

1.1.2　传统育种的瓶颈

针对性状改良的目标，传统的育种方式是通过亲本材料的杂交产生大量后代，到田间种植，观察表型，选取表型优异的材料，形成品种。这个方法受到很多因素的制约。首先，杂交亲本中含有的优异基因不明确，且优异基因组合产生的概率极低；其次，由于表型易受环境的影响，且由于很多表型难以被精准或规模化测定，导致筛选过程具有很大的模糊性和随机性。因此，传统育种家要培育一个好的品种，需要做大量杂交组合和后代材料种植，进行多年多环境下的表型观察测试，这个过程高度依赖人海战术和运气，耗时耗力。幸运的是，不同基因对表型的贡献有大有小（即可分为主效基因和微效基因），很多主效基因对表型的影响较易被观察到（如水稻的绿色革命基因）。然而，**主效基因的效应经常受到育种材料遗传背景（即微效基因）的影响，由于控制表型的微效基因数量众多，其对表型的总贡献不容忽视，但却难以通过表型选择来持续富集，导致传统育种不仅效率有限，而且表型改良的天花板明显。**

1.1.3　当前分子育种的局限性

那如何才能突破传统育种的瓶颈和天花板呢？是否可以用基因型选择来代替表型选择以提高效率呢？答案是肯定的。**分子遗传学和基因组学的发展催生了分子育种技术，利用分子标记对与其连锁的有利基因变异进行追踪、选择和利用，已成为现代育种过程中极为重要的一个环节。**回顾作物育种技术发展历史，近年国际上提出育种 1.0 到 4.0 的概念（Wallace et al.，2018）：1.0 包括过去近万年农耕文明的作物驯化和农家种选育；2.0 是指近 100 多年来基于表型选择的杂交育种；3.0 即最近 30 年发展起来的分子育种。育种 2.0 建立于遗传学理论及生物统计学方法的创新和发展，通过育种材料的杂交，选育常规纯系品种或杂种优势品种。育种 3.0 得益于分子标记技术、目标性状基因定位技术、转基因技术，以及各类遗传学分析工具的创新和发展，包括初期的利用分子标记辅助选择到近期的基因组选择，也包括对基因工程技术的广泛应用。育种 4.0 是在当前分子育种的基础上进一步发展、正在走入的阶段。

近年来两种分子育种技术已得到越来越多的应用：一是在高通量分子标记技术基础上发展起来的基因组选择育种技术（Meuwissen et al.，2001）；二是在重要性状基因的定位、克隆及其形成的遗传机制解析的基础上发展起来的分子设计育种技术（余泓等，2018）。

基因组选择育种利用全基因组水平遗传变异分子标记在训练群体中建立计算模型，来预测育种个体在复杂数量性状中的遗传优势，可大大提高聚合大量优良基因变异的效率（Crossa et al.，2017；Yao et al.，2018；王向峰和才卓，2019；Krishnappa et al.，2021）。该技术的不足之处是没有整合已知基因功能信息，缺乏对重要性状（如理想株型）的从头设计理念，易受到育种项目规模和训练群体偏差的制约，模型对于遗传背景不同、亲缘关系远的群体不能通用。

分子设计育种对控制重要农艺性状的多个主效基因进行组合设计，育种效率相比于传统育种方法有很大提升（余泓等，2018）。然而对于作物产量、品质、抗性等复杂性状，基因到表型的遗传调控网络解析难度很大。以水稻为例，迄今仅有 2000 多个基因的功能得到研究（Li et al.，2018），但其中能够助力育种实践的则非常少。在其他作物如玉米中，功能得到验证的基因则更少，只有几百个。目前，由于对作物遗传调控网络仍所知甚少，未形成量化（统计）模型，分子设计育种仍处于"人工设计"阶段，只能用于部分主效基因的聚合和筛选（基于零散知识的点上应用），尚未能将整个基因组对复杂性状的控制进行量化预测和设计（基于系统化知识的面上应用），因而对于表型选择的依赖程度仍较高。

总之，目前作物分子育种技术仍受到如下因素的制约：①已知优异基因变异数量太少；②缺乏精准的基因型到表型预测模型来获取优异的目标基因型；③利用传统技术产生含有目标基因型材料的效率不高。

1.1.4 智能育种的特点和优势

当前，基因编辑和人工智能（AI）等生物技术和信息技术（BT+IT）的快速发展为解决上述问题奠定了基础，也在推动育种走进一个新的阶段（即上面所说4.0 阶段），我们将此称之为智能育种（或智能设计育种）阶段。**智能育种通过对育种材料基因组的合理设计和对优良基因变异的高效创制或聚合，实现对农艺性**

状的精准控制和快速定向改良，从而大幅提高育种效率。智能育种是对现有分子育种技术的发展和创新，是对人工设计和基因组选择技术的进一步发展和融合，结合了此两项技术的优点（表 1），利用结合基因功能知识的基因组预测模型实现对育种材料更加精准地设计和选择。

表 1 几项育种技术的优缺点

育种方法	技术成熟度	项目规模要求	基因组设计+编辑	筛选亲本组合能力	田间工作量	育种效率	育种周期
智能育种	零	不限	大量基因	高	低	高	2~4 年或更短
人工设计育种	低	不限	少数主效基因	较高	中	较高	3~8 年
基因组选择	中	大	无	较高	中	较高	4~8 年
传统表型选择	高	不限	无	低	高	低	6~12 年或更长*

*对于果树等生长周期长的作物，有更长的育种周期

智能育种的核心思想是"模型驱动"，即以基因型到表型的控制网络和预测模型为基础实现精准基因组设计。目前，国际上正处在育种 3.0 到 4.0 的转换期，处于育种新技术革新的前夜。相比之下，我国的育种水平尚处于 2.0~4.0 的转换时期，仍以 2.0 技术为主。**智能育种将把 2.0 时期依赖育种家个人"经验"的"碰运气"式选择变革为基于"科学"模型的"定向设计和精准选择"，预期可以将培育一个作物新品种所需时间从传统育种的 6~12 年及以上缩短到 2~4 年或更短。**智能育种技术的发展将为我国作物育种科技大幅提升竞争力、赶超发达国家提供全新的机遇。

1.2 组学大数据是解析智能育种理论问题的关键基础

1.2.1 传统研究方法不足以阐明基因组设计的理论基础

智能育种的内核是基因组设计，即针对某个环境或某种需求，育种家知道满足条件的理想基因组是什么。具体操作起来，**基因组设计有两个层次：初级层次是针对目标性状背后的少数主效基因，高级层次是针对包括大量微效基因在内的整个基因组。**两个设计层次都可以从传统的杂交育种后代中选择出优秀品种，也可以通过对序列的直接编辑实现对特定性状的定向改良。对绿色革命基因的利用及日本在 2021 年释放的有降血压功能的基因编辑番茄都是简化版的基因组设计先例；对水稻等作物理想株型的探索则包含了更为复杂的设计理念。然而，基因的多效性使得作物的不同性状之间存在拮抗，如产量提高了，品质可能会下降，高抗病的材料产量可能会低。这使得高级层次的基因组设计需要对基因组功能进行深入理解或使基因型到表型预测模型更加精准来获取理想的基因组合。

显然，**基因组设计的准确性依赖于"基因到表型控制网络"这个生命科学研究中核心问题的解析**。解析这个问题的传统方法包括质量及数量性状基因定位和全基因组关联分析等，但这些方法依赖于遗传杂交产生的材料，由于染色体重组效率低，获取大量含有不同基因变异组合的有效材料较难，这导致基因功能鉴定的效率较低。目前已有一少部分主效基因的功能得到解析，产生了很多基因控制表型的知识，但对控制一个或多个表型的多个基因的综合效应或调控网络仍所知甚少。遗传学和分子生物学研究表明，不同基因之间及基因和环境之间存在关联、依赖、合作、竞争、抑制等复杂的相互作用，导致**从基因到表型的控制网络（$P=G+E$）成为一个典型的非线性复杂系统**。首先，这个控制网络并不能被简单理解为一个个基因效应的加和，基因的协同效应光靠解决单个基因的效应是不够的。其次，这个非线性系统的特性和确切参数也难以用人工的方式从 **$G+E$** 对 **P** 的整体控制效应有效推断出。因此，传统的方法尚不足以高效地解决这个问题。

1.2.2 组学大数据结合人工智能是精准基因组设计的基础

近年来 AI 技术的发展为复杂系统的科学研究提供了新的可能，即"从大数据中产生洞见"，自动构建预测模型，对模型参数和模型本身都进行学习构建，实现对复杂系统的描述、预测和科学发现。从围棋软件 AlphaGO（Granter et al.，2017；Yoshida，2019）到蛋白质结构预测软件 AlphaFold2（Cramer，2021；Skolnick et al.，2021）再到基于大语言模型的聊天软件 ChatGPT，种种应用发展表明，AI 已经具备深入各个学科领域的能力。以 AlphaFold2 为例，其模型的基础是其所使用的精心选择的蛋白质序列数据库 BFD（Big Fantastic Database）（Jumper et al.，2021）和蛋白质结构库 RCSB PDB（RCSB Protein Data Bank），BFD 使用了从著名的国际公共数据资源库获取的 20 多亿条蛋白质序列，包含了大量遗传和进化信息供 AlphaFold2 使用。AlphaFold2 利用海量的序列和已知的结构信息，通过学习发现了蛋白质残基之间复杂的相互关系，这决定了蛋白质序列采用什么结构（Skolnick et al.，2021）。ChatGPT 则是学习人类积累的各类知识来创建更为复杂的 AI 大语言模型，其数据基础包括维基百科、多种书籍、杂志、网站文本、计算机代码库等数个高质量训练数据集。

已有多个研究表明，使用机器学习方法能够提高由基因型预测表型（基因组预测）的准确性（Montesinos-Lopez et al.，2022；van Dijk et al.，2021；Westhues et al.，2021；Yan et al.，2021）。目前生命组学技术的发展正在推动育种领域进入大数据时代，作物组学大数据包括遗传变异、基因组、转录组、表观组、蛋白质组、代谢组、表型组（蛋白质组和代谢组等可归类于广义的表型组）等多组学数据、环境数据及生产管理数据等。从海量多组学数据中提取可靠的遗传和进化信息既是解析基因型到表型的因果关系和遗传调控网络的数据基础，也是构建基因组预测模型的数据基础。**因此可以预期，一方面，随着多组学数据大量积累，AI 将能够构建越来越精准的基因调控网络和基因型到表型的预测模型；另一方面，各种层次上的基因功能知识也将很容易被 ChatGPT 类大语言模型学到并建立合适的 AI 非量化模型来取代人工设计。**

1.3 智能育种涉及多项前沿技术交叉融合

智能育种基于多项 BT+IT 的融合和创新。**精准高效的基因型和表型鉴定技术是实现智能育种的关键基础。**此外，其他多项技术也是至关重要的。

快速育种和基因编辑是近年来快速发展的两个变革性技术（Hickey et al.，2019）。由于传统杂交育种中染色体重组率低，导致基因鉴定和聚合的效率低下。**快速育种技术使用最佳的光质、光强、光照时长和温度控制来加速光合作用和开花，以更早收获种子，从而缩短了基因聚合传代间隔时间**（Watson et al.，2018），增加单位时间内的重组次数，从而间接增加了自然重组的频率。**基因编辑技术可以快速发现和改变影响目标性状的决定性突变位点，不经重组而对有利基因变异进行快速聚合，将育种周期大大缩短**（Gao，2021）。

对于作物来说，自然界已有的基因变异是有限的，作物在百千万年的自然进化过程中产生的变异对于人类的需求来说不一定是最优的，需要基因编辑等先进的基因工程技术来创制新的变异。基因编辑除了创制改良作物关键性状的主效基因变异（Coluccio Leskow et al.，2021；Li et al.，2022；Song et al.，2017；Wang and Wang，2017；Wang et al.，2014；Ye et al.，2020），还可以用来创制大规模基因组微效变异（Meng et al.，2017）。AI 系统能够辅助定向进化（Xiong et al.，2021，Yang et al.，2019；Wu et al.，2019）。

在基因组设计中，AI 需要海量的高质量基因型和表型组数据来建立精准的基因组预测模型。以 AlphaFold2 为例，其所使用的蛋白质序列数据库是经过一系列生物信息分析工具（Deorowicz et al.，2016；Remmert et al.，2011；Steinegger et al.，2019；Steinegger and Soding，2018）整合优化后的高质量序列库。育种大数据远比蛋白质序列和结构数据复杂，其所需的信息系统工具也更加复杂多样。**育种组学大数据的复杂性和异质性需要生物信息系统和分析工具的协同发展以满足数据清理和整合的需求**（Xu et al.，2022）。

基因组预测模型可用于指导和评估大规模基因变异的创制及其育种效应（Wang et al.，2020a；Wang et al.，2021b），以及快速育种可在非自然光照下选育适合于自然环境的材料。此外，对野生资源的快速从头驯化是一个潜力巨大的育种技术（Yu and Li，2022；Yu et al.，2021）。一般来说，在驯化成功后，育种家会进一步追求更多重要农艺性状的快速改良，在此智能育种技术将会发挥重要作用。此外，针对某个环境或某个特殊需求的基础品种（包括从头驯化的品种）仅靠人工设计改变少数基因就可能得到（**ChatGPT** 的出现说明这个设计过程在不久的将来也必被 **AI** 取代），但依赖精准预测模型的基因组设计则可以对品种进行快速优化升级。

1.4 小结

种子是基因的载体，育种的本质是创制、富集、选择有利基因变异，育种的结果则是得到带有优异基因变异的种子。为了提高育种效率，理想的方式就是能够设计出含有所需要的有利基因变异的基因组，并能快速创制带有这个基因组的种子。在基因编辑和 AI 等多项 BT+IT 发展融合的基础上，通过大规模获取种质材料的基因组和表型组等多组学信息，获取各种层次上的基因功能知识和基因型到表型的预测模型，智能育种将实现精准基因组预测、设计和选择。智能育种将大田育种变革为实验室育种，实现种子的快速"按需定制"，是满足"大食物观"战略需求、保障未来粮食安全的重要基础。

2 发展态势分析

智能育种的研究基础涉及基因定位和功能解析、多组学分析、分子设计育种、基因组选择、生物信息软件和数据库、人工智能、表型影像解析、基因编辑等多个领域，我们在此对作物相关研究领域的发展态势进行简短的总结和述评。

2.1 研究论文分析

我们在植物领域共检索到 30 418 篇相关研究论文（2001～2021 年，不包括综述论文）（表 2）。其中植物基因功能、植物基因组测序、作物组学等以理论为主的领域共有论文 24 062 篇，在植物基因编辑、植物表型影像、作物育种基因型鉴定、作物分子设计育种、植物基因组选择、植物生物信息软件和作物数据库、作物育种人工智能方法等以技术研发为主的领域共有论文 7732 篇。在所有领域中，涉及水稻、小麦、玉米、大豆四大作物的论文有 12 967 篇，涉及模式植物拟南芥的论文有 11 125 篇。

全球发文量总体呈现持续增长的趋势（见总论图 11）。我国在 2001～2021 年的增长幅度尤其显著，发表论文总数已达 10 703 篇，大大超过美国的 5147 篇。在植物基因功能、植物基因组测序、作物组学等以理论为主的领域，我国发文量远远高于排在第二位的美国。在以拟南芥为研究对象的论文中，我国发表论文 4498 篇，已远远超过美国（1797 篇）（表 2）。**然而在技术研发领域，除了基因编辑外，我国仍与美国有较大差距。**

表 2　智能育种相关领域论文数量和前 10%高被引论文数量（篇）

主题	全球论文总数	全球前 10%论文数量	中国论文总数	美国论文总数	中国前 10%论文数量	美国前 10%论文数量
植物基因功能	13621	1362	5534	1947	190	411
植物基因组测序	8616	862	3530	1528	151	321
作物组学	2806	281	790	530	42	79
植物基因编辑	2343	234	1010	476	83	87
作物育种基因型鉴定	2175	218	219	260	19	54
植物表型影像	1115	112	163	291	7	27
作物分子设计育种	70	7	41	8	2	0
植物基因组选择	1224	122	110	370	4	61
植物生物信息软件	281	28	42	56	4	5
作物数据库	562	56	113	144	8	25
作物育种人工智能	239	24	49	65	4	7
总计	30418	3166	10703	5147	485	995
四大作物	12967	1315	4774	2260	299	434
拟南芥	11125	1600	4498	1797	252	484
理论为主领域	24062	2492	9342	3893	373	797
技术为主领域	7732	775	1696	1584	128	256

注：智能育种领域不同主题的论文集存在交叉，在分类汇总统计时进行了去冗余以确保论文总量更准确

对每个子领域的核心论文（前 10%高被引论文，以下同）进行统计（表 2），共有 3166 篇，其中中国 485 篇（占本国论文总数的 4.5%），美国 995 篇（占本国论文总数的 19.3%）（图 2），说明**美国在论文质量上即理论和技术原创性方面仍遥遥领先**。

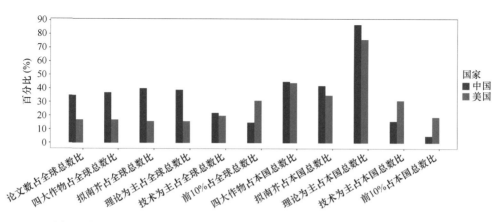

图 2　中国和美国智能育种相关领域论文数量对比（彩图请扫封底二维码）

2.2 知识产权分布

在上面进行文献统计的智能育种相关领域中我们搜索到的 2002~2022 年专利数量是 6532 件，其中核心专利为 925 件（表 3）。**中国专利总数占比为 58.85%，但核心专利总数仅占 11.46%。相比之下，美国专利总数仅占 19.50%，但核心专利总数占比为 48.11%。这说明我国在技术研发的成效上远远落后于美国。**

表 3 智能育种相关领域专利统计

国家	专利数量（件）	占全球专利百分比（%）	核心专利数量（件）*	占全球核心专利百分比（%）
中国	3844	58.85	106	11.46
美国	1274	19.50	445	48.11
日本	297	4.55	90	9.73
韩国	213	3.26	29	3.14
其他	904	13.84	255	27.57

*合享价值度≥10

专利分布如图 3 所示。

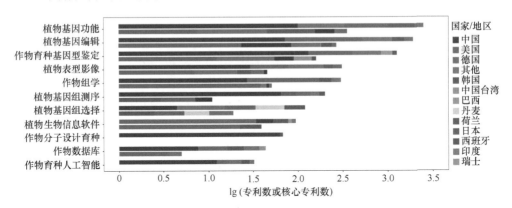

图 3 智能育种相关领域专利分布（彩图请扫封底二维码）
每个子领域第二个横柱代表核心专利数

2.3 重要研究进展概述

近年来我国在水稻、小麦、大豆、玉米、棉花、高粱等主要粮食作物和经济作物的重要基因发掘、基因组解析、基因功能网络解析、作物驯化、种质资源演化、杂种优势等重要农艺性状的全基因组关联分析、泛基因组研究方面取得了一系列重要成果（Bi et al.，2021；Chen et al.，2022a，2022b；Gao et al.，2021；Huang et al.，2016，2010，2022；Jiao et al.，2010；Li et al.，2014，2017；Liu et al.，2020，

2021；Ma et al.，2015；Qin et al.，2021；Shang et al.，2014；Shi et al.，2021；Song et al.，2022；Tang et al.，2019；Tian et al.，2019；Wang et al.，2006，2020b，2021a，2022；Wei et al.，2022；Yang et al.，2018，2021；Yu et al.，2018；Zhang et al.，2019，2022a，2022b，2023；Zhao et al.，2018；Zhou et al.，2022）。

我国在作物分子设计育种方面，特别是水稻重要农艺性状的分子模块理论及其育种应用上取得的成果尤为突出，成功培育出高产、优质、高抗的水稻、小麦、大豆等作物优异新品种（Jing et al.，2021；Tian et al.，2021；Wang et al.，2015，2020c；郭韬等，2019）。在作物基因编辑和从头驯化方面也已取得了重大突破（Gao，2021；Yu et al.，2021）。不过总体来说，目前的分子设计育种仍刚刚起步，总体上应用范围还有限，对于整个作物育种效率的提升也还是小规模的。基因组选择已在动植物育种领域获得了巨大收益（Krishnappa et al.，2021；Meuwissen et al.，2016；Wang et al.，2018）。基因组选择育种对作物的产量、品质等复杂性状的预测效果已经有了很大的提升（Xu et al.，2021）。主要的国际种子公司已在玉米育种中常规化使用基因组选择，如孟山都（现拜耳）70%的玉米品种由基因组选择技术选育而成，产量显著提高（Gaffney et al.，2015）。但因该技术需要较高的前期软硬件研发投入，因而限制了其在发展中国家育种项目中的应用。

在作物多组学生物信息系统研发领域，以美国为首的发达国家仍然处于绝对领先地位。美国 AgBioData（Harper et al.，2018）是一个由农业生物数据库和相关资源组成的联盟，目前由 35 个世界上主要的作物数据库和平台组成，包括世界上信息最全的美国国家种质资源信息网（GRIN）（https://www.ars-grin.gov/）、禾本科作物比较基因组数据库（Gramene）（Gupta et al.，2016；Tello-Ruiz et al.，2021）、多个物种基因组信息数据库如玉米遗传学和基因组学数据库（MaizeGDB）（Lawrence et al.，2008）、组学大数据分析平台 CyVerse（Goff et al.，2011；Merchant et al.，2016）等门类齐全、功能多样的农业基因数据管理、共享和分析平台。例如，CyVerse 为科学家提供了强大的计算基础设施来处理海量数据和复杂的分析，推动数据驱动的研究，提供数据存储、生物信息学工具、数据可视化、交互分析、云服务、应用接口等。截至 2022 年，CyVerse 已支持 169 个国家的近 10 万名研究人员，培训了近 4 万名研究和教学人员，出现在 1500 多篇同行评审的文献中。总体来说，我国在生物信息软件（包括 DNA 和蛋白质序列比对、基因组分析、进化分析、遗传分析等）、作物组学数据库和大数据分析平台建设等方面都与美国有很大差距，原创性核心工具很少。

2.4 育种信息化研究前沿布局及应用研发进展简述

以美国为首的发达国家在作物育种前沿领域的领先有两个重要原因：一是发

达国家政府不断探索、提前布局,大力拓宽相关研究领域和方向;二是商业化研发规模大、应用成效高。近 10 年来,美欧等发达国家已在相关的基础研究领域进行了前瞻性布局。美国在公共基因大数据分析平台和数据库建设方面投入巨大,如 iPlant 项目(后改名为 CyVerse)(Goff et al.,2011;Merchant et al.,2016),面向植物领域的计算需求,作为美国国家自然科学基金会重点资助项目,从 2008 年开始到 2023 年总资助额超过 1.2 亿美元。Gramene 数据库,从 2003 年开始启动,到 2021 年为止,美国国家自然科学基金会共投入超过 2400 万美元。美国国家自然科学基金会的植物基因组研究计划(PGRP)多年来一直致力于支持基因组规模的研究,以解决具有挑战性的生物学问题。PGRP 鼓励开发创新工具、技术和种质资源,使广泛的植物研究界能够在全基因组规模上回答科学问题。2018 年美国国家科学院、工程院和医学院联合发布了题为《到 2030 年推动食物与农业研究的科学突破》的研究报告(National Academies of Sciences et al.,2018),指明了农业领域有潜在突破的五大研究方向,其中包括基因组学和精准育种,以及信息学和数据科学在农业上的应用。美国农业部在《美国农业部科学蓝图:美国农业部 2020~2025 年科学路线图》中也把利用遗传多样性和基因组技术加速育种进程作为一个重要战略研究方向(https://www.usda.gov/sites/default/files/documents/usda-science-blueprint.pdf)。法国农业部与教研部于 2015 年发布的《农业-创新 2025 计划》将作物与畜禽的全基因组选择作为其中一个创新项目(MESR,2015)。英国《农业与粮食安全研究战略框架》聚焦的创新领域之一就是期望实现更好地利用遗传多样性和更多的预测方法,从基因型确定作物和养殖动物的表型(BBSRC,2017)。

我国在过去 10 年对前沿育种技术的探索也有重要布局,先后启动了多个分子设计育种相关项目,如中国科学院启动实施的战略性先导科技专项(A 类)"分子模块设计育种创新体系""种子精准设计与创造"项目,科技部启动实施的"七大农作物育种"重点专项等,已经取得了显著成效,但由于起步晚,各种分子育种技术的商业化应用范围还有待扩展。

在数据驱动的育种模式下,对育种数据进行智能化处理并获得精准育种决策的能力是种业最重要的资产和竞争力之一。育种信息管理与决策系统对投入需求大、数据依赖度高,早期只有少数发达国家种业巨头有能力开发。例如,先正达、拜耳、科迪华等都各自通过大规模研发投入,构建了私有的现代育种信息管理与决策系统,为实现海量育种数据的高效统计分析和育种决策支持提供了强有力的技术支撑。近年来各类功能不一的商业化育种信息管理和决策系统已相继得到开发和应用,如国外的商业化系统 AGROBASE(加拿大)等;由比尔及梅琳达·盖茨基金会资助的研发团队开发的 CGIAR 育种卓越平台 EiB(https://excellenceinbreeding.org/)和育种信息管理软件企业育种系统 EBS （https://ebs.excellenceinbreeding.org/），可使数据驱动的育种技术供资源贫乏的发展中国家免费使用。国内也已开发了一些类似系统，包括金种子育种云平台、百奥云智能育种平台等。但总体来说，我国跟发达国家相比，在育种信息化技术研发方面仍需大力发展。

2.5 小结

从上述文献和专利计量数据来看，近年来随着我国科技投入的大幅提升，**我国在多个研究领域已经有了长足的发展**，在过去的 **10** 余年间已成为植物基因功能网络、基因组测序、多组学分析、基因编辑等领域的主要产出国，在整体研究体量上已超过美国，也取得了大量重要成果。然而，**我国在其他智能育种技术领域的研发仍相对落后，我国在以核心论文和核心专利为代表的核心知识产权占有量方面仍与美国差距很大**。此外，这些领域的发展都是在以发达国家原创为主的基础理论和核心技术之上发展起来的，作为智能育种基础的遗传学理论、基因定位和功能解析所需的连锁分析和关联分析、分子生物学、基因编辑等技术，组学分析所需的测序、质谱、表型影像，信息技术中的核心软硬件、人工智能，育种中的分子标记、基因组选择、快速育种、生物信息、育种大数据等，我国基本上都是处于技术应用和跟跑。由于上述很多核心技术的开发和应用并不限于作物育种相关领域，本专题对核心论文和核心专利的统计分析结果也没有全部体现出这些更大的差别。**综上所述，我国在育种相关的生物领域、信息领域的基础理论和技术创新上与美国相比仍有着巨大差距。**

3 瓶颈对策分析

智能育种依赖于基因对表型的控制理论，但传统的单基因功能解析方式已无法满足智能育种发展的需求。其实现需解决如下几个核心技术问题：新型基因变异的快速创制、不同基因变异组合材料的快速创制、高通量低成本基因型鉴定、高通量表型精准鉴定、育种大数据的高效管理和分析、精准的基因组预测和设计等。此外，政策和技术发展环境也是不可忽视的因素。

以下分别对智能育种发展的关键瓶颈及相应的对策进行描述。

3.1 在遗传育种材料中获取新基因变异及不同变异组合的效率有限

要实现精准基因组预测和设计，则需要积累大量基因功能知识。然而，即使在对重要农艺性状遗传基础研究最多的水稻中，目前对于重要农艺性状的遗传变异的认识也不够深入，缺乏系统性，更无法建立精准的基因组预测和设计模型。

造成此现象的原因之一是在遗传育种材料中获取新基因变异及不同变异组合的效率有限，导致对影响表型变异的遗传位点的精准鉴定尚难以快速实现。

对策分析：**发展基因编辑等高效获取和聚合优异基因变异的技术，将基因编辑作为一种发现工具来大规模创制新的基因变异，利用提高染色体重组效率的技术及精准高效的基因变异创制技术快速获取新的变异组合。**

3.2 育种材料的基因型鉴定成本太高

基因组预测模型的构建需要大量不同个体的基因型和表型数据以达到在单基因和多基因水平上建立从基因型到表型的因果关系，对于育种材料的筛选更是依赖于基因型的快速鉴定。对于杂交育种来说，基因型鉴定成本越低，能够检测的个体数目越多，就能够获取更多基因组合信息，也就有更大可能筛选到具有更好优异基因组合的后代个体。目前，基因型鉴定的成本对于种质资源材料鉴定来说已经可以接受，但对于大规模育种材料鉴定和筛选仍然过高，是实施基因组选择的最大障碍。

对策分析：**测序技术和计算存储技术的发展已使得基因型鉴定的成本逐步下降，鼓励发展新型的基因型鉴定技术逐步解决这个问题，包括高通量样品制备技术，如种子切割、幼苗 DNA 提取等，也包括高通量测序和建库技术。**

3.3 种质材料的表型鉴定技术远未成熟

基因功能鉴定和基因组预测模型的训练都需要大量不同个体的多环境下的表型数据。根据不同改良目标，育种家需要的表型组数据既包括传统的田间性状，也包括实验室和田间产出的代谢组及其他生理、生化、分子系统等多种类型的数据。目前一般采用人工和机器测量结合的方式产生表型数据，但获得的表型类型及测量效率都很有限。新型的全自动化高通量表型测定和分析技术已在大规模发展，可以得到超过人类识别能力的新表型，但目前仪器设备的测量精度不够高，或测定成本仍然较高，导致难以大规模获取表型组数据。表型受环境影响巨大，但目前的环境因素测量技术也因成本和精度等问题尚未得到普遍应用。

对策分析：**高通量表型影像技术提供了一个发展方向。坚持长期发展的策略，发展各类硬件设施和人工智能等信息技术开发针对不同性状的测量鉴定技术，逐步提高精度及降低成本。**

3.4 公共育种大数据分析应用平台及技术人才缺乏

育种大数据复杂度高，各类不同设备产生的数据高度异质化、精度差异大，目前在整合、分析、应用等层面都有较大欠缺。不同作物的目标性状不一，环境多样，基因组特点差异很大，精准的基因组预测和设计模型的建设无法一步到位，需要持续发展和优化。目前从事作物育种大数据平台开发的人员及基因组预测表征学习的研究人员主要来自生物信息学领域，而未来基因组预测模型和计算平台的开发需要有大量可用的育种组学数据来吸引计算机科学家的深度介入。

对策分析：发展开放共享的高效处理育种组学大数据的软件系统，把分散在不同研究单位的育种组学数据汇集整合，强化育种大数据的标准化管理、共享、深度分析和应用。加强对相应交叉学科人才队伍的培养，发展新的计算理论和技术。逐步积累数据、技术和专业化队伍，分作物逐步建立精准的生物功能预测模型来识别重要农艺性状基因在不同的基因组背景和环境下对表型的贡献。

3.5 政策法规、科技计划、评价考核机制不完善

近年来我国在育种相关领域的研究存在基础研究支撑实际应用的能力和研究技术的创新性都不高等问题，具体表现在我国在种质资源基础研究方面发掘了一大批重要功能基因，但能够在育种实践中加以利用的基因却相对较少，针对目标性状的关键基因变异在作物遗传育种方面的应用研究欠缺（魏珊珊等，2022）。这些问题与本专题上述文献分析的结果是一致的，即我国大量的论文发表在离育种应用较远的基因网络解析、组学分析、拟南芥等领域，但在作物育种相关技术研发领域除基因编辑外论文数仍少于美国，更不用说在技术研发成效上。

对此，结合我国当前的科技研发环境深入分析发现，阻碍我国智能育种发展的"卡脖子"问题并不仅是基因功能基础理论研究与实际应用脱节的问题，也不单纯是上面列举的技术问题，而是还包括了更深层次的考核评价体系、科技计划、政策法规的问题。最后几个问题虽在技术之外，但却最能"卡住"技术发展的"脖子"。

首先，基础研究不仅包括理论研究，也包括技术研究，技术创新对社会和科技发展的推动作用巨大。例如，以测序、基因编辑、ChatGPT 为代表的 AI 系统等，都是智能育种发展的重要基础。我国在育种领域存在"重理论、重论文、轻技术实践"的现象，即重视论文发表、品种产出，但忽视从理论到品种之间的技术研发和应用创新。智能育种的发展虽然依赖于基因到表型控制网络理论的创新积累，但获取这些理论知识所依赖的多种生物技术是更为基础的限制因素。对基因组设计育种应用来说，一个关键基础是通过群体基因型和表型鉴定和分析来建立重要基因到表型的因果关系及一个基因是否能够应用于最好的品种中，并不需要弄清每个基因产生功能的分子机理。例如，以绿色革命基因为代表的很多主效基因在其分子机理得到研究之前已被广泛应用到育种中。研究分子机理所需的生物实验往往依赖于昂贵的先进仪器设备和试剂，以当前的总经费投入及实验技术条件，能够研究的总基

因数目是有限的，因此并不是所有的基因分子机理研究都值得在当前开展。例如，美国在十多年前就大幅缩减了对以拟南芥为研究对象的资助，而我国在近年来关于拟南芥的论文在数量上仍居高不下，导致大量科研投入的性价比不高。

其次，**不合理的考核评价机制严重阻碍了育种技术的发展**。产生"拟南芥现象"的本质原因是重理论、唯论文导致的科研"内卷化"，即大家普遍对尚未得到实际应用的理论方面的论文接受度高，但对技术论文接受度低。然而，发论文关注的多是主效基因，但真正有用的主效基因一是比较少，二是主效基因的效应往往很明显，所以在育种水平高的作物中多数基因（特别是控制重要农艺性状的基因）已得到利用，而新的主效基因则不常被遇到，因此需要通过技术研发来加强对微效基因的利用。技术的发展是需要积累的（如电脑芯片技术无法一蹴而就），很多技术也不一定在短期内就能用得上，如 AlphaGo 本身就没有进行商业化应用，AlphaFold2 所依据的很多基础生物信息分析工具和数据库都不是为 AlphaFold2 专门准备的。以最近发现的有重大应用价值的作物耐碱基因 *AT1* 为例，需要将其快速应用到高产优质的品种中，包括如何通过改变材料的遗传背景发挥其最大效应等，这就需要多种技术的前期积累。近几年随着科研投入的增加，我国在植物基因编辑领域的总研究体量已经超过美国，但对其他智能育种（农业"芯片"）技术来说，一方面，因为多数作物生长周期长，育种技术的创新和应用很难在 4～5 年的项目周期中完成，但科研"内卷化"导致项目中的考核指标经常脱离实际，违背了技术发展的客观规律；另一方面，因为多数育种相关技术研发较难发表高水平论文，在重理论、唯论文的评价体系中处于劣势，也就会导致在科技项目设置中处于劣势（因为难出大成果），最终形成恶性循环既阻碍了技术发展，也阻碍了理论发展。

最重要的是，**对知识产权保护的不足已严重阻碍了我国原创性技术的产生和发展**。在美国等发达国家，技术研发实施主体是商业公司为主、科研院校为辅，而我国育种市场的成熟度低，商业育种项目投资规模较小，缺少研发人员，在前沿育种技术的开发应用方面有心无力。智能育种作为育种技术发展的高级阶段，其实现涉及多方面、多层次理论和技术创新，需要完善的技术链条和产业化链条共同支撑。例如，除了对品种进行保护外，对育种中间材料（非品种）和产生材料的技术也要进行知识产权保护。在缺乏知识产权保护的情况下，育种技术的市场应用主体难以得到良性发展，也无法对技术本身进行反馈和反哺，导致技术的发展主要依赖于公共资金，发展缓慢。

对策分析：加强"顶层设计"和"底层逻辑"之间的联系，建立更为合适的育种技术创新评价标准，在科研项目经费和人才头衔方面适当倾斜，顺应自然规律提升科研人员的原始创新力。"磨刀不误砍柴工"，通过设立更多育种技术研发项目及完善考核评价体系来减少"唯论文"导致的负效应，以提升在较长周期内的总产出。转变理念，"过犹不及"，虽然技术研发需要功利性，但也要在尊重育种技术发展规律的基础上适度减少对重要技术研发的"短期功利性"期待，在政策上给予充分"磨刀"的时间。建立有效的知识产权保护机制，促进市场应用主体发展壮大以增加商业化基金投入。

4　未来战略构想

4.1　发展思路和重点

如上所述，智能育种涉及的技术复杂多样（图4），每项技术都受到精度和能力范围制约，因此其实现的过程不是一蹴而就的，需逐步发展。依据其发展进程，我们可将其简单划分为初级、中级、高级三个阶段。目前，我们处于智能育种的初级发展阶段，主要特点是基因编辑通量低且能力有限、基因型鉴定成本偏高、表型鉴定技术不成熟、设计育种技术刚刚起步、全基因组选择模型简单。预期未来5~10年达到中级发展阶段，即基因编辑通量及能力大幅提高，基因型和表型鉴定技术达到在育种项目中大规模应用的阶段，设计育种和基因组选择技术深度交叉融合，能够进行基于预测模型的基因组设计和应用广泛的基因组选择。高级发展阶段以精准的基因组设计模型为基石、结合高度发展的基因编辑技术和以代谢通路重构为代表的合成生物学技术，能够快速定向设计和创制所需品种，在主粮作物中全面实现的时间较难以预测，但作为10~20年的中长期发展目标似较为合理。

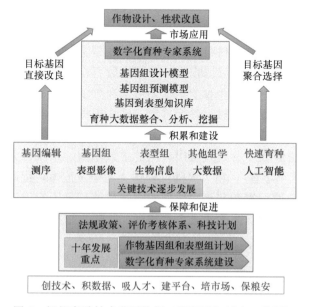

图4　智能育种技术发展构想（彩图请扫封底二维码）

以下列举促进智能育种技术发展的阶段性战略重点。

4.1.1 设立作物种质基因组和表型组计划，大力提升发掘各种作物基因资源的能力，积累作物组学大数据和基因功能知识

种质资源材料中的有利基因变异是支撑育种创新的物质基础。对有利基因变异的利用依赖于如下几个科学问题的解决：①在资源保藏库和育种家收集和创制的种质材料中存在哪些自然基因变异？②哪些材料具有高育种价值的表型？③其中哪些基因决定哪些重要表型？④控制产量、品质等重要农艺性状的基因变异在不同材料中的组合在不同环境下对于表型分别有多大的贡献？

我国各地农业科研机构现已收集大量的粮食、经济、蔬菜、果类、饲草等几百种作物及相关的野生近缘物种的重要资源材料。通过大规模获取多样化种质的基因组变异信息及其在多环境下的多种农艺性状表型信息，利用生物信息、比较基因组、基因编辑等技术解析多环境下基因变异到表型的因果关系，以发掘可用于重要农艺性状改良的关键基因（包括自交不亲和、单倍体育种等），并为建立适当的基因组设计模型提供数据和知识基础。

从 2012 年开始，英国启动"十万人基因组计划"，旨在创造一种新型的治疗罕见病和癌症的"基因组医学服务"框架，2018 年此计划扩大到 500 万人规模，现今仍在持续更新，投资已达 10 多亿英镑。美国等其他发达国家也有类似规模不等的人类基因组计划。跟发达国家重视精准医疗相比，**我国作为粮食缺口巨大的农业大国为推动智能育种的发展设立全方位作物基因组和表型组计划的时机已经成熟**。我国虽然在过去 10 年中做了很多作物种质的测序，但一是多集中在水稻等少数几个主粮作物，二是在材料选择系统性和表型鉴定方面都有较大欠缺。以目前的测序价格来说，完全可以以很低的费用把所有作物重要种质的基因组全部进行测序。对种质资源的鉴定和表型组计划可采取分步走的策略。例如，首先依据部分表型数据筛选重要种质材料进行鉴定，然后根据技术的发展程度逐步提升规模。对于育种水平低或对种质资源鉴定力度尚有较大欠缺的重要作物，有很大可能通过核心种质资源表型鉴定发掘出有用的主效基因。**系统性大规模种质资源鉴定用"批发"取代"零售"，将大大降低整体上的研发成本，促进高通量表型鉴定技术的发展，并快速积累和共享海量作物组学数据和基因知识资源，将从根本上改变各种作物育种基础，为满足"大食物观"战略需求提供技术支撑。**

4.1.2 加强对重要作物基因组设计和选择技术的探索与应用，积累基因组设计和选择模型资源

发展水稻、玉米、小麦、大豆等主要粮食作物的主要性状在多环境下的基因

组设计和基因组选择技术方案，在其他作物中开展基因组设计育种研究。在主粮作物中通过大规模表型组测定和分析等获取植物株型等性状是如何影响产量的基础知识并加以应用，设计理想植物结构，建立理想株型的基因组设计和选择模型。在其他性状改良方面（如增加光合效率、耐逆境、抗病虫害、改善品质和营养）也分别建立基础基因组设计和选择模型。结合基因组设计探索玉米等杂种优势亲本群的最优分群方式。**发展量化模型评价重要基因变异组合在多环境、多遗传背景下的育种价值。建立不同目标环境（包括快速育种人工环境）下多性状基因组选择模型，探索多性状基因组设计和多环境下基因组选择模型的整合应用。**

基因组设计技术可用于新型作物创制，包括从头驯化和代谢通路及调控网络重构（性状重新设计）等。除了主效基因，在种质资源材料中还有一类具有重要价值的遗传资源，即作物本身的特殊遗传背景架构，如高粱、谷子等是 C_4 作物，具有高产的潜力，同时又具有较高的耐逆能力。基因组学研究表明，现代作物品种遗传背景变得狭窄是一个普遍现象，也是一种必然，因为很多基因变异是中性的或是有害的，而育种的过程是富集有利变异。很多研究也在讨论如何将其拓宽，但多集中在对主要作物的改良。**为了扩展作物的遗传背景，我们也许可以换一种思路，探索利用基因编辑等技术把非主粮作物改造成能部分代替主粮的作物，比如提高高粱、谷子的食味品质来部分替代稻米，通过株型等重要农艺性状的改变来大幅提高藜麦、荞麦等富含优质蛋白质的作物产量等。**这些作物适用于不同环境的种植，可从不同的角度提高我国粮食安全性并改善人们的生活水平。

4.1.3 启动智能育种技术创新和应用示范工程，加强交叉学科人才培养，建设开放共享的基因功能知识库和数字化育种专家系统

数字化育种专家系统，包括对育种组学大数据的管理、整合、查询、展示、分析挖掘系统及育种模拟、预测和决策系统，是支撑智能育种技术发展和大规模应用的重要基础设施。**数字化育种专家系统的核心基础是育种组学大数据和基因功能知识。**这些信息的积累依赖于多种生物技术的发展，包括新型高通量低成本基因型和表型鉴定技术产生大量基因型和表型组数据，基因编辑和快速育种技术产生大规模基因变异（也包括能够增加遗传重组率的关键基因）及其功能知识等。

考虑到我国育种实体小而分散的特点，为保障智能育种在多数育种项目中"用得上、用得起"，需要在公共领域发展数字化育种专家系统。通过设立智能育种技术研发和应用示范专项，以发展和应用针对主要作物的智能育种相关生物技术（包括基因编辑、高通量表型鉴定等）和数字化育种专家系统为主要目标，只考核基因型到表型的因果关系及其在育种中的应用，不考核分子机理，积累大规模主要农作物育种材料基因型和表型组数据及基因功能知识，通过交叉学科项目培育，建设跨学科人才队伍，解决跨空间和时间的高度异质性海量数据集的整合问题，

逐步发展和优化基因组设计与选择模型，建立育种大数据管理、共享及适用于多性状、多环境的基因组选择和设计育种专家系统，促进对种质、基因和模型资源的高效共享及应用，引领和推动智能育种技术在育种项目中的大规模应用。

4.2 发展目标

针对智能育种的技术瓶颈，发展快速获取大规模新基因变异及不同基因变异组合的方法，提高基因功能变异位点鉴定和聚合的速度；发展低成本基因型和高通量表型精准鉴定技术，结合种质资源鉴定和创制来系统解析重要种质材料的主要遗传变异，获取多环境下的大规模表型组数据，构建基因功能知识库和多环境下基因变异与性状的因果关系；发展公共数字化育种专家系统，建设标准化、规模化育种大数据管理和共享系统，集成不同作物的育种大数据，建设基因型到表型的计算平台及育种过程和选择方法的模拟及优化平台，利用多组学大数据和人工智能方法发展及优化多性状、多环境的基因组设计与选择模型，实现育种决策的人工智能化，推动智能育种技术在各种规模育种项目中的应用。

五年发展目标： 发展能够大规模用于育种项目的低成本基因型鉴定技术，发展重要作物多性状高通量表型鉴定技术及环境因素测量技术，发展重要作物基因编辑和快速育种技术，大规模开展重要作物重要种质资源鉴定以发掘和创制能够应用于育种的优良基因变异，完成重要作物重要种质的基因组测序，并建设作物基因功能知识库及种质大数据管理、共享、分析和挖掘系统，发展多环境下设计育种模型和基因组选择模型，在水稻、大豆、小麦等自交作物中推动设计育种、基因组选择技术的应用；在玉米等以杂种优势为主要育种目标的作物中推动基因组选择技术应用并加强对设计育种的探索。

十年发展目标： 发展高通量、低成本、高精度表型鉴定技术，发展高通量精准基因编辑技术，通过基因编辑等手段实现大规模功能元件的解析和创制，大规模开展种质材料的表型组分析，完成所有作物重要种质的基因组测序，大规模获取育种材料基因型和多环境表型组数据，建设全面的作物基因到表型的知识库，发展和优化数字化育种平台、基因组预测和设计模型，实现人工智能主导的、基于量化和非量化模型的设计育种。

4.3 政策保障和建议

4.3.1 健全种业相关法律法规保障体系，构建良好的育种产业生态

对知识产权的保护是保障技术发展的基石。任何技术的可持续发展离不开产业化应用，只有有了用户才能对技术进行反馈反哺，形成良性循环。例如，基因

编辑技术可以产生新型变异，只有允许将这些优良基因变异应用到育种材料中，才能促进编辑技术自身的发展及相应育种技术的发展；我国在植物基因编辑领域的研究体量已超过美国，论文总数位居世界第一，如何开放基因编辑材料的产业化应用已变成一个亟待解决的问题。智能育种的实现需要技术链条、产业化链条、用户链条协同发展，这都需要法律法规和政策的保护、支持与引导。目前我国商业育种体系不健全、种子企业多而不强、研发力量薄弱、公众对新技术接受度有限，导致育种主体的技术创新应用能力和动力双不足，育种技术和模式相对落后。大力完善种业相关领域法律法规保障体系，一方面要保护知识产权，保护原创型技术成果和产品；另一方面要加强对公众的科学技术知识的引导、教育和普及，增加市场集中度和接受度，减少低水平重复的企业，从而促进育种市场良性发展和成熟。

4.3.2　启动智能育种技术创新和应用示范工程，建立多样化的考核评价体系

一项新型育种技术的发展一般需要经历以下三个研发阶段：育种核心技术突破、技术路线产业化改良、育种体系建立，其中核心技术突破是走向产业化的地基，我国在此阶段太依赖于科研院校，以公共资金的支持为主。近年来"从 0 到 1"的创新理念已越来越深入人心。原创性技术多是基于底层逻辑从下而上自发孕育，但需要顶层设计从上而下为其提供优越的环境激发并助其成长。"重理论轻实践"的理念导致在育种相关项目设置上更多关注在理论层面（如对主效基因的挖掘），而对技术创新的公共财政支持力度上尚有不足。启动国家智能育种技术创新和应用示范工程，在项目设置上鼓励各种层次上的技术创新，重点支持原创性技术研发，建立以育种技术革新为导向的考核评价体系，对育种技术指标进行重点考核，如考核优异基因变异是否通过创新性的育种技术贡献到原创性育种品系中，而不仅仅是研究其功能机理。鼓励跨界合作，加强生物技术、育种技术、信息技术研发团队之间的实质性合作，创造一个适合育种技术"生长"的环境。

4.3.3　多举措推动育种大数据积累和共享

从 AlphaGo 到 AlphaFold2 再到 ChatGPT，种种成功应用表明，人工智能已经具备深入应用到各个学科领域的能力。因此，学科数据积累速度和可用性已成为学科人工智能模型发展的限制因素。亟须制定相关政策推动公共育种大数据的积累、共享和相关平台的网络建设。提供共享机制和工具鼓励公共领域育种家及基础研究人员共享育种数据、基因型与表型组数据。整合公共领域高通量作物表型鉴定、基因型鉴定、环境监测等设备产生的海量数据资源。例如，目前我国每年审定大量作物新品种（如 2020 年 573 个水稻品种通过国审），可要求每年审定的品种必须提供基因组二代测序数据，共享品种鉴定考核的所有表型信息，以追踪

优异品种在基因组上的原创特点，为其他品种设计提供参考。再如，对于已经推广的品种，设立相应的专项或政策鼓励基层科研人员长期采集和共享大田表型数据。随着育种组学数据的积累，信息领域的更多研发人员将会逐步介入，建立优化数字化育种专家系统，提供分子育种大数据分析、品种资源精准鉴定、数字育种智能决策等服务，从而减少下游育种公司的研发投入，促进智能育种技术在各类育种项目中的应用。

结　语

生物技术和信息技术的快速发展正在推动作物育种走进智能育种阶段。智能育种通过对育种材料基因组的合理设计和对优良基因变异的高效创制或聚合，实现对农艺性状的精准控制和快速定向改良，从而大幅提高育种效率。智能育种技术的发展和应用依赖于育种材料基因组和表型组等多组学大数据采集、管理、分析和应用等层面的协同发展。现阶段亟须发展低成本基因型和表型组鉴定技术，发展快速获取大规模新基因变异及不同基因变异组合的方法；设立作物基因组和表型组计划，结合种质资源鉴定和创制，建立多环境下基因型到表型的因果关系及多性状的基因组预测和设计模型；启动国家育种技术创新和示范工程，发展公共基因功能知识库和数字化育种专家系统，集成不同作物的育种大数据和基因功能知识，为育种家提供数据共享、分析服务和决策支持；完善育种技术研发考核评价体系，推动智能育种技术产学研结合和共同发展；健全种业法律法规保障体系，构建良好育种产业生态，保障我国育种技术原始创新，促进商业化育种体系的良性发展。

参 考 文 献

郭江江. 2015. 化肥使用量零增长专题报道之二: 化肥产业之"囧". 中国石油和化工经济分析, 6: 14-15.

郭韬, 余泓, 邱杰, 等. 2019. 中国水稻遗传学研究进展与分子设计育种. 中国科学: 生命科学, 49(10): 1185-1212.

孔庆洋, 闵继胜. 2020. 风险、技术与中国新型农业经营主体化肥使用量. 安徽师范大学学报(人文社会科学版), 48(6): 87-97.

孙强, 严永峰, 沈海波. 2013. 国内外种业科技创新浅析. 中国种业, 9: 4-6.

田志喜, 刘宝辉, 杨艳萍, 等. 2018. 我国大豆分子设计育种成果与展望. 中国科学院院刊, 33(9): 915-922.

王向峰, 才卓. 2019. 中国种业科技创新的智能时代: "玉米育种 4.0". 玉米科学, 27(1): 1-9.

魏珊珊, 蒋金金, 刘卫娟, 等. 2022. 作物学十年: 国家自然科学基金项目资助、成果产出与未来展望. 中国科学基金, 36(6): 972-981.

于伟, 张鹏. 2018. 中国农药施用与农业经济增长脱钩状态: 时空特征与影响因素. 中国农业资源与区划, 39(12): 88-95.

余泓, 王冰, 陈明江, 等. 2018. 水稻分子设计育种发展与展望. 生命科学, 30(10): 1032-1037.

赵久然, 王荣焕, 刘新香. 2016. 我国玉米产业现状及生物育种发展趋势. 生物产业技术, 3: 45-52.

Baweja H S, Parhar T, Mirbod O, et al. 2018. StalkNet: a deep learning pipeline for high-throughput measurement of plant stalk count and stalk width. Field and Service Robotics, 5: 271-284.

BBSRC. 2017. Research in agriculture and food security strategic framework. https://www.ukri.org/wp-content/uploads/2021/12/BBSRC-231221-agriculture-food-security-strategic-framework.pdf [2022-3-7].

Bi G, Su M, Li N, et al. 2021. The ZAR1 resistosome is a calcium-permeable channel triggering plant immune signaling. Cell, 184(13): 3528-3541.

Chen R, Deng Y, Ding Y, et al. 2022a. Rice functional genomics: decades' efforts and roads ahead. Science China Life Sciences, 65(1): 33-92.

Chen W, Chen L, Zhang X, et al. 2022b. Convergent selection of a WD40 protein that enhances grain yield in maize and rice. Science, 375(6587): eabg7985.

Coluccio Leskow C, Conte M, Del Pozo T, et al. 2021. The cytosolic invertase NI6 affects vegetative growth, flowering, fruit set, and yield in tomato. Journal of Experimental Botany, 72(7): 2525-2543.

Cramer P. 2021. AlphaFold2 and the future of structural biology. Nature Structural & Molecular Biology, 28: 704-705.

Crossa J, Perez-Rodriguez P, Cuevas J, et al. 2017. Genomic selection in plant breeding: methods, models, and perspectives. Trends Plant Sci, 22(11): 961-975.

Deorowicz S, Debudaj-Grabysz A, Gudys A. 2016. FAMSA: fast and accurate multiple sequence alignment of huge protein families. Scientific Reports, 6: 33964.

Gaffney J, Schussler J, Löffler C, et al. 2015. Industry-scale evaluation of maize hybrids selected for increased yield in drought-stress conditions of the US corn belt. Crop Science, 55: 1608-1618.

Gao C. 2021. Genome engineering for crop improvement and future agriculture. Cell, 184(6): 1621-1635.

Gao M, He Y, Yin X, et al. 2021. Ca^{2+} sensor-mediated ROS scavenging suppresses rice immunity and is exploited by a fungal effector. Cell, 1849(21): 5391-5404.

Ghosal S, Blystone D, Singh A K, et al. 2018. An explainable deep machine vision framework for plant stress phenotyping. Proceedings of the National Academy of Sciences of the United States of America, 115(18): 4613-4618.

Goff S A, Vaughn M, McKay S, et al. 2011. The iPlant collaborative: cyberinfrastructure for plant biology. Front Plant Sci, 2: 34.

Granter S R, Beck A H, Papke D J Jr. 2017. AlphaGo, deep learning, and the future of the human microscopist. Archives of Pathology & Laboratory Medicine, 141(5): 619-621.

Gupta P, Naithani S, Tello-Ruiz M K, et al. 2016. Gramene Database: navigating plant comparative genomics resources. Current Plant Biology, 7-8: 10-15.

Harper L, Campbell J, Cannon E K S, et al. 2018. AgBioData consortium recommendations for sustainable genomics and genetics databases for agriculture. Database (Oxford), 2018: bay088.

Hickey L T, Hafeez A N, Robinson H, et al. 2019. Breeding crops to feed 10 billion. Nat Biotechnol, 37(7): 744-754.

Huang X, Yang S, Gong J, et al. 2016. Genomic architecture of heterosis for yield traits in rice. Nature, 537(7622): 629-633.

Huang X H, Wei X H, Sang T, et al. 2010. Genome-wide association studies of 14 agronomic traits in rice landraces. Nat Genet, 42(11): 961-967.

Huang Y, Wang H, Zhu Y, et al. 2022. *THP9* enhances seed protein content and nitrogen-use efficiency in maize. Nature, 612(7939): 292-300.

Jiao Y, Wang Y, Xue D, et al. 2010. Regulation of *OsSPL14* by OsmiR156 defines ideal plant architecture in rice. Nat Genet, 42(6): 541-544.

Jing H, Tian Z, Chong K, et al. 2021. Progress and perspective of molecular design breeding. SCIENTIA SINICA Vitae, 51(10): 1356-1365.

Jumper J, Evans R, Pritzel A, et al. 2021. Highly accurate protein structure prediction with AlphaFold. Nature, 596(7873): 583-589.

Krishnappa G, Savadi S, Tyagi B S, et al. 2021. Integrated genomic selection for rapid improvement of crops. Genomics, 113(3): 1070-1086.

Lawrence C J, Harper L C, Schaeffer M L, et al. 2008. MaizeGDB: the maize model organism database for basic, translational, and applied research. International Journal of Plant Genomics, 2008: 496957.

Lee U, Chang S, Putra G A, et al. 2018. An automated, high-throughput plant phenotyping system using machine learning-based plant segmentation and image analysis. PLoS One, 13(4): e0196615.

Li S, Lin D, Zhang Y, et al. 2022. Genome-edited powdery mildew resistance in wheat without growth penalties. Nature, 602(7897): 455-460.

Li W, Zhu Z, Chern M, et al. 2017. A natural allele of a transcription factor in rice confers broad-spectrum blast resistance. Cell, 170(1): 114-126.

Li Y, Xiao J, Chen L, et al. 2018. Rice functional genomics research: past decade and future. Mol Plant, 11(3): 359-380.

Li Y H, Zhou G, Ma J, et al. 2014. *De novo* assembly of soybean wild relatives for pan-genome analysis of diversity and agronomic traits. Nat Biotechnol, 32(10): 1045-1052.

Liu Y, Du H, Li P, et al. 2020. Pan-genome of wild and cultivated soybeans. Cell, 182(1): 162-176.

Liu Y, Wang H, Jiang Z, et al. 2021. Genomic basis of geographical adaptation to soil nitrogen in rice. Nature, 590(7847): 600-605.

Ma Y, Dai X, Xu Y, et al. 2015. *COLD1* confers chilling tolerance in rice. Cell, 160(6): 1209-1221.

Meng X, Yu H, Zhang Y, et al. 2017. Construction of a genome-wide mutant library in rice using CRISPR/Cas9. Mol Plant, 10(9): 1238-1241.

Merchant N, Lyons E, Goff S, et al. 2016. The iPlant collaborative: cyberinfrastructure for enabling data to discovery for the life sciences. PLoS Biology, 14(1): e1002342.

MESR. 2015. Agriculture-Innovation 2025: des orientations pour une agriculture innovante et durable. https://agriculture.gouv.fr/agriculture-innovation-2025-des-orientations-pour-une-agriculture-innovante-et-durable[2022-3-7].

Meuwissen T, Hayes B, Goddard M. 2016. Genomic selection: a paradigm shift in animal breeding. Animal Frontiers, 6(1): 6-14.

Meuwissen T H E, Hayes B J, Goddard M E. 2001. Prediction of total genetic value using genome-wide dense marker maps. Genetics, 157(4): 1819-1829.

Montesinos-Lopez O A, Gonzalez H N, Montesinos-Lopez A, et al. 2022. Comparing gradient boosting machine and Bayesian threshold BLUP for genome-based prediction of categorical traits in wheat breeding. The Plant Genome 15(3): e20214.

National Academies of Sciences, Engineering, and Medicine, Division on Earth and Life Studies, Health and Medicine Division, et al. 2018. Science Breakthroughs to Advance Food and Agricultural Research by 2030. https://nap.nationalacademies.org/resource/25059/ScienceBreakthroughs2030 ReportBrief.pdf[2022-3-7].

Pound M P, Atkinson J A, Townsend A J, et al. 2017. Deep machine learning provides state-of-the-art performance in image-based plant phenotyping. GigaScience, 6(10): 1-10.

Qin P, Lu H, Du H, et al. 2021. Pan-genome analysis of 33 genetically diverse rice accessions reveals hidden genomic variations. Cell, 184(13): 3542-3558.

Remmert M, Biegert A, Hauser A, et al. 2011. HHblits: lightning-fast iterative protein sequence searching by HMM-HMM alignment. Nature Methods, 9(2): 173-175.

Shang Y, Ma Y, Zhou Y, et al. 2014. Plant science. Biosynthesis, regulation, and domestication of bitterness in cucumber. Science, 346(6213): 1084-1088.

Shi J, Zhao B, Zheng S, et al. 2021. A phosphate starvation response-centered network regulates mycorrhizal symbiosis. Cell, 184(22): 5527-5540.

Skolnick J, Gao M, Zhou H, et al. 2021. AlphaFold 2: why it works and its implications for understanding the relationships of protein sequence, structure, and function. Journal of Chemical Information and Modeling, 61(10): 4827-4831.

Song X, Lu Z, Yu H, et al. 2017. *IPA1* functions as a downstream transcription factor repressed by D53 in strigolactone signaling in rice. Cell Res, 27(9): 1128-1141.

Song X, Meng X, Guo H, et al. 2022. Targeting a gene regulatory element enhances rice grain yield by decoupling panicle number and size. Nat Biotechnol, 40(9): 1403-1411.

Steinegger M, Meier M, Mirdita M, et al. 2019. HH-suite3 for fast remote homology detection and deep protein annotation. BMC Bioinformatics, 20(1): 473.

Steinegger M, Soding J. 2018. Clustering huge protein sequence sets in linear time. Nature Communications, 9(1): 2542.

Tang W J, Ye J, Yao X M, et al. 2019. Genome-wide associated study identifies NAC42-activated nitrate transporter conferring high nitrogen use efficiency in rice. Nature Communications, 10(1): 5279.

Tello-Ruiz M K, Naithani S, Gupta P, et al. 2021. Gramene 2021: harnessing the power of comparative genomics and pathways for plant research. Nucleic Acids Research, 49(D1): D1452-D1463.

Tian Z, Wang J W, Li J, et al. 2021. Designing future crops: challenges and strategies for sustainable agriculture. Plant J, 105(5): 1165-1178.

Tian J, Wang C, Xia J, et al. 2019. Teosinte ligule allele narrows plant architecture and enhances high-density maize yields. Science, 365(6454): 658-664.

van Dijk A D J, Kootstra G, Kruijer W, et al. 2021. Machine learning in plant science and plant breeding. iScience, 24(1): 101890.

Wallace J G, Rodgers-Melnick E, Buckler E S. 2018. On the road to breeding 4.0: unraveling the good, the bad, and the boring of crop quantitative genomics. Annual Review of Genetics, 52: 421-444.

Wang B, Wang H. 2017. *IPA1*: a new "Green Revolution" gene? Mol Plant, 10(6): 779-781.

Wang H, Cimen E, Singh N, et al. 2020a. Deep learning for plant genomics and crop improvement. Curr Opin Plant Biol, 54: 34-41.

Wang H, Sun S, Ge W, et al. 2020b. Horizontal gene transfer of *Fhb7* from fungus underlies *Fusarium* head blight resistance in wheat. Science, 368(6493): e5435.

Wang J, Araus J L, Wan J. 2015. Breeding to optimize agriculture in a changing world. The Crop Journal, 3(3): 169-173.

Wang J, Crossa J, Gai J. 2020c. Quantitative genetic studies with applications in plant breeding in the omics era. The Crop Journal, 8(5): 683-687.

Wang J, Wan X, Crossa J, et al. 2006. QTL mapping of grain length in rice (*Oryza sativa* L.) using chromosome segment substitution lines. Genetical Research, 88(2): 93-104.

Wang N, Tang C, Fan X, et al. 2022. Inactivation of a wheat protein kinase gene confers broad-spectrum resistance to rust fungi. Cell, 185(16): 2961-2974.

Wang T, Guo J, Peng Y, et al. 2021a. Light-induced mobile factors from shoots regulate rhizobium-triggered soybean root nodulation. Science, 374(6563): 65-71.

Wang X, Xu Y, Hu Z, et al. 2018. Genomic selection methods for crop improvement: current status and prospects. The Crop Journal, 6(4): 330-340.

Wang X, Xuan H, Evers B, et al. 2019. High-throughput phenotyping with deep learning gives insight into the genetic architecture of flowering time in wheat. GigaScience, 8(11): giz120.

Wang Y, Cheng X, Shan Q, et al. 2014. Simultaneous editing of three homoeoalleles in hexaploid bread wheat confers heritable resistance to powdery mildew. Nat Biotechnol, 32(9): 947-951.

Wang Y, Zhang P, Guo W, et al. 2021b. A deep learning approach to automate whole-genome prediction of diverse epigenomic modifications in plants. New Phytologist, 232(2): 880-897.

Watson A, Ghosh S, Williams M J, et al. 2018. Speed breeding is a powerful tool to accelerate crop research and breeding. Nat Plants, 4(1): 23-29.

Wei S, Li X, Lu Z, et al. 2022. A transcriptional regulator that boosts grain yields and shortens the growth duration of rice. Science, 377(6604): eabi8455.

Westhues C C, Mahone G S, da Silva S, et al. 2021. Prediction of maize phenotypic traits with genomic and environmental predictors using gradient boosting frameworks. Front Plant Sci, 12: 699589.

Xiong W, Liu B, Shen Y, et al. 2021. Protein engineering design from directed evolution to *de novo* synthesis. Biochemical Engineering Journal, 174: 108096.

Xu Y, Ma K, Zhao Y, et al. 2021. Genomic selection: a breakthrough technology in rice breeding. The Crop Journal, 9(3): 669-677.

Xu Y, Zhang X, Li H, et al. 2022. Smart breeding driven by big data, artificial intelligence, and integrated genomic-enviromic prediction. Mol Plant, 15(11): 1664-1695.

Yan J, Xu Y, Cheng Q, et al. 2021. LightGBM: accelerated genomically designed crop breeding through ensemble learning. Genome Biology, 22(1): 271.

Yang K K, Wu Z, Arnold F H. 2019. Machine-learning-guided directed evolution for protein engineering. Nature Methods, 16(8): 687-694.

Yang M, Lu K, Zhao F J, et al. 2018. Genome-wide association studies reveal the genetic basis of ionomic variation in rice. Plant Cell, 30(11): 2720-2740.

Yang W, Zhang F, Zafar S, et al. 2021. Genetic dissection of heterosis of indica-japonica by introgression line, recombinant inbred line and their testcross populations. Scientific Reports, 11(1): 10265.

Yao J, Zhao D, Chen X, et al. 2018. Use of genomic selection and breeding simulation in cross prediction for improvement of yield and quality in wheat (*Triticum aestivum* L.). The Crop Journal, 6(4): 353-365.

Ye J, Tian R, Meng X, et al. 2020. Tomato *SD1*, encoding a kinase-interacting protein, is a major locus controlling stem development. J Exp Bot, 71(12): 3575-3587.

Yoshida H. 2019. Deep learning and AlphaGo. Brain Nerve, 71(7): 681-694.

Yu H, Li J. 2022. Breeding future crops to feed the world through *de novo* domestication. Nature Communications, 13(1): 1171.

Yu H, Lin T, Meng X, et al. 2021. A route to *de novo* domestication of wild allotetraploid rice. Cell, 184(5): 1156-1170.

Yu X, Zhao Z, Zheng X, et al. 2018. A selfish genetic element confers non-Mendelian inheritance in rice. Science, 360(6393): 1130-1132.

Wu Z, Kan S B J, Lewis R D, et al. 2019. Machine learning-assisted directed protein evolution with combinatorial libraries. Proceedings of the National Academy of Sciences of the United States of

America, 116(18): 8852-8858.

Zhang F, Xue H, Dong X, et al. 2022a. Long-read sequencing of 111 rice genomes reveals significantly larger pan-genomes. Genome Research, 32(5): 853-863.

Zhang H, Zhou J F, Kan Y, et al. 2022b. A genetic module at one locus in rice protects chloroplasts to enhance thermotolerance. Science, 376(6599): 1293-1300.

Zhang H, Yu F, Xie P, et al. 2023. A Gγ protein regulates alkaline sensitivity in crops. Science, 379(6638): eade8416.

Zhang J, Liu Y X, Zhang N, et al. 2019. *NRT1.1B* is associated with root microbiota composition and nitrogen use in field-grown rice. Nat Biotechnol, 37(6): 676-684.

Zhao Q, Feng Q, Lu H, et al. 2018. Pan-genome analysis highlights the extent of genomic variation in cultivated and wild rice. Nat Genet, 50(2): 278-284.

Zhou Y, Zhang Z, Bao Z, et al. 2022. Graph pangenome captures missing heritability and empowers tomato breeding. Nature, 606(7914): 527-534.